ZESZYTY

100 ZIMA 2007

LITERACKIE

WARSZAWA – PARYŻ   ROK XXV

Zeszyty Literackie — kwartalnik
Zespół: Stanisław Barańczak, Ewa Bieńkowska, | Josif Brodski |, Tomasz Cyz,
  Wojciech Karpiński, Petr Král, Ewa Kuryluk, Roberto Salvadori, Tomas Venclova,
  Adam Zagajewski
Redaktor naczelny: Barbara Toruńczyk. Sekretarz redakcji: Marek Zagańczyk
Administracja, sprzedaż i prenumerata: Jolanta Lesińska
Reklama i promocja: Ewa Nawrocka   **promocja@zeszytyliterackie.pl**
Korekta: Jadwiga Głażewska, Paulina Materna
Projekt okładki:| Jan Lebenstein |. Opracowanie graficzne: Andrzej Majewski
Wydawca: Fundacja Zeszytów Literackich
Adres redakcji: ul. Foksal 16 p. 422, 00-372 Warszawa. Tel./fax: (+48) 022.826.38.22
    www.zeszytyliterackie.pl   e-mail: **biuro@zeszytyliterackie.pl**

Kwartalnik. Warunki prenumeraty w kraju

Prenumerata roczna **2008**, 4 zeszyty **(nry 101–104)**
Odbiorcy indywidualni .... 32 zł
Dla studentów polonistyki, uczniów, nauczycieli języka polskiego
    oraz bibliotek szkół podstawowych i średnich —
    — cena zniżona (wymagane poświadczenie) .... 28 zł
Pozostałe biblioteki i instytucje .... 36 zł
W każdej chwili i od każdego numeru można zaprenumerować „ZL" !!!
Zamówienia: e-mail: **biuro@zeszytyliterackie.pl** lub **www.zeszytyliterackie.pl**
albo tel./fax (+48) 022.826.38.22
Wpłat na prenumeratę można dokonywać przez cały rok:
Kartą kredytową: w sklepie internetowym **www.zeszytyliterackie.pl**
    telefonicznie (+48) 022.826.38.22 lub e-mailem: biuro@zeszytyliterackie
    — należy podać szczegóły zamówienia, dokładny adres przesyłki, numer
    karty i datę jej ważności.
Na poczcie i w banku na konto:
Fundacja Zeszytów Literackich Kredyt Bank S.A. **41 1500 1126 1211 2005 1919 0000**

Warunki prenumeraty za granicą — patrz trzecia strona okładki

PREZENT OD REDAKCJI!
Tylko dla prenumeratorów „ZL" w prezencie numer specjalny 2007 nr 5:
Czesław Miłosz, *Historie ludzkie*
Wysyłamy wraz z należnym zeszytem, po przedłużeniu / opłaceniu prenumeraty.
Poza prenumeratą numer specjalny w cenie 23 zł + koszt przesyłki
OKAZJA! Pakiet specjalny!
Czesław Miłosz (30 VI 1911–14 VIII 2004)
Historie ludzkie + Jasności promieniste i inne wiersze + „Zeszyty Literackie" Nr 75
wraz z dodatkiem: Wypisy o dziele C. Miłosza. **Cena kompletu 30 zł**

Nowości Biblioteki „Zeszytów Literackich"
Adam Michnik, *W poszukiwaniu utraconego sensu*
Piotr Mitzner, *Gabinet cieni*

Nasza pełna oferta książkowa — patrz s. 218
Specjalna oferta jubileuszowa: s. 224
Realizacja zamówień za zaliczeniem pocztowym

Warunki prenumeraty „Zeszytów Literackich"

Numer specjalny / poza serią „ZL" 2007 nr 5
Czesław Miłosz, *Historie ludzkie*
dla prenumeratorów **GRATIS**

Prenumerata 2008 (od „ZL" 101, 4 zeszyty) . . . . **32 zł**

Dla studentów polonistyki, uczniów, nauczycieli języka polskiego
(wymagane poświadczenie) oraz bibliotek szkół podstawowych
i średnich (od „ZL" 101)
cena zniżona . . . . **28 zł**

Biblioteki i instytucje . . . . **36 zł**

Aby otrzymać fakturę VAT prosimy podać nr NIP

Dodatkowych informacji udzielają:
„Zeszyty Literackie", 00-372 Warszawa
ul. Foksal 16, pok. 422
tel./fax (+48) 022.826.38.22
www.zeszytyliterackie.pl
e-mail: biuro@zeszytyliterackie.pl

Pakiet specjalny
CZESŁAW MIŁOSZ
(30 VI 1911–14 VIII 2004)

Historie ludzkie
Jasności promieniste
i inne wiersze
„Zeszyty Literackie" Nr 75
wraz z dodatkiem:
Wypisy o dziele C. Miłosza

Komplet 30 zł (taniej 40%)

odcinek dla banku / odbiorcy

nazwa odbiorcy
FUNDACJA ZESZYTÓW LITERACKICH FOKSAL 16 P. 422

nazwa odbiorcy cd.
00-372 WARSZAWA

nr rachunku odbiorcy
4 1 1 5 0 0 1 1 2 6 1 2 1 1 2 0 0 5 1 9 1 9 0 0 0 0

W P * | waluta P L N | kwota

nr rachunku zleceniodawcy (przelew) / kwota słownie (wpłata)

nazwa zleceniodawcy

nazwa zleceniodawcy cd.

NIP

tytułem
P A K I E T   N R

tytułem
Prenumerata kwartalnika „Zeszyty Literackie" od numeru

Opłata

pieczęć, data i podpis(y) zleceniodawcy

* niepotrzebne skreślić: W – wpłata gotówkowa P – polecenie przelewu

najlepszy prezent

Pakiet nr 1

Adam Michnik
Wyznania nawróconego dysydenta
Wściekłość i wstyd
W poszukiwaniu utraconego sensu

Komplet 65 zł (taniej 40%)

Pakiet nr 2

Tomasz Cyz, *Arioso*
Piotr Mitzner, *Gabinet cieni*
Adam Zagajewski, *Poeta rozmawia z filozofem*

Komplet 45 zł (taniej 40%)

Pakiet nr 3

Tomas Venclova, *Opisać Wilno*
Barbara Toruńczyk, *Rozmowy w Maisons-Laffitte, 1981*
„Zeszyty Literackie" Nr 99:
Aleksander Wat

Komplet 40 zł (taniej 40%)

„Zeszyty Literackie", tel./fax (+48) 022.826.38.22, www.zeszytyliterackie.pl, e-mail: biuro@zeszytyliterackie.pl

SPIS RZECZY

Zrealizowano w ramach Programu Operacyjnego Promocji Czytelnictwa
ogłoszonego przez Ministerstwo Kultury i Dziedzictwa Narodowego

WISŁAWA SZYMBORSKA

WIERSZE

Nieczytanie

Do dzieła Prousta
nie dodają w księgarni pilota,
nie można się przełączyć
na mecz piłki nożnej
albo na kwiz, gdzie do wygrania volvo.

Żyjemy dłużej,
ale mniej dokładnie
i krótszymi zdaniami.

Podróżujemy szybciej, częściej, dalej
i przywozimy slajdy zamiast wspomnień.
Tu ja z jakimś facetem.
Tam chyba mój eks.
Tu wszyscy na golasa,
więc pewnie na plaży.

Siedem tomów — litości.
Nie dałoby się tego streścić, skrócić,
albo najlepiej pokazać w obrazkach.
Szedł kiedyś serial pt. *Lalka*,
ale bratowa mówi, że kogoś innego na P.

Zresztą, nawiasem mówiąc, kto to taki.
Podobno pisał w łóżku całymi latami.

Kartka za kartką,
z ograniczoną prędkością.
A my na piątym biegu
i — odpukać — zdrowi.

Mikrokosmos

Kiedy zaczęto patrzeć przez mikroskop,
powiało grozą i do dzisiaj wieje.
Życie było dotychczas wystarczająco szalone
w swoich rozmiarach i kształtach.
Wytwarzało więc także istoty maleńkie,
jakieś muszki, robaczki,
ale przynajmniej gołym ludzkim okiem
dające się zobaczyć.

A tu nagle, pod szkiełkiem,
inne aż do przesady
i tak już znikome,
że to, co sobą zajmują w przestrzeni,
tylko przez litość można nazwać miejscem.

Szkiełko ich nawet wcale nie uciska,
bez przeszkód dwoją się pod nim i troją
na pełnym luzie i na chybił trafił.

Powiedzieć, że ich dużo — to mało powiedzieć.
Im silniejszy mikroskop,
tym pilniej i dokładniej wielokrotne.

Nie mają nawet porządnych wnętrzności.
Nie wiedzą, co to płeć, dzieciństwo, starość.
Może nawet nie wiedzą, czy są — czy ich nie ma.
A jednak decydują o naszym życiu i śmierci.

Niektóre zastygają w chwilowym bezruchu,
choć nie wiadomo, czym dla nich jest chwila.
Skoro są takie drobne,
to może i trwanie
jest dla nich odpowiednio rozdrobnione.

Pyłek znoszony wiatrem to przy nich meteor
z głębokiego kosmosu,
a odcisk palca — rozległy labirynt,
gdzie mogą się gromadzić
na swoje głuche parady,
swoje ślepe iliady i upaniszady.

Od dawna chciałam już o nich napisać,
ale to trudny temat,
wciąż odkładany na potem
i chyba godny lepszego poety,
bardziej ode mnie zdumionego światem.
Ale czas nagli. Piszę.

WISŁAWA SZYMBORSKA

WIERSZE

Sonet

Znowu mieszkamy nad samą zatoką,
i przepływają obłoki nad nami,
i wciąż warkocze współczesny Wezuwiusz,
i siwy pył osiada po zaułkach,
i szyby w oknach zaułków się trzęsą.
Pewnego dnia i nas zasypie popiół.

Jakże bym chciał w ostatniej tej godzinie
na peryferie wyjechać tramwajem,
do ciebie wejść,
i jeśli za kilkaset lat
ktoś przyjdzie odkopywać nasze miasto,
to chciałbym, żeby mnie odnaleziono
tkwiącego w twoich ramionach na wieki,
zasypanego przez nowe popioły.

listopad 1961

Sonet

Jaka szkoda, że tym samym, czym dla mnie
stało się twoje istnienie, nie było
moje istnienie dla ciebie.
...I nie wiem, który raz na peryferiach

z zapartym tchem wrzucam w druciany kosmos
mój grosz miedziany, z godłem na rewersie,
rozpaczliwie starając się uwznioślić
moment połączenia z tobą... Niestety,
dla kogoś, kto nie potrafi zastąpić
sobą całego świata,
pozostaje
obracać w kółko tarczę telefonu,
jak stół na seansie spirytystycznym,
dopóki majak nie odpowie echem
na ostatni lament sygnału w nocy.

1967

Elegia

Przyjaciółko miła, knajpa ta sama,
to samo świństwo pyszni się na ścianach,
te same ceny. Czy wino dziś lepsze?
Nie sądzę; ani lepsze, ani gorsze.
Postępu nie ma, i dobrze, że nie ma.

Pilot linii pocztowej, sam przy stole,
niczym upadły anioł, goli wódę.
Skrzypce wciąż po staremu poruszają
pamięć i moją wyobraźnię. W oknie
majaczą białe, jak dziewictwo, dachy,
i bije dzwon na wieży. Jest już ciemno.

Po co kłamałaś? I czemu mój słuch
już nie odróżnia obłudy od prawdy,
a ciągle się domaga nowych słów,
nieznanych tobie — jakichś głuchych, obcych,
a które mogą być wypowiedziane,
jak dawniej, tylko przez twój głos.

1968

JOSIF BRODSKI
tłum. ZBIGNIEW DMITROCA

ZBIGNIEW HERBERT

LENIWY JĘZYK*

Więc znowu czytam (tak jakby to była moja historia) o wielkiej orientalnej rzezi, jaką Mithradates Eupator, król Pontu, zgotował mieszkańcom Efezu — jednego dnia w ciągu kilku godzin wymordowano osiemdziesiąt tysięcy mężczyzn, dzieci, kobiet i starców, a Bóg jeden wie, dlaczego nazywa się w dziejach tę masakrę anachronicznie i eufemistycznie zarazem „efezyjskimi nieszporami"; czytam lamenty średniowiecznych historiografów opisujących nieopisane okrucieństwo barbarzyńskich najeźdźców (ich zgrzebna łacina przypomina niekiedy mowę dzieci); czytam wreszcie — aby zbliżyć się na odległość konkretnego człowieka — więzienny list Kamila Desmoulins, płomiennego rewolucjonisty, przez rewolucję skazanego normalną koleją rzeczy na śmierć, który błaga ukochaną Lolotte, aby przysłała swój miniaturowy portret, a także okulary w stalowej oprawie numer 15, zapewniając na koniec, że kiedy gilotyna oddzieli głowę od ciała, jego gasnące oczy będą w nią utkwione na zawsze.

Czytam to wszystko i odczuwam — uniwersalne współczucie. Zaprawiałem się w tym od lat. Na początku była to skłonność, potem pasja, w końcu rzemiosło, to znaczy wyuczona sztuka obalania granic czasu, utożsamiania się z losem innych.

Myślę, że w miarę mego talentu i wiedzy udało mi się to w pewnym stopniu. Mógłbym być zadowolony, gdyby nie fakt, że całe owo uniwer-

* *Leniwy język*, podobnie jak opublikowany w „ZL" 2007 nr 2 (98) *Pomnik* i w „ZL" 2007 nr 3 (99) *Zdobycie Bastylii*, to jeden z „małych szkiców", które miały wejść do przygotowywanego od końca lat siedemdziesiątych XX w. i nieukończonego tomu pt. *Narzeczona Attyli* lub do innego planowanego tomu pt. *Porządek świata* (inne planowane do niego „małe szkice" to m.in.: *Porządek świata, Passo Romano, Pakt*).

Opracował Henryk Citko na podstawie maszynopisu i rękopisu z Archiwum Zbigniewa Herberta w zbiorach Biblioteki Narodowej w Warszawie. Interpunkcja uwspółcześniona.

© by Katarzyna Herbertowa, Halina Herbert-Żebrowska
© by Fundacja Zeszytów Literackich

salne współczucie bliższe jest wodnistej melancholii niż prawdziwego bólu. Martwi mnie to tak bardzo, jakbym był szaleńcem, który pragnie zamienić swoją chroniczną dolegliwość na śmiertelną chorobę, pełną rozdzierających cierpień — bo tak tylko można unieść ciężar świata.

Nie chcę korzystać z łatwego usprawiedliwienia, że jestem mieszkańcem wyjątkowej epoki, w której rozmiary, wyrafinowane metody i bezkarność zbrodni przekraczają znane nam wzory przeszłości. Mimo licznych wysiłków czynionych w tym kierunku statystyka jest nadal mizerną pociechą.

ZBIGNIEW HERBERT

JULIA HARTWIG

CUTTY SARK

Pożar strawił w londyńskim doku
znaczną część słynnego żaglowca Cutty Sark
który od przeszło stu lat
przewoził z Chin do Anglii herbatę

Cutty Sark będzie odbudowany
Służył wiernie angielskiej tradycji
Herbata idzie za Anglikiem i czeka na Anglika
gdziekolwiek by się znalazł
dymią kubeczki na postojach oddziałów angielskich
walczących w drugiej wojnie światowej
w schronach Londynu wolontariuszki rozdają herbatę
w przerwach między nalotami

Napięte skrzydła żagli Cutty Sarka
znów pojawią się na łąkach morza
i pieczołowicie zapakowane drewniane skrzynie
znów wylądują na wózkach dokerów

Pieśń jaką gra Cutty Sark na falach i wietrze
to stara pieśń na cześć herbaty
śpiewają ją Keats Purcell i Britten
zachrypniętym głosem śpiewa ją ulicznica
W porze picia herbaty milknie
spór konserwatystów ze stronnictwem pracy

TERAZ

W cierpieniu ale może z ulgą i bez żalu
rozstaje się z tym światem gdzie ani dostojeństwo
ani cienka ironia ani żart
nie rodzi się
bo odeszło zbyt wielu
którzy odróżniali trwałe od nietrwałego

Jeśli żałował
to nie tego co jest
ale co było

TO MÓWIĄ
udokumentowane

Fellini mówi: jestem kłamcą
Miłosz mówi: jestem złym człowiekiem
Iwaszkiewicz mówi: wiem że moje dzieło jest przemijające
gdyż nie może być podstawą żadnej wiary

Kiedyś nie dowierzano przechwałkom
Teraz powątpiewamy w prawdę samooskarżeń
Wiemy że prawda niedostępna jest również w rejonie zwierzeń

JULIA HARTWIG

RAINER MARIA RILKE

NOTATKI O MELODII RZECZY

I. Jesteśmy na samym początku, widzisz.
Jakby przed wszystkim. Mamy
za sobą tysiąc i jeden sen i
żadnego czynu.

II. Nie umiem wyobrazić sobie wiedzy
szczęśliwszej niż ta:
że trzeba stać się początkującym.
Tym, który pisze pierwsze słowo po
długim na stulecia
myślniku.

III. Przychodzi mi przy tym do głowy: że postacie ludzkie malujemy ciągle jeszcze na złotym tle jak prymitywiści[1]. Otacza je coś nieokreślonego. Czasem złoto, a czasem szarość. Czasem stoją w świetle, ale za plecami mają często niezgłębioną ciemność.

IV. To zrozumiałe. Aby poznać ludzi, trzeba ich było wyizolować. Ale po wielu doświadczeniach dobrze jest ponownie odnieść pojedyncze spostrzeżenia do siebie nawzajem i dojrzalszym spojrzeniem ogarnąć żywą gestykulację postaci.

---

[1] Terminem „prymitywiści" określano w XIX w. malarzy przedrenesansowych. Wszystkie przypisy pochodzą od Tłumacza.

14

V. Porównaj kiedyś malowany na złotym tle obraz któregoś z malarzy trecenta ze sceną autorstwa późniejszego włoskiego mistrza, gdzie biorące udział w Santa Conversazione postacie spotykają się na tle krajobrazu nasyconego jasnym światłem Umbrii. Złote tło izoluje ich sylwetki, podczas gdy krajobraz błyszczy za nimi niczym wspólna dusza, z głębi której uśmiechają się i kochają.

VI. Pomyśl potem, jak się to odbywa w życiu. Przypomnij sobie, jak wiele ludzie mają bufiastych gestów i jak niewiarygodnie wielkie mają słowa. Gdyby chociaż przez chwilę byli równie spokojni i dostatni, jak święci na obrazach Marco Basaitiego, mógłbyś również za nimi odnaleźć wspólny krajobraz.

VII. Są też przecież chwile, kiedy stający przed tobą człowiek cicho i jasno odcina się od wspaniałości krajobrazu. Rzadkie święta, które na zawsze pozostają w pamięci. Odtąd będziesz go kochał. To znaczy: będziesz próbował czułymi dłońmi obrysować kształt jego osoby, tak jak ją w owej chwili poznałeś.

VIII. Sztuka nie jest niczym innym jak takim właśnie obrysowywaniem. Jest rozleglejszą, śmielszą odmianą miłości. Jest miłością do Boga. Sztuce nie wolno poprzestać na pojedynczym człowieku, który jest przecież tylko bramą życia. Bramą, przez którą musi wkroczyć. Sztuce nie wolno czuć zmęczenia. Aby się wypełnić, sztuka musi działać tam, gdzie wszyscy są J e d n y m. Bo jeśli J e g o obdaruje, bezgraniczne bogactwo stanie się udziałem wszystkich.

IX. Jak wiele jej jeszcze do tego brakuje, widać chociażby w teatrze, gdzie mówi przecież, a w każdym razie chce powiedzieć o tym, jak patrzy na życie, nie na jednostkę pogrążoną w idealnym bezruchu, ale właśnie na ruch i obcowanie. Okazuje się wtedy, że ustawia po prostu postacie obok siebie jak ci z trecenta, pozostawiając im samym zaprzyjaźnianie się ze sobą ponad szarością lub złotem tła.

X. One zaś istotnie próbują się zaprzyjaźnić. Próbują dotrzeć do siebie za pomocą słów i gestów. Niemal wykręcają sobie przy tym ręce, bo gesty okazują się na to o wiele za krótkie. Robiąc rozpaczliwe wysiłki, próbują podawać sobie sylaby i są przy tym niczym kiepscy gracze, którym piłka bez przerwy leci z rąk. Czas mija zatem na pochylaniu się i szukaniu — zupełnie jak w życiu.

XI. W ten sposób sztuka nie zrobiła nic poza pokazaniem nam zamętu, w jakim przeważnie żyjemy. Napełniła nas lękiem, zamiast uciszyć i uspokoić. Wykazała, że każdy z nas mieszka na oddzielnej wyspie; tylko że wyspy te położone są zbyt blisko siebie, byśmy mogli żyć na nich samotnie i beztrosko. Jeden może drugiemu przeszkadzać albo straszyć, albo zarzucać włóczniami — i tylko pomóc nikt nikomu nie może.

XII. Z wyspy na wyspę dostać można się tylko w jeden sposób: ryzykując skok, który nie tylko dla nóg może okazać się niebezpieczny. Zaczyna się nieustanne skakanie w tę i we w tę z całą jego śmieszną przypadkowością; bo zdarza się, że dwoje skacze ku sobie jednocześnie, tak że zbliżają się do siebie tylko w powietrzu, na chwilę, a gdy wyczerpani opadają na ziemię, są sobie równie dalecy, jak przedtem.

XIII. Nie ma w tym ostatecznie nic dziwnego; bo mosty, po których kroczy się pięknie i uroczyście ku sobie, istnieją rzeczywiście nie w nas, lecz za nami, zupełnie jak na pejzażach Fra Bartolommeo albo Leonarda. Życie zaostrza się przecież w poszczególnych osobach. A ścieżka ze szczytu na szczyt prowadzi poprzez rozległe doliny.

XIV. Gdy dwie albo trzy osoby się do siebie przybliżają, nie stają się sobie jeszcze w ten sposób bliskie. Są jak marionetki, których sznurki tkwią w różnych rękach. Dopiero gdy wszystkich poprowadzi j e d n a i t a s a m a ręka, powstanie wspólnota, a postacie zaczną się sobie kłaniać lub okładać się pięściami. Podobnie i siła człowieka tkwi we władnej i wszechmocnej ręce lalkarza pociągającego za sznurki.

XV. Odnaleźć mogą się nawzajem dopiero we wspólnie spędzonej godzinie, gdy spotkają się w tej samej izbie, by przeczekać tę samą burzę. Dopiero stojąc na jednym i tym samym tle będą się mogli ze sobą porozumieć. Dopiero pochodząc z t e g o s a m e g o k r a j u. Nim rozpoczną rozmowę, muszą zawsze jakby przedstawić sobie listy uwierzytelniające, zawierające myśl i pieczęć jednego i tego samego księcia.

XVI. Czy słyszysz wokół siebie głos burzy, czy też śpiew lampy, oddech wieczoru czy stękanie morza — zawsze rozbrzmiewa ponad tobą rozlewna melodia, spleciona z tysiąca głosów, w którą ty sam tylko od czasu do czasu wpleść możesz swój śpiew. Wiedzieć, k i e d y s i ę o d e z w a ć, to tajemnica twojej samotności: tak jak sztuka prawdziwej rozmowy polega na tym, by z wyniosłości słów opadać w jedną i tę samą melodię.

XVII. Gdyby święci Marco Basaitiego chcieli opowiedzieć sobie cośkolwiek poza szczęśliwością wzajemnego współistnienia, nie podawaliby sobie swoich wąskich, delikatnych rąk na pierwszym planie obrazu, w którym mieszkają. Wycofaliby się w głąb, zmaleli i gdzieś daleko pośród nasłuchującego kraju zeszliby się ze sobą po wąziutkich mostach.

XVIII. Z nami jest dokładnie tak samo. Jesteśmy tu tylko błogą tęsknotą. Spełnień zaś doświadczamy gdzieś daleko pośród świetlistych krajobrazów. Wszelki ruch i wszelka wola są właśnie tam. Tam właśnie rozgrywają się historie, których my tutaj jesteśmy jedynie niejasnym tytułem. Tam dochodzi do pojednań i pożegnań, tam znajdują się wszystkie nasze pociechy i smutki. Tam j e s t e ś m y, podczas gdy tu, na pierwszym planie, przychodzimy jedynie i odchodzimy.

XIX. Przypomnij sobie ludzi, którzy pewnego dnia przybliżali się ku sobie, nie mając przy tym za sobą żadnej wspólnie spędzonej godziny. Na przykład krewnych, którzy spotykają się przy łożu śmierci ukochanej osoby. Każdy wspomina ją w zupełnie inny sposób. Ich słowa mijają się, nic nie wiedząc o sobie nawzajem. Ich dłonie w pierwszym zamieszaniu nie potrafią się nawzajem odnaleźć. — Aż w końcu rozpościera się za nimi ból. Siadają, w milczeniu pochylają głowy. Ponad nimi jest jakby szum lasu. I są sobie bliscy jak nigdy przedtem.

XX. Głęboki ból sprawia, że ludzie milkną i zaczynają słuchać. Na co dzień słyszą tylko mniejsze lub większe fragmenty owej potężnej, rozbrzmiewającej w tle melodii. Wielu w ogóle już jej nie słyszy. Są jak drzewa, które zapomniały o swoich korzeniach i sądzą, że cała ich siła i życie tkwią w szumiących gałęziach. Wielu jest też takich, którzy nie mają czasu, by jej słuchać. Nie pozwalają nadejść godzinie. To biedni wygnańcy, którzy zagubili sens istnienia. Wygrywają na klawiszach dni zawsze ten sam monotonny, błędny dźwięk.

XXI. Jeśli więc chcemy zostać wtajemniczeni w życie, musimy zwrócić uwagę na dwie rzeczy:
Po pierwsze, na wielką melodię, na którą splatają się przedmioty i zapachy, uczucia i przeżycia, zmierzchy i tęsknoty, —
po drugie, na pojedyncze głosy, które wpisują się w ten pełnobrzmiący chór i dopełniają go.
I aby uzasadnić dzieło sztuki, które jest obrazem życia głębszego, więcej niż teraźniejszego, przeżycia możliwego zawsze i o każdym czasie, trzeba oba te głosy, ten należący do określonej godziny i ten należący do grupy obecnych w niej osób, w odpowiedni sposób do siebie nawzajem odnieść i zrównoważyć.

XXII. Trzeba zatem oba te elementy melodii życia rozpoznawać w ich najprostszych formach; trzeba z szumu morskich tumultów wydobywać takt uderzeń fali, a z popłątań codziennej rozmowy tę żywą linię, która wszystko unosi. Trzeba zestawiać ze sobą czyste barwy, aby przekonać się, jak mocno ze sobą kontrastują i jak dalece skłonne są się nawzajem tolerować. Trzeba zapomnieć o tym, co jest wielością, i skupić się na tym, co ważne.

XXIII. Gdy spotyka się dwoje ludzi tak samo cichych, nie muszą rozmawiać o melodii mijających godzin. Jest ona bowiem czymś wspólnym. Trwa pomiędzy nimi niczym płonący ołtarz, którego święty ogień podsycają lękliwie pojedynczymi sylabami.

Jeśli próbuję swobodną egzystencję tych dwojga przenieść na scenę, to najwyraźniej chodzi mi o to, by pokazać dwoje kochających się i wyjaśnić, dlaczego są szczęśliwi. Ale na scenie ołtarz jest niewidoczny i nikt nie rozumie dziwnych gestów wykonywanych przez ofiarników.

XXIV. Są zatem dwie możliwości:
Albo same osoby muszą powstać i za pomocą wielu słów i niejasnych gestów spróbować opowiedzieć o tym, co wcześniej przeżyły.

Albo nie będę nic zmieniał w ich pełnym głębokiego sensu postępowaniu, a powiem tylko:
Jest tutaj ołtarz, na którym płonie święty ogień. Blask jego możecie dostrzec na twarzach tych dwojga ludzi.

XXV. Jedynie to drugie rozwiązanie wydaje mi się godne artysty. Nic istotnego nie zginie; żadne namnożenie prostych elementów nie zakłóci przebiegu wydarzeń, jeśli ów jednoczący dwoje samotnych ołtarz przedstawię w taki sposób, że wszyscy go dostrzegą i uwierzą w jego obecność. Dużo później patrzącym wyda się mimowolnie, że widzą słup ognia, i nie będę już wtedy musiał nic wyjaśniać. Dużo później.

XXVI. Ale to z ołtarzem to tylko porównanie, i do tego bardzo niedokładne. Rzecz w tym, by przedstawić na scenie wspólną godzinę, otoczenie, w którym osoby dochodzą do głosu. Ta pieśń, która w życiu wyśpiewywana jest przez tysiące głosów dnia i nocy, szum lasu albo tykanie powolnie wybijającego godziny zegara, ten szeroko rozbrzmiewający chór tła, który określa takt i ton naszych słów, na scenie musi zostać przedstawiony w inny sposób.

XXVII. Bo to, co nazywa się „nastrojem" i co przecież w nowszych sztukach dochodzi poniekąd do głosu, jest tylko pierwszą niedoskonałą próbą przedstawienia krajobrazu prześwitującego spoza ludzi, słów i skinień; większość wcale tego nie zauważyła; a intymny charakter tej próby sprawia, że przez wszystkich nie będzie ona mogła nigdy w ogóle zostać zauważona. Techniczne wzmacnianie pojedynczych dźwięków i świateł wydaje się śmieszne, bo spośród tysiąca głosów wydobywa jeden jedyny, tak że cała akcja trzyma się jakby na jednej nitce.

XXVIII. Oddać sprawiedliwość tej szeroko rozbrzmiewającej melodii tła można jedynie wtedy, gdy przedstawi się ją w całym jej bogactwie; a to, zarówno ze względu na skromne środki, jakimi dysponuje nasza scena, jak i nieufne nastawienie publiczności, wydaje się na razie niemożliwe. Równowagę osiągnąć można tylko poprzez surową stylizację. To znaczy, odgrywając melodię nieskończoności na tych samych klawiszach, na których spoczywają ręce akcji, czyli dostrajając do słów rzeczy pełne wielkości i milczenia.

XXIX. Oznacza to nic innego jak wprowadzenie chóru, który w tle jasnych i rozmigotanych rozmów spokojnie intonował będzie swoją melodię. Jeśli w tle rozlegać się będzie nieustannie głęboka i pełna znaczeń cisza, stojące przed nią słowa wydadzą się jej naturalnym uzupełnieniem i możliwe stanie się przedstawienie pieśni życia w sposób harmonijny, czyli osiągnięcie tego, co wydawało się niemożliwe z uwagi na trudność wprowadzenia na scenę zapachów i niejasnych doznań.

XXX. Podam pewien przykład: —
Wieczór. Mała izba. Pośrodku, przy stole, naprzeciwko siebie siedzi dwójka dzieci niechętnie pochylonych nad książkami. Oboje są hen, daleko. Książki maskują ich ucieczkę. Od czasu do czasu nawołują się nawzajem, aby nie zagubić się w rozległym lesie marzeń. Siedząc w ciasnej izbie, przeżywają losy kolorowe i fantastyczne. Walczą i zwyciężają. Powracają do domu i żenią się. Wychowują swoje dzieci na bohaterów. Pewnie nawet umierają.
Co do mnie, to skłonny jestem uznać to za akcję!

XXXI. Ale czym byłaby ta scena bez śpiewu palącej się pod sufitem staromodnej lampy, bez oddechu i stękania mebli, bez burzy za oknami. Bez całego tego ciemnego tła, przez które dzieci przeciągają nici swoich bajek. Jakże inaczej musiałyby te dzieci marzyć w ogrodzie, jakże inaczej nad morzem, jak inaczej na tarasie pałacu. Wiele zależy od tego, czy haftuje się na jedwabiu, czy na wełnie. Trzeba wiedzieć, że na żółtej kanwie tego wieczoru próbują oni niepewnie powtarzać nieporadne linie swego zawiłego wzoru.

XXXII. Chodzi mi tylko o to, by pozwolić zabrzmieć całej melodii tak, jak słyszą ją ci dwaj chłopcy. Cichy głos musi rozbujać ją ponad sceną, na niewidoczny znak słabe dziecięce głosy włączą się, by ją podjąć, a szeroki strumień szumiał będzie w małej wieczornej izbie, pędząc z nieskończoności w nieskończoność.

XXXIII. Podobnych scen, a nawet znacznie okazalszych mógłbym naszkicować wiele. Zależnie od tego, czy stylizacja jest wyraźna, to znaczy całkowita, czy też delikatna, chór albo znajduje się na scenie i śledzi czujnie przebieg wydarzeń, albo objawia się jako wszechobecny i bezosobowy głos, który unosi się ponad zawikłaniem wspólnie spędzanej godziny. W każdym jednak przypadku dysponuje, podobnie jak chór antyczny, światlejszą wiedzą; nie dlatego, że wypowiada się na temat akcji, ale dlatego, że jest bazą, z której wydobywa się cicha pieśń i w której łono w końcu tak pięknie się zapada.

XXXIV. Przedstawienie stylizowane, a zatem nierealistyczne, może być według mnie w tym przypadku jedynie stadium przejściowym; bo na scenie najbardziej stosowna będzie zawsze sztuka podobna do życia i w tym najbardziej zewnętrznym sensie „prawdziwa". Ale w ten właśnie sposób, tj. rozpoznając i stosując elementy prymitywne, zbliżyć się można do samopogłębiającej się, wewnętrznej prawdy. Po zdobyciu większego doświadczenia nauczyć się będzie można stosować rozpoznane motywy podstawowe w sposób swobodniejszy i bardziej samodzielny, a przez to znowu zbliżyć do tego, co realistyczne i czasowo rzeczywiste. Ale nie będzie to już to samo co przedtem.

XXXV. Starania te wydają mi się konieczne, gdyż w przeciwnym razie znajomość delikatniejszych uczuć, zdobyta długą i mozolną pracą, przepadłaby na zawsze w scenicznym zgiełku. A to byłaby szkoda. Ze sceny można, jeśli robić się to będzie w sposób nietendencyjny i bez nacisku, głosić nowe życie, to znaczy obdarzać nim również tych, którzy jego gestów nie nauczą się nigdy z własnego popędu i o własnych siłach. Nie powinno się ich ze sceny nawracać. Ale powinno im się przynajmniej pokazać: że coś takiego istnieje w naszych czasach, tuż obok nas. Samo to jest już wystarczająco wielkim szczęściem.

XXXVI. Bo zrozumienie tego staje się oparciem równie mocnym, jak religia: zrozumienie, że skoro tylko odnaleźliśmy melodię tła, nasze słowa nie są już błahe, a zamiary niejasne. Jest jakaś beztroska pewność w zwykłym przekonaniu, że jest się częścią melodii, a więc że ma się prawo zajmować określoną przestrzeń oraz że jest się zobowiązanym do uczestniczenia w przedsięwzięciu, w którym najmniejszy wart jest tyle samo co największy. Pierwszy warunek świadomego i spokojnego rozwoju to nie być zbytecznym.

XXXVII. Wszelka niezgoda i nieporozumienie pochodzą stąd, że to, co wspólne, ludzie próbują znaleźć *w* sobie samych, zamiast szukać tego w rzeczach *poza* sobą, w świetle, w pejzażu, w początku i w śmierci. Tracą w ten sposób samych siebie i nic nie zyskują w zamian. Mieszają się ze sobą, ponieważ nie potrafią się ze sobą zjednoczyć. Chwytają się siebie nawzajem i nie mogą pewnie stanąć na nogach, bo oboje są chwiejni i słabi; całą siłę zużywają na to rzekome wzajemne podpieranie się, tak że na zewnątrz nie wyczuwa się nawet najmniejszej fali.

XXXVIII. Każda wspólność zakłada przecież zawsze istnienie pewnej liczby odrębnych i samotnych istot. Zanim się pojawiły, była po prostu całością bez żadnych odniesień, na oślep. Nie była ani biedna, ani bogata. Z chwilą, gdy poszczególne jej części opuszczają jej matczyne łono, zaczyna się im przeciwstawiać; bo rozwijając się, oddalają się od niej coraz bardziej. Ona jednak nie wypuszcza ich z rąk. Korzeń karmi owoce, nawet jeśli nic nie wie o ich istnieniu.

XXXIX. My zaś jesteśmy jak owoce. Wisimy wysoko pośród dziwnie poplątanych gałęzi i doświadczamy wielu wiatrów. Chlubimy się naszą dojrzałością, słodyczą i pięknem. Ale siłę do nich czerpiemy wszyscy poprzez j e d e n pień z korzenia, który rozprzestrzenił się poza najdalsze światy. I jeśli chcemy zaświadczyć o jego mocy, musimy używać jej każdy na swój własny, samotny sposób. Czym więcej samotnych, tym bardziej uroczysta, przejmująca i potężna jest ich wspólnota.

XXXX. I właśnie to najbardziej samotni mają największy udział we wspólnocie. Powiedziałem wcześniej, że z rozbrzmiewającej szeroko melodii życia jeden słyszy więcej, drugi mniej; stosownie do tego wykonuje też większą lub mniejszą[1] partię w wielkiej orkiestrze. Ten, kto słyszałby całą melodię, byłby jednocześnie kimś najbardziej samotnym i najbardziej wspólnym. Bo słyszałby coś, czego nikt nie słyszy, a przecież słyszałby to tylko dzięki temu, że w swojej d o s k o n a ł o ś c i rozumiałby coś, co inni wychwytują niepewnie i we fragmentach.

RAINER MARIA RILKE
tłum. Tomasz Ososiński

---

[1] W oryginale: *eine kleinere oder geringere*, czyli: mniejszą lub drobniejszą — mamy tu zapewne do czynienia z pomyłką Rilkego.

ADAM ZAGAJEWSKI

VITA CONTEMPLATIVA

Może to już wrzesień. Pijąc kawę bez smaku
w ogródku kawiarni na Museuminsel,
myślałem o Berlinie, o jego ciemnych wodach.
Oto czarne budowle, które wiele widziały.
Ale w Europie panuje spokój, dyplomaci drzemią,
słońce jest blade, lato umiera spokojnie,
pająki mu tkają lśniący całun, suche liście
platanów piszą wspomnienia z młodości.

Oto, czym jest *vita contemplativa*.
Czarne mury budynku, wewnątrz białe rzeźby.
Popiersie greckiej piękności. Oto, czym jest.
Ołtarz, przed którym nikt się nie modli.
Oto, czym jest *vita contemplativa*.
Narkissos — rzymska kopia greckiego chłopca
na protezach z miedzi (inwalida której wojny?).
Obok *kuros* z woreczkiem jąder (*phallus* zniknął).

Jesteśmy chyba na bezludnej wyspie.
Nieśpiesznie, powoli przesuwa się czas.
Błoga bezradność, oto, czym jest *vita contemplativa*.
Chwila bez godziny, jak powiedział poeta,
którego w Lublinie zabiła bomba.
A gdyby znowu w tym czy innym mieście
wybuchła *vita activa*, co zrobiłaby Artemida
z czwartego stulecia p.n.e.? Narkissos? Hermes?

Pergaminowe twarze patrzą na mnie z zawiścią
— ja się wciąż mogę mylić, one już nie.
Zrównanie dnia z nocą, oto, czym jest.

Jawy ze snem, świata i umysłu, oto, czym jest.
Uspokojeniem, napięciem uwagi, lewitacją serca.
W czarnych murach tlą się jasne myśli.
Oto, czym jest. Czym jest, nie wiemy.
Żyjemy w przepaści. W ciemnych wodach. W blasku.

IMPROWIZACJA

Trzeba wziąć na siebie cały ciężar świata
i uczynić go lekkim, znośnym.
Zarzucić go sobie na ramiona
tak jak plecak i ruszyć w drogę.
Najlepiej wieczorem, na wiosnę, kiedy
spokojnie oddychają drzewa, a noc zapowiada się
pogodnie, w ogrodzie trzaskają gałązki wiązów.
Cały ciężar? Krew i brzydotę? To niemożliwe.
Zawsze zostanie osad goryczy w ustach
i zaraźliwa rozpacz tej starej kobiety,
którą widziałeś wczoraj w tramwaju.
Dlaczego mamy kłamać? Przecież uniesienie
istnieje wyłącznie w wyobraźni i szybko znika.
Improwizacja — zawsze tylko improwizacja,
nic innego nie znamy, mała albo wielka,
w muzyce, gdy trąbka jazzowa wesoło płacze,
albo kiedy patrzysz na białą kartkę papieru
czy też wtedy, kiedy uciekasz
przed smutkiem i otwierasz ulubiony tom wierszy;
zwykle w tym momencie dzwoni telefon
i ktoś pyta — czy reflektuje pan / pani na nasze
najnowsze modele? Nie, dziękuję bardzo.
Wolę stare, wypróbowane modele.
Zostaje szarość i monotonia; żałoba,
której nie uleczy najwspanialsza elegia.
Ale może są rzeczy ukryte przed nami
i w nich melancholia miesza się z entuzjazmem,
zawsze, codziennie, jak narodziny świtu
nad brzegiem morza, albo nie, poczekaj,
jak śmiech tych dwóch małych ministrantów
w białych komeżkach, na rogu Jana i Marka,
pamiętasz?

ADAM ZAGAJEWSKI

TOMAS VENCLOVA

WIERSZE

Od Kanału Landwehry do Szprewy

Dla Murata Hażdżu

Wiele już temu lat i ja tu byłem,
Tutaj wygnania miód i ocet piłem,
I nawet z Przeznaczeniem się nie bałem
Do szachów tutaj usiąść lub do kart.
Z wysoka, w duchu czując się Nazonem,
Na zakazaną spoglądałem zonę,
Z jej bezpieczniaków czujnym garnizonem
Lustrując martwe domy okiem wart.

Kanał, z którego wyłowiono Różę,
Już nie jest lustrem ruin. Znikły straże.
Dworce ożyły. Kuszą dziś podróże.
Ja tylko pozostałem z tamtych lat.
W końcu alei z mgły prześwieca słońce
Jak białko jajka w wapiennej osłonce.
Wczorajszych potęg flagi płowiejące
I ambasady na Pariser Platz.

Za minibarem parking się otwiera
I na wpół pusta postmoderny era.
Przy banku sterylniejsza niż Sahara
Studnia szklanego atrium — czyste nic.
Wzrok ślizga się po szyn błyszczącym ściegu
Do ich przecięcia: znacząc kres wyścigu,

Tam Siegessäule niebo wbija w biegu,
Bezsporna jak negacja, na swój szpic.

Mur znikł bez śladu i bez obelisku:
Gdzież tu on biegł nad ciemnym nurtem Styksu?
Królestwo dziś konsumpcji oraz seksu
Zagadki nie rozwiąże (co to Styks?),
Którą nieśmiało zada mu turysta.
Gdzie politbiura widmo zaś wyrasta,
Sprzedaje gwasze dziś awangardysta,
Zbieg z unicestwionego kraju Iks.

Zawrotne są wolności perspektywy.
Jak hugenota, anachronizm żywy,
Ja też bełkocę wśród upojnej wrzawy
Od rzeczy, chaotycznie i nie wprost —
Palony ogniem i ścinany mrozem,
Na granitowym gruncie tracę rozum
I chwiejnym krokiem wspinam się zarazem
Na nowych czasów nieforemny most.

Nie z nich ja rodem — jak ten gryf, kwadryga,
Herkules, portyk, tryumfalna droga:
We współczesności owa warstwa druga,
Aluwium ognia, wyrzucone z dna.
Lecz póki trwa z kwietniowym wiatrem walka
Opornych trofeów, bogini wielka,
Budowniczyni miast i burzycielka —
Pallas Atena mnie w opiece ma.

Człowiek to, by tak rzec, debiutant szczery
W jej progach — tam, gdzie przemijają ery,
Nie wiekopomne są tryumfu czary,
Sny o potędze żegna pusty śmiech.
Traci nazwisko, skoro kraj postrada;
W materię czasu (Exul rzekł) zapada
Jak salamandra w ogień; nie bez trudu
Uczy się, że samotność to nie grzech.

Takie nam będą łaski udzielone
W państwie, nad którym włada słowo „ohne".
Mieszkam w płomieniu, trwam, dopóki płonę.
Pomocy znikąd. Śmietnik pęka w szwach

Od idei. Choć byłem marnym prochem,
To nieco bardziej niż o życie kruche
Dbałem o wolność, a i większy trochę
Przed kłamstwem niż przed śmiercią czułem strach.

Ponad drzewami anioł. Czy aniołem
Był złym, czy dobrym? Trochę się spóźniłem,
Więc nie wiem. Jak wypada, biję czołem
Łaskawym losom wdzięczny za ich dar.
Zanim gwiazdozbiór wzejdzie w luce nieba,
Tam znikam, gdzie był Mur, którego nie ma,
Jakbym odbicie, przezroczyste niemal,
Z witryny lśniącej własnoręcznie starł.

Nadzorować i karać.
Zwiedzanie Więzienia Śledczego
IZ-45/1

Nie tylko już za siebie samą, ale
Modlę się teraz za te wszystkie, którym
Stać przyszło ze mną w zimnie i w upale
Pod tym czerwonym niewidomym murem.
Anna Achmatowa

Żyje się tu dziś łatwiej. Są problemy
jak na wolności, choćby AIDS, gruźlica.
Bałanda z bromem tłumi doskonale
szał spermy, kiedy na dziedzińcu świecą
łydki turystek, a schodząca zmiana
klawiszów łyka piwo marki Bałtyk.

Słowa dziś znaczą co innego. Miasto
pęka na pół pod tym czerwonym murem,
drobnica chmur, kontynent za plecami.
Z wiatrem podobno papierowy zwitek
czasem zaleci aż na tamten brzeg,

choć częściej spada na płynącą barkę
czy w migotliwą toń ultramaryny:

znak dla natury, wodorostów, świtu.
Pod celą nie dwudziestu już, lecz sześciu.

Kopuła cerkwi, pętla tramwajowa.
Ceglana ściana zna grypserę łysych.
Jak długo szło się wtedy? Od ogrodu
zapuszczonego, wyszczerbionych kolumn,
prospektem pohańbionym przez modernę,

pustynią mostu, potem — dwie ulice.
Lipcowy upał. W uszach szum listowia
i krwiobiegu regularny rytm.
Ani wrogowie, ani przyjaciele
nie przeglądają się od dawna w szybach.

To luki, puste miejsca. Tu emigrant
w Berlinie zastrzelony przez szaleńca;
zostawił syna (szczęściarz). Krótkowzroczny,
dufny poeta (ten zachowa pamięć
i w śnieżnej dali gdzieś pod Magadanem).

I tamten, co dopiero się narodzi,
jeszcze nie dziś, lecz już nań czeka transport
i noc polarna gdzieś nad Jenisiejem
(nad Newą, Niemnem, rzeką, co w królestwie
Plutona własne zatraciła imię).

I tylu innych, którzy też wiedzieli,
że jest gdzieś haust powietrza, inne życie:
ryk statku, krzyk jaskółek tuż za bramą
i ziemia, która będzie nam dziedzictwem,
choć to wątpliwa, zdaje się, pociecha.

Ten, który się obejrzał

M. K.

Szło się z wolna pod górę skalnym rumowiskiem.
Świat podziemny go peszył: tu na każdym kroku
były czeluście, popłoch, sypka, zżółkła glina,
ruiny skał, czarnowłosy las, kosodrzewina,

która jak topielica wypływała z mroku.
Zdawało się, że zgubił pod tym stropem niskim

szlak na ziemię z otchłani, gdzie niepostrzeżenie
dusze w sen zapadają, tracąc głębię. Ale
muzyka rosła w mózgu, moc starsza niż życie,
której i Ereb słucha, ta, która w niebycie
ma formę, uszom miłą, wyższa w swojej chwale
nad mróz Hiperborejów, skwar Nilu. Znaczenie

ma tylko ona. W ciszy tym większa, że niema,
bezdźwięcznie wyczuwalna pod sklepieniem Hadu,
gdzie Chronos, syt ruiny, spoczywa pod głazem,
obiecywała z mroku zwierciadeł zarazem
wrócić zjawę i żywą uwolnić od jadu,
w ciało przyoblec pustkę i to, czego nie ma,

przedłużyć. Słyszał zjawę, jak stąpa niesporo.
Ocierał z czoła zimny pot. W duchu był gotów
i Safo, i Terpandra, zanim się zrodzili,
oddać w ofierze za tę, co stąpa w tej chwili,
za znamię jej, za kosmyk bezbarwnych jej splotów...
Skoro łachmany mięśni opadły z niej, skoro

szata opadła z kości, czy został choć blady
uśmiech? Musi nań spojrzeć, żeby mieć nadzieję.
Czy to ona? Pamięta, chce wrócić na ziemię,
odzyskać siłę doznań, zgubne pragnień brzemię,
los, przyszłość, siebie? Jeśli nie, to nie istnieje
nic, jedynie noc Tracji, fletnie i Menady.

Obejrzał się. Krajobraz niemal znikł. Na świecie
zaszła zmiana. W napięty jak struna od fali
brzeg, skąd płaczek nadmorskich biegły trwożne krzyki,
bił suchy wiatr ze wschodu, smagał Eur o dziki
brzeg. Skał nie było. Gwiazdy bielały w oddali,
aż innemu po wiekach zabłysną poecie.

Pojezierze

Starczy otworzyć drzwi, a wszystko wraca na swoje miejsce —
przystań, spacerowy stateczek, świerki i tuje.
Staruszka, co karmi kaczki, ma tyle lat, co Leni
Riefenstahl. U stóp wzgórza nie całkiem jeszcze zielone kasztany
są młodsze, ale z pewnością dorównują wiekiem jej filmom.
Światło i mgła. W zeszłorocznych liściach szurgoce jeż
lub Bóg wie czyja dusza. Martwa woda pół na pół z żywą
wypełnia równinę. Celsjusz i Fahrenheit
zapowiadają wiosenny dzień, przeszłość (podobnie jak teraźniejszość)
kryje się w cieniu, pierwsze pogodne tygodnie polerują szmerglem
mosty w spokojnym zakątku Europy, pomiędzy Wannsee a Poczdamem
             — tam,
gdzie sporo się stało, lecz nic więcej się pewno nie stanie.
Od wielu dni ukazuje się nam wyliniała wrona — w parku,
czasem na dachu. Starożytni orzekliby, że ten jej
upór to wróżba. Wynurza się z gąszczu
drzew, przeskakuje z jednego ramienia anteny
na drugie, błyskając bokiem jak ciekła rtęć
w szkle termometru. Nie sposób pojąć,
co oznacza ta skacząca rtęć. Może początek agonii?
Przeszłość niczego nie uczy, ale jednak próbuje
coś powiedzieć. Może wrona więcej wie o nas
i o brudzie historii niż my sami.
O czym chce przypomnieć? O czarnych fotografiach, o czarnych słuchawkach
radiotelegrafistów, o czarnych podpisach na dokumencie,
o zastygłej źrenicy bezbronnego, o bucie jeńca i o tobołku
zbiega? Chyba nie. O tym i tak pamiętamy,
to nas nie nauczy rozumu. Ptak jest tylko symbolem uporu
i wytrwałości. Proś, a będą ci dane.

TOMAS VENCLOVA
tłum. Adam Pomorski

OBJAŚNIENIA AUTORA:

Murat Hażdżu, któremu dedykowany jest wiersz *Od Kanału Landwehry do Szprewy*, to awangardowy malarz z Kaukazu, który sprzedaje swoje prace w pobliżu przeznaczonego do rozbiórki Domu Republiki NRD w Berlinie. Pariser Platz — plac w pobliżu Bramy Brandenburskiej, przy którym mieszczą się ambasady Rosji i Wielkiej Brytanii. Róża — oczywiście Róża Luksemburg, którą utopiono w Kanale Landwehry; wzmianka o niej odsyła do tekstu Brodskiego. Siegessäule — Kolumna Zwycięstwa w parku Tiergarten. Exul — wybitny poeta rosyjski Władysław Chodasiewicz, emigrant (w wierszu przytoczone są jego słowa i motyw jego wiersza z Berlina z początku lat dwudziestych).

Tytuł *Nadzorować i karać* zapożyczony jest od Michela Foucaulta. W wierszu mowa o słynnym więzieniu Kresty w Petersburgu. Obecnie więzienie jest miejscem płatnych wycieczek turystycznych. Więźniowie z zainteresowaniem przypatrują się turystkom na dziedzińcu (dla złagodzenia frustracji seksualnej prawdopodobnie podaje się im brom). Miasto „pęka na pół" pod więziennym murem, bo przecina je Newa. Podobno więźniowie wydmuchują przez rurkę grypsy, które mogą przelecieć na drugi brzeg rzeki. Dalej w wierszu mowa o Annie Achmatowej i jej poemacie *Requiem* poświęconym ofiarom stalinowskiego terroru. (Fragment tego poematu jest mottem wiersza). Prospektem Litiejnym, „pohańbionym przez modernę" — jak to sformułowała w jednej ze swoich *Północnych elegii* — chodziła w latach 1937–38 z Fontannego Domu, w którym mieszkała, do więzienia, w którym osadzono jej syna. W czasach carskich w Krestach siedział działacz liberalnej partii kadetów Władimir Nabokov, którego syn zyskać miał światową sławę pisarską (Achmatowa w wierszu nie wie, czy jej własny syn jeszcze żyje); później, w czasach stalinowskich — „dufny" (nieuznający wielkości poetyckiej Achmatowej) poeta Nikołaj Zabołocki, autor poświęconego ofiarom łagrów wiersza *Gdzieś pod Magadanem, w dali śnieżnej...*; jeszcze później — Brodski.

W wierszu *Ten, który się obejrzał* Orfeusz, ojciec poetów, gotów jest złożyć w ofierze całą przyszłą poezję świata, byleby wyprowadzić Eurydykę z królestwa umarłych. Właśnie dlatego, że to mu się nie udaje, po wielu wiekach pojawi się Dante, który także zstąpi do piekła, by po wyjściu zeń ujrzeć gwiazdy.

TOMASZ RÓŻYCKI

ZESZYTY Z NOWEGO JORKU

1.

Strzela Aurora i kończą się żarty.
Kropelka mleka, która wpadła w oko
całemu miastu, musiała wystarczyć,
żeby zakwasić światłem każde z okien
na Manhattanie. I stało się jasne,
że nadal lecę tanim samolotem
z tysiącem łóżek, szafek, pasażerów,
taksówek, ulic, pięter, tuż nad ziemią.

Czułe jest niebo, ono rejestruje
całą tę gamę jęków i pomruków
i mnie się, marszczy, i przegrupowuje
stada aniołów, odrzutowców. Furkot,
charkot i trwoga, kiedy tu lądują,
między szklanki i plamy, na tym biurku,
wśród szatańskich wersetów. Chmura kurzu,
zmarli poeci na moment w podróży.

2.

Ile muzyki, no, ile muzyki
z tych tu neonów, fermonów, spomiędzy
warg szansonistki, zewsząd. I jak myślisz,
czego chcę się dziś napić? Bez pieniędzy
nic nie zwojuję, co najwyżej whisky
lub tani rodan, ażeby udręce
pokazać piękny film i wejść w tym filmie
w otwarte usta nocy, jeśli przyjmie

pani taki podarek. Ach, Ludwiku,
nie przytrafiła ci się kiedyś miłość?
Przynajmniej jedno: granice języka
są gdzieś w zaświatach — kilka razy byłem
w tym sklepie, to wiem: można po nim bzykać
tam i z powrotem, wszędzie skrzynki wina
i szansonistka. Dzisiaj degustacja,
spróbuj jednego tylko, a przepadłeś.

3.

To jest mój pokój. Lód w szklance stopnieje
tutaj na chwilę, nim stopnieje oko
i zanim ręka zgadnie, co się dzieje,
spływa na kartkę kleks, zmieniając w błoto
kłaczki tych liter. I znów ogromnieje
noc, światła miasta, słychać jak z grzechotem
kontynent rusza na poszukiwanie
lądu na wschodzie. Plecy, udo, ramię.

Kolumb się mylił. Za zachodem słońca
nie ma już żadnej ziemi, łódka płynie
w sam środek nocy i tak już bez końca:
odkrywasz wyspy i nadajesz imię
wszystkim wyśnionym światom, a twa śpiąca
załoga coraz młodsza jest jedynie
na freudowskiej półkuli. Jeśli wróci,
Kirke zamieni ich na powrót w ludzi.

4.

Ale nie jestem tutaj, żeby zasnąć —
okno otwieram i mam swoje sprawy
z tym czarnym żużlem, z tym płonącym miastem,
w którym się grzebię, z którego potrawę
właśnie przyrządzam, dopóki nie zgaśnie.
I świecę światło, mruczę niesłychane
i złe przekleństwa. Wymyśliłem sobie
takie przyjęcie, takie tańce w grobie.

Pisałem w nocy, ale świt mnie nakrył
tutaj, w hotelu, zupełnie nagiego,
właśnie w tej chwili, kiedy próbowałem
dorobić sobie ciebie. Póki ciemność
sprzyjała mi, wyrastał prosto z ciała

ten fantom jak zielone dzikie drzewo,
a teraz świt tu wkracza przez firankę
i brodzi w liściach. Jesień w Central Parku.

5.

Pociąg się cicho spala tu, na stacji,
w gaz i garstkę popiołu, więc jedziemy
po tej konstrukcji bardzo delikatnie,
po moście z lepkiej mgły i po jesieni,
a za oknami w oparach i w magmie
syczy z muszli ocean. Dzień się pieni
na krawędziach, przypływ. Księżyc bezczelnie
kręci dziś ciałem, nakłuwa kukiełkę.

Jest po sezonie i można wynająć
pokój na chybił trafił, lecz z widokiem,
i słuchać, jak się z wdziękiem obijają
zakotwiczone w niebie mewy. Potem
godnie iść na dno tutejszego baru,
z całą załogą i dowództwem floty.
Ale uwaga! Rybak rzuca kości,
rdzewieje w parku wrak pięknej powieści.

6.

Takie wysokie domy, takie sklepy,
butelki kolorowe, samochody.
Misterna siatka ulic, aż do nieba
winda lub schody. Kolorowa młodzież
w windach i sklepach, jeżeli ci trzeba
Jezusa, zadzwoń. I bohaterowie
znani z ekranu w wielkich limuzynach
z tłuszczem i szminką, wyjeżdżają z kina

wprost do twojej komórki. Siatka ulic
tak precyzyjna, w siatce ciągle krąży
ta wściekła mucha. Pękły mi dziś buty,
ale znalazłem sekret: wielokrotnie w ciąży
z bykiem była Europa, dzieci tutaj
ukryto w biurach, podpięto do łączy
satelitarnych, sieci. Poszukam ucieczki,
w szparze za Scyllą i Chryslerem błękit.

TOMASZ RÓŻYCKI

MACIEJ NIEMIEC

WIERSZE

* * *

NASZE ODWAŻNE i przemilczane przekleństwa niczego nie mogły
zmienić
w porannym powietrzu chłodnym i tak nieruchomym,
że budowałem w nim trwałe formy z dymu
przesuwające się przez całe minuty, może dwie,
na tle wyraźnych przedmiotów tego pokoju
w stronę otwartego okna, w którym zaczynały falować
jak woda, która będzie wrzała, i znikały.

13 III 2007

* * *

IDEALNA NIEDZIELA — w południe słońce
a po południu gwałtowny deszcz,
pod którym drży i pochyla się piękna
zieleń młodych drzew na patio.

Nie chciałbym, żeby pomyślały, że się poddaję,
siedząc nad szklanką z pochylonym czołem.

Ale myśl jeszcze się waha, jak magiczne wahadło,
pomiędzy swymi przeznaczeniami:

kryształ, kamień, błoto, nicość;
nie wie, które ją wybierze.

I mógłby się tak zacząć dokonywać przemiana
współczucia w ironię, albo nawet
bólu w szyderstwo, albo opisu świata
w denuncjację

Jednak pragnienie czystej percepcji przemienia się
w otępienie, rodzaj ekstazy, jak po długim marszu w górach.

Pusta głowa, z której wyjęto (świat je wyjął)
narzędzia poznania: miłość i gniew,

tworzy pragnące istnieć jak świat metafory,
które niekiedy, w oślepionych godzinach
pozwalają jej zobaczyć świat, patio w deszczu,
człowieka, który nad szklanką wina rozmyśla,

powtarza: nicość, błoto, kamień, kryształ.

VI 2007

Dla A. Ł.

1
Potrafię już odejść, lecz jestem spragniony*.

2
Jakie święto, jaki to byłby dzień, żeby ich przyjąć,
wybaczyć powrót, zapomnieć odejście.

3
Jak gdyby mogła wypełnić utracone miejsce
w tej nieskończonej grze
książka, nasza ostateczna figura.

4
Ale jeżeli to, co utracone, wciąż wzrasta,
jak gdyby było nieświadome,
jak gdyby nie mogły tego wyczerpać lata
ani zmartwienie z garderobą o tysiącu szaf?

---

* Z wiersza Emila Laine.

35

5

Powiedzmy, partia szachów, w której utracone figury
po pewnym czasie, niezbędnym im zapewne,
jak gdyby pogodzone ze zniknięciem, powracają
na swoje utracone miejsca, w tej samej partii szachów,
sprawiedliwej, bo nieskończonej.

IV 2007

Stan nasycenia

Wysokie morze zaczyna cofać się po południu,
jak w rozkładzie jazdy.

Człowiek ubrany spaceruje po plaży i rozważa
monotonną bezużyteczność morza jako przedmiotu myśli.

Morze, inaczej jak blake'owska Wizja,
odchodzi i powraca, stałe w niestałości.

Czy morze może być Wizją
dla człowieka, który nie chce się zamoczyć?

Dzieci kopią doły w piachu
a opaleni dorośli dokonują wyczynów pływackich.

To on, człowiek ubrany, tworzy anomalię:
alergiczny, nieoczywisty; ani tu, ani tam.

Przesycony sobą osłania przed obliczem morza
swoje nieliczne myśli
spojrzeniem spoza ciemnych okularów.

Nietrwały i niepowtarzalny wobec jego brudnozielonego oblicza
liczy muszelki i wodorosty,
unika butami drobnych i przebiegłych fal.

Błękit jest dalej — tam gdzie syreny i wyspy.

Na linii odpływu sprawdza obcasem —
piasek jest nasycony wodą
czy woda nasycona piaskiem?

Niewątpliwie stan nasycenia istnieje —
ta nietrwała i powtarzalna równowaga
to constans dna morza.

Być może nawet Blake mylił się
i Natura jest tylko i jedynie Wizją —

I nikt ubrany nie dopłynie do latarń i syren
nie mocząc butów, nie gubiąc okularów i kapelusza.

St-Briac, VII 2007

Noc na Ramblas

Ta długa katastrofa
słabo się rymuje.

Noc osłania lub odkrywa
co w południe zwykle bywa

mało znane,
nawet dzieciom. Noc

na swój sposób
to wyjaśnia,

w każdym słowie,
które przejęzycza.

Morze w porcie jest ciche
jak posąg Don Kichota, który odkrył Amerykę.

Zużyte, luźne struny małych fal szepczą
jak ostatnie banknoty w kieszeni.

W katalońskim, który jakoś rozumiem
po francusku, czuję się bezpiecznie nieznajomy.

Josep Maria, wracając do hotelu powiedział:
Pamiętaj, w nocy miasto nie jest bezpieczne dla obcych. —

Ale niekiedy czułem się obcy nawet na Rynku w Krakowie,
dlatego na Ramblas jestem poza niebezpieczeństwem.

Barcelona, IX 2003

Aux Trois Obus

Jaki to ciężar spada z ciebie
palącego słodkie cygaro
przy kawiarnianym stoliku —

że patrząc i widząc spostrzegasz
bez żadnej winy, bez żadnego osądu?
Albo, że młodość idących ulicą

dziewczyn jest taka, jaką znałeś?
Lub może to hałas placu i zapachy
benzyny, tytoniu, potu i perfum,

fachowa uprzejmość kelnera
i przelotne spojrzenia kobiet
zdejmują z ciebie piętno odrębności?

Nie, to nie będzie takie łatwe,
odpowiedzieć, o ile spotkasz kogoś
kto będzie mógł o to zapytać.

Jesteś tym, kim jesteś, wyodrębniony
w sobie, bez żadnej ucieczki.
Bóg milczy a ostateczna śmierć niepewna.

Jednak ciężar jakby mniejszy,
przy tym stoliku, przy tym placu,
wobec spojrzeń dam i waleta za grosze.

W drżącym z upału powietrzu kamienice naprzeciw
wydają się unosić jak pałace ze wschodnich bajek.

5 VIII 2007

MACIEJ NIEMIEC

ADAM SZCZUCIŃSKI

NEAPOL

Poprzedni pobyt w Neapolu był krótki i niezbyt udany. Zmęczeni dotychczasową podróżą chodziliśmy zaułkami miasta niczym nocni stróże wyczekujący świtu. Tym razem przyjechałem tu na dłużej, pełen nadziei, że zagłębię się w Neapolu jak w książce, od której nie można się oderwać. Czytanie miasta — powolne literowanie nazw ulic, napisów na cokołach, tajemna lektura skrzyżowań, ścieżek i nieznanych przybyszom z zewnątrz skrótów — to czynność wymagająca wyostrzonego spojrzenia, zmiany duktu podróży, spowolnienia kroku i oddechu. Wojciech Karpiński pisał o Neapolu: „Miasto skryte, pełne napięć i sprzeczności. Stare dzielnice są mroczne, hałaśliwe, melancholijne i nieprzystępne. Miasto dziwnego wyrafinowania, urody, nagle przed czytającym w jego mieszkańcach i budowlach odkrywa zaułki ludzkiej nędzy. Każe pamiętać: taki jest człowiek, także taki”. Podobno Konstanty Jeleński uważał Via dei Tribunali za najpiękniejszą ulicę na świecie. Nie potrafię tego zrozumieć. Neapol nie jest miastem pięknym, nie może się równać z Rzymem czy Florencją; jest jednak miastem szczególnie nam bliskim, stanowi bowiem tło opowiadań i dziennika Gustawa Herlinga-Grudzińskiego. Pisarz mieszkał tu przez wiele lat, tutaj, na cmentarzu Poggioreale, został pochowany.

Spaceruję po Neapolu śladami Herlinga i bohaterów jego opowiadań. „Trasa moich rzadkich spacerów porannych jest zawsze jednakowa: od placu Świętego Dominika do placu Jezusa, przed powrotem do domu odpoczynek w majolikowym krużganku Świętej Klary” — wyznaje bohater *Krótkiej spowiedzi egzorcysty*. W *Madrygale żałobnym* czytamy: „Wszystko odbywało się w promieniu kilkuset metrów. Z placu Świętego Dominika, gdzie niegdyś znajdował się pałac rodziny Gesualdo, przeszedłem krótkim odcinkiem Spaccanapoli, nie wstępując po drodze do ulubionego kościoła Świętej Klary, na Piazza Gesù, placu Jezusa, i zajrzałem dość niechętnie do Chiesa Gesù, kościoła Jezusa. Niechętnie, bo za oryginalną fasadą dawnego pałacu renesansowego krył się ociężały, przeładowany wystrój barokowy". Tu, w Chiesa del Gesù Nuovo, pochowano nieszczęsnego Carla Gesualdo, „księcia muzyków". Po lewej stronie, u stóp ołtarza poświęconego Ignacemu Loyoli, znajduje się płyta nagrobna madrygalisty. Pisarz miał rację, wnętrze kościoła przytłacza nadmierną liczbą ozdób. Zupełnie inne wrażenie wywiera pobliski klasztor Santa Chiara. Kościół jest ascetyczny, piękny. To tutaj rozpoczyna się opowiadanie *Podzwonne dla dzwonnika*. Przyglądam się klasztornej wieży. Niczym odgłos dzwonu powracają słowa: *Morirò senza la mia campana*.

Wszedłem na krótko do katedry, gdzie upłynnia się krew świętego Januarego. Niedaleko stąd jest kościół Santa Maria Donnaregina, w którym pracował jako murarz Sebastiano, tragiczny bohater opowiadania *Pietà dell'Isola*. Niestety, kościół jest zamknięty, nie można go zobaczyć. „[Sebastiano] spędzał codziennie godzinę przerwy obiadowej w chłodnej nawie *Donnareginy*, wpatrzony z zachwytem w grobowiec Marii Węgierskiej dłuta Tino di Camaino i w freski Cavalliniego, lub zachodził do bocznej *Capella Loffredo* ozdobionej freskami uczniów Giotta i Cimabue". W innym miejscu Herling pisze, że owalna twarz leżącej królowej miała natchnąć Modiglianiego. „Widziałem dużo rzeźbionych i malowanych Twarzy Umarłych, ale nigdy bardziej przejmującej w uchwyconym przez artystę sekrecie Snu i Śmierci".

Szukajmy dalej. „Piazza del Mercato — czytamy — znajduje się między ulicą portową i główną, antyczną arterią miasta, którą lud — łącząc w jedną całość równy rząd dawnych zaułków cechowych — nazywa *Spaccanapoli*, linią rozłupującą Neapol". To na tym placu Masaniello sprzedawał ryby. Zabito go potem w pobliskiej świątyni Santa Maria del Carmine. Po drugiej stronie placu znajduje się kościół Świętego Eligiusza z Łukiem Sprawiedliwości. Na rynku oprócz straganów, jak pisze Herling, dość często ustawiano także szubienicę. W innej części miasta, w drodze do Museo Capodimonte, przeszedłem przez most (Ponte della Sanità) rozpięty ponad dachami domów. Tutaj zginął Il Pipistrello, wrzucono go potem do dołu jak psa. Niedaleko stąd cmentarz Fontanelle z *Suor strega*. W Certosa di San Martino na wzgórzu płótno Ribery — Herling wspomina o nim w szkicu poświęconym hiszpańskiemu malarzowi. W Museo Capodimonte niezwykły obraz Masaccia. W 1977 roku Herling zanotował: „Patrząc na obrazy Bacona, myślałem o czarnej perle naszej pinakoteki neapolitańskiej: o *Ukrzyżowaniu* Masaccia, w którym głowa Chrystusa wyrasta z torsu, jakby przetrącono Mu kręgosłup przed przybiciem do krzyża". W kaplicy San Severo piękna alabastrowa postać Chrystusa przykryta całunem. Herling pisał w *Dzienniku* o diabolicznym Raimondo di Sangro, księciu San Severo, zleceniodawcy rzeźby i „neapolitańskim Fauście". Nie wszystkie miejsca zdołałem odwiedzić. Udało się jednak wybrać do Mergelliny. Spacer brzegiem morza, wzdłuż falochronów. Niebo się zachmurzyło, morze wyglądało jak smoła. Tą samą drogą wędrowali schorowani bohaterowie *Gorącego oddechu pustyni*, niosąc swoje serca „jak kule z kruchego szkła".

W drodze do Neapolu czytałem ponownie wspomnienia Nadieżdy Mandelsztam. Herling-Grudziński bardzo cenił tę książkę. Zapamiętałem fragment, w którym Mandelsztamowa pisze o wspólnym pomieszkiwaniu z Achmatową w Taszkiencie. „Nierzadko, po powrocie do domu znajdowałyśmy wypełnioną cudzymi niedopałkami popielniczkę, niewiadomego pochodzenia książkę czy gazetę; a raz znalazłam na stole wyzywająco jaskrawą szminkę do ust i, obok, lusterko, które przeniosło się tu z innego pokoju". Drugiego dnia mojego pobytu w Neapolu, wracając do mieszkania, pomyliłem ulicę. Odnalazłem odpowiedni numer, brama była podobna. Wszedłem do środka, ale coś się nie zgadzało. Gdy wychodziłem, trwał remont. Klatka schodowa wyglądała teraz inaczej. Wróciłem na ulicę, sprawdzam numer domu — zgadza się. Poczułem się jak bohater Kafki. Czy spojrzał ktoś na mnie złym okiem, *malocchio*? Czy złamałem jakąś niepisaną zasadę i teraz przyjdzie mi to odpokutować? Odnalazłem na szczęście właściwą ulicę, remont oczywiście nie był zakończony (nie wydaje się zresztą, by prace ruszyły choć o krok). Pozostało jednak uczucie niepewności, wrażenie zagubienia. Herling pisał, że „kto się w Neapolu nie urodził i nie ma go we krwi, będzie tu zawsze obcym". Tak też się czułem.

Przy Via Crispi znajduje się dom Herlinga. W gabinecie pisarza nic się nie zmieniło. Mam wrażenie, że autor *Wieży* wyszedł tylko na spacer, powiedzmy, do Mergelliny, i zaraz, za parę minut, powróci. Za przyzwoleniem żony oraz córki pisarza przyglądam się bibliotece, biurku, obrazom. Na ścianach wiszą prace Lebensteina, reprodukcje dzieł Piera della Francesca, Giorgione oraz obrazy pierwszej żony Herlinga — Krystyny. Przez otwarte okno wpada świeży łagodny podmuch, który wszystko koi, wygładza. Tutaj właśnie po raz pierwszy poczułem się w Neapolu szczęśliwy.

Następnego dnia poszedłem do Palazzo Filomarino zobaczyć bibliotekę Crocego. Wspiąłem się po schodach jak Herling na fotografii Paczowskiego. Benedetto Croce — filozof, historyk i mąż stanu — zgromadził tutaj osiemdziesiąt tysięcy woluminów. Herling-Grudziński często korzystał z tej prywatnej biblioteki. Wróciłem potem do Santa Chiara, na plac Jezusa, i zszedłem Via Toledo w kierunku wybrzeża. Woda zatoki miała dzisiaj inny kolor, radośnie obmywała kamienie falochronu. Dzieci bawiły się przy brzegu. Młode kobiety opalały się na skałach jak syreny. W oddali na ścieżce majaczyła lekko zgarbiona sylwetka mężczyzny w marynarce, z książką w ręku. Mężczyzna pewnym krokiem zbliżał się już do Mergelliny. Gdy zniknął, zawróciłem do domu.

POGGIOREALE

Wybrałem się na cmentarz Poggioreale. Gustaw Herling-Grudziński pisał, że to „odmienna nieco od innych, «specjalna» dzielnica Neapolu [...]. Żywi krążą alejami o poetycznych nazwach, zaglądają do cudzych grobowców [...], dzieci bawią się między grobami [...]. Tutaj poufałość ze śmiercią jest fizyczna i naturalna". Faktycznie. Potężne, kilkupiętrowe kamienice pełnią funkcję cmentarnych kaplic, miejsc pochówku. Brukowaną ulicą jeżdżą samochody, motocykle. Biegają tu psy. Kierowcy używają klaksonów. To miasto umarłych, w którym tętni życie. Przed jedną z kaplic zaparkował właśnie karawan. Kilku mężczyzn wzięło na barki brązową trumnę. Są z nimi dwie kobiety ubrane na czarno. Weszli wszyscy do kaplicy, do rodzinnego domu.

Dość długo szukałem grobu pisarza. Zagubiony pytałem o drogę. Uzyskałem kilka sprzecznych odpowiedzi. Okazało się, że pierwsza podpowiedź była doskonała: należy wspiąć się brukowaną ulicą, potem wejść po schodach i skręcić w lewo. Kaplicę rodziny Benedetto Crocego, w której pochowano Herlinga-Grudzińskiego, można łatwo ominąć, stoi bokiem do alei. Przeszedłem obok niej nieświadomie kilka razy. Kaplica jest biała, skromna. Na zewnątrz widnieje napis: Famiglia B. Croce. Wewnątrz płyty z nazwiskami, na wprost, poniżej nazwiska senatora, Gustaw Herling-Grudziński. Obok krzyż i dwa świeczniki.

Przysiadłem przed grobem. Ptaki śpiewają. Pobliską alejką, kilka metrów ode mnie, przejechało dwóch Włochów na motocyklu. Czytałem opowiadanie rozpoczęte poprzedniego dnia w hotelu. Herling-Grudziński pisze: „Patrzyłem ze łzami w oczach i z odrobiną euforii na dachy kamienic po przeciwnej stronie ulicy, śledziłem ruchy kobiet rozwieszających bieliznę na sznurach, wsłuchiwałem się w ich rozmowy i śmiechy, jakby to wszystko zdarzyło mi się po raz pierwszy w życiu. Jak gdybym urodził się na nowo". Spod tablicy poświęconej Crocemu, kilkanaście metrów od kaplicy, pomiędzy drzewami ukazuje się nagle sylwetka Wezuwiusza górująca nad miastem. Jest jak wielki ciemny płaszcz, jak cień. Wulkan śpi i śpią też zmarli na Poggioreale.

DRAGONEA

Ania zabrała mnie do Dragonei. Z zachwytem patrzę, jak auto poddaje się ruchom kierownicy. Czy potrafię tak prowadzić? Ania jest chirurgiem, ręce ma drobne, delikatne. Piękne. Wybieramy drogę przez Vietri sul Mare.

Stamtąd kierujemy się na Amalfi i po chwili skręcamy w prawo, w kierunku Raito i Dragonei. Zatrzymujemy się na placyku przed restauracją. Widać stąd dobrze Dragoneę. Jak dzikie zwierzątko wczepia się w ściany doliny, szczelnie opatulona zielenią. Po lewej stronie, na zboczu rysują się kontury piętrowego domku o czerwonawej fasadzie. „Casa Rossa, Czerwony Dom położony samotnie za wsią Dragonea, zobaczyłem dwa lata temu z szosy" — pisał w 1972 roku Gustaw Herling-Grudziński. Szczegóły swojej pierwszej wizyty w tym miejscu opisał później w opowiadaniu *Ex voto*. B. H., gospodarz Casa Rossa, jest naszym przewodnikiem. Ma silną twarz podróżnika i wielkie serce. Wąską ścieżką pomiędzy krzewami schodzimy w dół, tu zaczyna się posesja. Po prawej stronie domu pną się winne krzewy. Casa Rossa ma szeroki taras, z którego rozciąga się wspaniały widok na przesycone zielenią okoliczne wzgórza. Staje się jasne, dlaczego Herling wybrał to miejsce. Na parterze znajdują się dwa pomieszczenia: kuchnia i jadalnia z kominkiem. Wąskimi schodami wchodzimy na piętro. Pokój pisarza jest obszerny, przy ścianach tylko proste sprzęty. Przez szeroko otwarte okno wpada gęste światło, oświetlając jedyne przedmioty znajdujące się w centralnej części pokoju, blisko okna: surowy, nieco rachityczny stół oraz krzesło. Stół jest pusty, żadnych książek, papierów. Dotknąłem blatu. Przy tym stole pracował Herling-Grudziński. Po prawej stronie, w małej wnęce paryska fotografia pisarza. Po lewej — praca Jana Lebensteina z serdeczną dedykacją. We włoskim wydaniu *Najkrótszego przewodnika po sobie samym* znalazłem fotografię pisarza w domu w Dragonei. Grafika Lebensteina wisi po prawej stronie, przy wnęce. Herling siedzi przy stole i patrzy przed siebie, w kierunku otwartego okna. Czytamy w *Dzienniku*: „Na wprost mojego okna (w dawnej stodole) przylepiona do przeciwległego zbocza wąwozu Dragonea: wieś mała, wyciągnięta w sznur brudnoszarych i różowych fasad, na płaskim wzniesieniu pod szczytem przywiązana węzłem dużego kościoła, z którego w każdą niedzielę rano msza spływa z hukiem przez megafony w zieloną zapaść". Na piętrze jest jeszcze jeden pokój. Stoi w nim szerokie łóżko, na ścianie wisi reprodukcja *Bitwy pod San Romano* Ucella. Z okna widok na górę San Liberatore przypominającą wielki kopiec soli, z krzyżem na szczycie.

B. H. przyrządził wyśmienity obiad. Makaron, wino, oliwki, sałata. Na deser jedliśmy torcik wedlowski — taki sam, jaki pisarz otrzymywał dawniej z Polski. Prezent był jednak zawsze podziurawiony. Na granicy sprawdzano, czy to na pewno słodycze. Rozmawialiśmy długo o Neapolu, o Polsce. I, oczywiście, o Herlingu-Grudzińskim. Na żarty bliskich pisarza na temat pochodzenia jego nazwiska („W Berlinie mieszka mnóstwo Herlingów, w Polsce jesteś tylko ty jeden") autor *Wieży* reagował nagłym wzburzeniem. „To polskie nazwisko!" — gromił, waląc pięścią w stół.

Po obiedzie zobaczyliśmy jeszcze piwnicę z dużymi beczkami. Gospodarz opowiadał chętnie o produkcji wina. W kuchni naszą uwagę przykuł plakat z niezwykłą fotografią przedstawiającą prawie nagiego Hindusa rozniecającego ogień. Fotograf uwiecznił moment, w którym wybuchający nagle płomień w tajemny sposób odbija w sobie twarz Hindusa. Ten sam długi nos, obfita broda, zarys czoła. Płomień zaraz zniknie, zmieni kształt, ale przez tę jedną chwilę jest mężczyzną koło pięćdziesiątki. Wyobrażam sobie, że dla niedawnego właściciela Casa Rossa ta fotografia mogła stać się zaczynem nowej opowieści.

Pojechaliśmy także do kościoła San Vincenzo. Budynek został poważnie uszkodzony podczas trzęsienia ziemi, teraz trwa remont. Odmalowano fasadę (B. H. twierdzi, że wcześniej miała inny kolor), wzmocniono dach, próbuje się przywrócić dawną posadzkę. Kościółek jest zadbany i nie wydaje się już opuszczony. Ucieszyłoby to pisarza. Pewnie jednak irytowałby się, że nie dochowano wierności oryginałowi.

Wieczorem po powrocie do Sorrento spotykam się z Anią przed Fauno Bar. Tutaj Herling-Grudziński przychodził czasami z synem na lody. Podczas kolacji rozmawiamy o innych wszechświatach, o pojęciu duszy. Wracam potem do hotelu drogą przy skałach. Jest już noc. Rozświetlone Sorrento wygląda pięknie, urzekająco. Gdy jednak spojrzeć w prawo, zza barierki wyziera gęsta otchłań. Wspominam dzisiejszy dzień. Pokój pisarza w Casa Rossa. Widok z okna. Przypominam sobie słowa Herlinga z *Dziennika pisanego nocą*: „Śpi już ociemniała Dragonea, przed moim oknem wyrósł czarny mur [...]. Skąd biorą się nocne stany lękowe? Skąd to nagłe zerwanie się z krzesła, gwałtowne bicie serca, szukanie oparcia w odgłosie własnych kroków? Nie mamy doświadczenia śmierci, mamy wyłącznie doświadczenie (mgliste) półśmierci, czyli snu, i ćwierćśmierci, czyli absolutnej samotności". Jeszcze jeden cytat, też z Dragonei: „Szczyt lata, zieleń za dnia spopielała, szerokie pęknięcia ziemi, senna drętwota wsi po przeciwnej stronie wąwozu [...]. Nawet nocą książka wypada z ręki, a cóż dopiero pióro".

EURYDYKA

W każdym włoskim mieście Via Garibaldi. Ta w Neapolu upiorna. Wspina się z portu w kierunku dworca, brudna, osierocona. Przyspieszam kroku. Ulica mnie obejmuje, grzęznę po kostki w śmieciach. Bezdomni śpią na kartonach. Jest duszno, powietrze gęste, nasączone ludzkim potem, cierpieniem. Z dworca jadę metrem pod Muzeum Archeologiczne, stamtąd piechotą na Capodimonte. W parku palmy i gęsta trawa. Czytam ponownie *Miejskie* Andrzeja Stanisława Kowalczyka. To piękna książka. Tyle zdań wybornych, jak z porcelany. Podkreślam najciekawsze. Jest tego dużo. O stolicy Francji: „Ze wszystkich imion Paryża najbardziej polubiłem włoskie: Parigi; imię jak z afisza, imię tancerki lub śpiewaczki". W Szwajcarii, u znajomego na wsi: „Wielkie wrażenie zrobiła na mnie wanna z czarną kąpielą borowinową. Wyglądała jak sarkofag napełniony wodą ze Styksu". Ławka w Amsterdamie: „Adorowałem ją potem spojrzeniem i zabroniłem sobie na niej siadać". Najciekawsze są jednak ślady Jerzego Stempowskiego. Berneńskie mieszkania jak występy skalne na wąskiej górskiej ścieżce. Archiwum eseisty. „Pudła docierały na mój stół w czytelni z głębinowych kondygnacji. Któregoś dnia zjechałem z bibliotekarzem kilka pięter pod ziemię, gdzie za ogniotrwałymi drzwiami przechowywano zbiory rękopiśmienne [...]. Z pudeł, jak z trumien, dobywałem rękopisy jego [Stempowskiego] esejów, rachunki hotelowe, bilety kolejowe, bruliony listów i listy, których nigdy nie wysłał. To były moje Zaduszki. Musiał się uśmiechać, widząc, jak badam pisma urzędowe gminy Muri wzywające go do zapłaty podatku kościelnego".

W liście do Stanisława Vincenza — przedrukowanym w książce Kowalczyka — Jerzy Stempowski pisał: „Czy spotkał się Pan w Neapolu z Gustawem Herlingiem-Grudzińskim, który mieszka niedaleko od Piazza Amadeo, przy Via Crispi 69? [...]. Uważam go za bardzo poważnego literata, patrzącego trochę dalej od innych". Archiwum Herlinga-Grudzińskiego pozostało w jego neapolitańskim mieszkaniu. Opiekuje się nim córka pisarza. Zatrzymałem się przed żółtawym budynkiem, trochę zaniepokojony, że błądzę. Przy bramie tablica informująca o zlokalizowanym tutaj właśnie niemieckim konsulacie. Zatrzymuje mnie portier. Wypowiadam nazwisko pisarza, portier sięga lekkim ruchem po słuchawkę. Rozmowa trwa krótko, mężczyzna uśmiecha się i pozwala mi wejść. Na schodach czeka już na mnie mała, drobna kobieta, którą znam ze zdjęć. W książce Zdzisława Kudelskiego *Pielgrzym Świętokrzyski* fotografia z Paestum: Lidia Croce w rozpiętym swetrze z guzikami odpoczywa na stopniach świątyni. W tej samej książce kilka stron dalej fotografia pisarza z córką. Marta Herling — tu dopiero dziewczynka — patrzy na ojca z podziwem, zachwytem nawet, ojciec spogląda wysoko w górę, ku gwiazdom i niebu. Nasza rozmowa w salonie przy Via Crispi koncentruje się oczywiście na postaci pisarza. Obie kobiety, żona i córka, mówią o nim z uwielbieniem. W oczach żony nadal młodzieńcze uczucie. Mam wrażenie, że zaszła zamiana, że to Eurydyka pozostała tutaj, w pustym mieszkaniu, przy księgach. Poszłaby za ukochanym wszędzie, ale sama, bez niego, nie trafi, nie rozpozna drogi.

Jest taki fragment *Dziennika pisanego nocą*, który chciałbym wyciąć, oprawić i powiesić obok (albo raczej zamiast) lustra. 27 sierpnia 1979. Pusty placyk w Rzymie. Tylko jeden klient w narożnym barze — stary mężczyzna z psem. W oknie sąsiedniego domu naga kobieta rozczesuje włosy.

Zapada noc. Młode ciało kobiety „oddycha ciężko w skłonach, półobrotach, odgięciach". To obraz o sile kryształu, spojrzenie załamuje się kilkakrotnie. Za chwilę kobieta znika, mężczyzna odchodzi. Jest w tej scenie coś nieuchwytnego, coś, co nie jest uczuciem, zachcianką, pragnieniem, raczej wewnętrznym przymusem, czymś potrzebnym do życia jak powietrze czy woda. Nienazywalne i nie w pełni określone, dla mnie bezcenne jak myśl, pamięć, jak słowo.

ADAM SZCZUCIŃSKI

„Zeszyty Literackie" polecają

Piotr Mitzner *Gabinet cieni*
cena 25 zł

„Są osoby z pierwszych stron gazet, są ludzie z monografii historycznych, są też tacy, którzy występują wyłącznie w przypisach. Jeszcze inni pozostali w anegdocie, tak często niesprawiedliwie utrwalającej wyłącznie jakieś ich śmiesznostki czy natręctwa. Są również cienie [...] Hans Śliwiński był muzykiem, Henryk Józewski – politykiem a Adam Mauersberger – muzealnikiem. Można powiedzieć, że wielkie indywidualności często z wyboru pozostają na uboczu, nie dbają o rozgłos, hojnie rozdają swoje myśli w listach czy rozmowach, inspirują w trudnych czasach tworząc swego rodzaju duchową konspirację.

Piotr Mitzner

e-mail: biuro@zeszytyliterackie.pl **www.zeszytyliterackie.pl**

NATALIA DE BARBARO

* * *

Umysł podąża za ruchem. Nawet teraz
idziesz na smyczy tych liter, niewolny przestać.
Ale niektórzy mówią, że prawda jest w pierwszej
literze i tylko tam. I że ruch kłamie: obojętna siła,
która przedziera jasne chustki pól, w tuman kurzu
przemienia czułe ściegi płotów, kościół,
chłopca przy drodze, i to, za czym tęsknił.

I jeśli tam, gdzie byłeś, nim zacząłeś iść,
pali się w oknach światło, stąd go już nie widać.

PODPOWIEDŹ

Mistrz nie przychodzi. I trudno. I świetnie.
Posłuszna temu czekaniu na darmo
patrzę w kinowy ekran: w scenie pożegnania
on mówi coś na ucho, ale słów nie słychać.

Idą ściany i idą. Ściany tego pokoju,
ściany innych pokoi, gdzie inni czekają.
Kiedy zasną, śni im się prześwietlona klisza,
wyrwany brzeg kartki, ręka, co się przesuwa
po szybie witryny z koralami z bursztynu.
Będę jechać daleko, poza dom i miasto,
aż się moje jechanie zamieni w podpowiedź:
mistrz mieszka nigdzie, nigdy go nie było.

NATALIA DE BARBARO

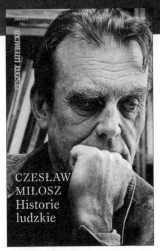

WOJCIECH KARPIŃSKI

RZYMSKI CMENTARZ

Cmentarz protestancki należy do moich ulubionych miejsc w Rzymie. Mieści się u stóp piramidy Cestiusza. Nie jest to, wbrew tradycyjnej nazwie, tylko cmentarz protestancki — stanowi także miejsce ostatniego spoczynku wielu prawosławnych. Jego oficjalna nazwa brzmi zresztą „cmentarz niekatolicki": chowano tutaj cudzoziemców, obcych, różniących się religią. Rzym przyciągał ich zawsze, przeglądali się w jego odmienności, w jego różnorakich nawarstwieniach i urokach.

Do połowy XIX wieku chowano ich w nocy, przy blasku pochodni. Przyczyną nie była romantyczna moda, poszukiwanie nastrojowości, lecz nakazy władz i obawa przed fanatyzmem okolicznej ludności. Ekscesy co pewien czas się zdarzały. Zaświadczona w rzymskich budowlach wielość historycznych formacji nie dla wszystkich i nie zawsze stanowiła wystarczającą lekcję tolerancji. Przez dłuższy czas nie można było zdobić różnowierczych grobów krzyżem. Znaczono więc miejsce ostatniego spoczynku marmurową kolumną, prostym blokiem kamienia, które bywały opatrzone jedynie nazwiskiem i datą. Z czasem grobów przybywało. Cmentarz otoczony został murem i podzielony na dwie części: pierwsza, w pobliżu piramidy, to „stary cmentarz", zamknięty już, mieści najdawniejsze groby, przypomina romantyczny park. Panuje tu cisza i spokój. Pusto. Czasem tylko na ławce przy mogile Keatsa ktoś siedzi pochylony nad książką.

Druga część cmentarza, choć bardziej przypomina zwykłe miejsce spoczynku, też jest szczególnie piękna. Cała pogrążona w zieleni, wznosi się amfiteatralnie ku murom. Strzałki prowadzą do pomnika Shelleya, gdzie spoczywa serce poety. Na kamieniu nagrobnym cytat z *Burzy* Szekspira mówiący o tym, że nic nie ginie, lecz podlega żywiołowej przemianie w kształt dziwny i bogaty. Taką moc ma dla mnie rzymski cmentarz protestancki. Za moją pierwszą wizytą, na początku lat siedemdziesiątych, spotkała mnie tu zadziwiająca przygoda. O niej chcę w skrócie opowiedzieć.

Oglądałem nowszą część cmentarza, im bliżej skraju, tym więcej dostrzegałem grobów rosyjskich. Egzotyka carskich tytułów, wojskowych szarż, dworskich stanowisk. Powtarzały się nazwiska Wołkońskich, Jusupowów, Golicynów, Tołstojów, Druckich-Sokolińskich. Coraz bardziej interesowała mnie socjologia i historia skryta w rzuconych na rzymski cmentarz mogiłach. Szukałem znanych mi nazwisk. Miałem nadzieję odnaleźć grób Wiaczesława Iwanowa, którego *Rzymskie sonety* (a zwłaszcza pierwszy z nich: *Wnow arok driewnych wiernyj piligrim...*) chodziły mi stale po głowie podczas rzymskiego pobytu; zapomniałem o głośnym kiedyś nawróceniu Iwanowa na katolicyzm — nie mógł być tu pochowany. I oto już przy samym murze, na skraju cmentarza, zobaczyłem na mogile skromny krzyż, na nim napis: *„Dorogoj naszoj nianiczkie"*...

Nie chciało mi się wierzyć. Ależ tak, pamiętałem teraz dokładnie, literatura stawała się rzeczywistością, a rzeczywistość przybierała nagle „dziwny i bogaty kształt". Do tego momentu nie uprzytomniałem sobie, że tutaj, na cmentarzu protestanckim dzieje się ulubione przeze mnie opowiadanie Jarosława Iwaszkiewicza *Voci di Roma*. Moje zapomnienie było tym dziwniejsze, że lubię oglądać miejsca oswojone, przez różne skojarzenia zakorzenione w wyobraźni. Czytywałem przecież opowiadanie Iwaszkiewicza wiele razy, doskonale wyobrażałem sobie jego scenerię, bliska była mi atmosfera tego krótkiego, znakomitego tekstu. Uważałem je nie tylko za szczyt nowelistyki Iwaszkiewicza, za najcelniejsze (obok *Książki moich wspomnień*) dokonanie jego prozy — widziałem w nim jedno z najlepszych opowiadań w całej historii literatury polskiej. No i doskonale rozumiałem jego przejmującą wymowę. Było dla mnie wstrząsającym obnażeniem tej katastrofy cywilizacyjnej i duchowej, jaką tryumf bolszewizmu stanowił w pierwszym rzędzie dla Rosji, a także dla całej Europy. A powstało ono pod piórem pisarza oskarżanego później (nie bez podstaw) o zbytnią uległość wobec komunistycznej władzy. Trzeba jednak pamiętać, i jako admirator *Voci di Roma* i *Książki moich wspomnień* nigdy o tym nie zapominałem, że Iwaszkiewicz rozumiał tę katastrofę na lata przedtem, nim objęła także i jego ojczyznę: *Voci di Roma* powstało w drugiej połowie lat trzydziestych, opublikowane zostało w tomie *Nowele włoskie* w roku 1947, po październiku 1956 wznawiane, niezbyt często, w ramach opowiadań zebranych pisarza, którego wieńczono oficjalnymi laurami (łącznie z nagrodą leninowską...).

Opowiadanie Iwaszkiewicza, jakkolwiek znakomite, wydawało mi się do tego momentu dziełem czystej fantazji. Nagle, pod wpływem odnalezionego krzyża z rosyjskiego grobu na rzymskim cmentarzu, widziałem podwójnie: otaczający mnie cmentarz i tamten sprzed lat, z opowiadania polskiego pisarza. I mogiłę tę samą co dawniej (choć ja dostrzegłem u samej podstawy krzyża nazwisko oraz datę śmierci niani, czego wówczas nie było, bądź narrator — autor — nie zauważył). I postać kobiety, którą zastał przy mogiłce następnego dnia, gdy chciał zrobić fotografię grobu. Uczucie odnalezionego nagle czasu, ale też utraconych nadziei, złudzeń, marzeń. Na wycieczce wśród ruin Ostii obydwoje wspominają ukraiński dwór, krewnych, przyjaciół, znajomych, z których nikt prawie nie ocalał z rewolucyjnego pogromu. I nianię szukającą w Rzymie ratunku, wspomożenia, otuchy. I dawny świat, po którym pozostał cmentarz wspomnień. „Jak tak można, żeby nas odpędzić? Wszystkich? Cały naród odpędzić, odgrodzić! Przecież my wszyscy byliśmy Europejczykami — mówiła do Polaka, narratora opowiadania, spotkana na rzymskim cmentarzu Rosjanka emigrantka, mówiła to w roku 1938, gdy jedne katastrofy europejskie nastąpiły, inne miały nadejść wkrótce. — Co to znaczył dla mnie mój pierwszy pobyt w Rzymie! A teraz? Dlaczego nas wszystkich wydziedziczyli? I jak to się mogło stać? I czy my już nigdy nie powrócimy do Europy? Przecież jest jakaś jedność na świecie! [...] Dlaczegośmy tutaj wszyscy przyjechali? To przez nianię! Ona nas bez przerwy parła w tym kierunku — w Odessie, w Konstantynopolu! Do Rzymu, do Rzymu... «Jeżeli nam *papa rimskij* nie pomoże — mówiła — to nikt nam nie pomoże». Dopchała nas tutaj wszystkich. I czy pan uwierzy? Była na audiencji u papieża... lata całe pracowała na czarną suknię i na mantylę, i wreszcie była. Z jakąś tam pielgrzymką. Wróciła cicha — nigdy już nie mówiła o papieżu. Ale mam wrażenie, iż zawsze wierzyła, że on nam może pomóc, tylko nie chce. Chodziła do cerkwi i do Świętego Piotra. Umarła ze straszliwym rozdwojeniem i rozpaczą w sercu. Czy pan to rozumie? Czy pan może to wytłumaczyć?". „Nie umiałem rozstrzygnąć tych pytań. Nie umiałem ani później, ani dzisiaj" — dodaje narrator tego opowiadania, które Jarosław Iwaszkiewicz napisał wiosną 1938 roku w rzymskim hotelu Locarno położonym między Piazza del Popolo a Tybrem.

Dla mnie to opowiadanie, odkąd je przeczytałem, było przejmującym wyrazem marzenia o wolnej Europie. Kiedy więc na cmentarzu protestanckim w Rzymie rzeczywistość i fantazja literacka tak się widomie zespoliły w znak krzyża na mogile niani, uznałem ten krzyż za pomnik marzeń o swobodzie i za ostrzeżenie przed zagrożeniami, za pomnik przeszłości i przyszłości, splecionych mocą słowa w „kształt dziwny i bogaty", za pomnik związków kultury polskiej, rosyjskiej, ukraińskiej, z kulturą włoską, ważny pomnik europejskiej kultury. Stał się dla mnie miejscem prywatnej pielgrzymki. Za każdym powrotem wspominałem pierwsze spotkanie z roku 1974.

Opisałem to pierwsze spotkanie w szkicu stanowiącym część książki *Pamięć Włoch*, a drukowanym w „Twórczości", miesięczniku literackim redagowanym przez Jarosława Iwaszkiewicza i otaczanym przez niego szczególną opieką. Cieszę się, że utrwaliłem je w druku. Nie muszę się obawiać, że późniejsze przygody związane z grobem niani, opowiadaniem Iwaszkiewicza, moimi marzeniami — układam w wymyślony literacki ornament. Bowiem to nie koniec moich doświadczeń na rzymskim cmentarzu, doświadczeń z przeszłością i przyszłością, z przemianami rzeczywistości i fikcji w „kształt dziwny i bogaty".

W roku 1977 Jarosław Iwaszkiewicz opublikował *Podróże do Włoch*, syntezę kilku dziesiątków lat wędrówek po tym kraju. W słowie wstępnym wspomina powstawanie opowiadania *Voci di Roma*, zapłon, jakim było dla niego ujrzenie owego grobu i krzyża z napisem: „*Dorogoj naszoj nianiczkie*". Obecnie, konkluduje Iwaszkiewicz, inne głosy słychać w Rzymie, zmienił się też cmentarz protestancki. Zniknęły groby emigrantów rosyjskich, na ich miejscu są groby młodych Amerykanów, którzy przyjeżdżali do Rzymu popełnić samobójstwo — ale teraz już i na to moda przeszła. Za kolejnego pobytu w Rzymie odwiedziłem raz jeszcze grób niani na cmentarzu protestanckim, w grudniu 1978 roku (gdy *papa rimskij* był to już Jan Paweł II), zrobiłem zdjęcie i przekazałem je Iwaszkiewiczowi. W nowym wydaniu *Podróży do Włoch*, które ukazało się w 1980 roku, w roku jego śmierci, zamieścił zdanie o tej ofiarowanej mu fotografii grobu niani.

Odwiedzałem ów krzyż, znak w Rzymie polskich, rosyjskich, europejskich marzeń o jedności i wolności, wiele razy później, i w czasach zwycięskiej „Solidarności", i w mrocznych czasach stanu wojennego, i wreszcie po roku 1989, po roku 1991, gdy „dżuma wolności" przedostała się nie tylko do Polski, lecz i na Ukrainę, i do Rosji. W lutym 1998 roku w Rzymie w Instytucie Polskim miałem odczyt o śladach tego zrywu ku wolności, jaki zgromadził tu przed stu pięćdziesięcioma laty, wiosną 1848 roku, Mickiewicza i Krasińskiego, o ich dysputach. Jechałem w dwa dni później autobusem z dworca, gdzie załatwiałem bilety do Neapolu na spotkanie z Gustawem Herlingiem-Grudzińskim. W autobusie poznała mnie z owego odczytu pani wykładająca na rzymskiej slawistyce, zajmująca się rosyjskimi grobami w Rzymie. Wiedziała z *Pamięci Włoch* o moim zainteresowaniu grobem niani. Przekazała mi smutną dla mnie wiadomość, że w zeszłym roku skończyła się koncesja i grób mimo protestów zlikwidowano.

Mój pobyt w Rzymie właśnie się kończył. Dopiero w maju 2002 roku, za następną wizytą w Rzymie, poszedłem na cmentarz protestancki. Nie znalazłem grobu niani. Udałem się do zarządu cmentarza. Chciałem się dowiedzieć, gdzie znajduje się mogiła zmarłego od mego ostatniego pobytu i tutaj pochowanego Ronalda Stroma, Amerykanina, wielkiego przyjaciela Polaków, który nauczył się polskiego (nigdy nie był w Polsce), tłumacza Gustawa Herlinga-Grudzińskiego na angielski, jego wiernego admiratora. Chciałem też dowiedzieć się czegoś o grobie niani. Uzyskałem dokładną informację na temat grobu Rona i odnalazłem bez trudu tę porośniętą zielenią mogiłę (niedaleko strzałki do miejsca spoczynku duńskiego poety Carstena Haucha). Na temat grobu niani zrazu nic nie umiano powiedzieć. Wreszcie jakimś cudem przypomniałem sobie jej nazwisko, które kiedyś zapisałem: Osipowa. Opowiedziałem zarządcy cmentarza historię tego grobu, nowelę Iwaszkiewicza, moje nagłe odkrycie krzyża podczas pierwszej wizyty na cmentarzu, przed trzydziestu laty. Zainteresował się i po poszukiwaniach odnalazł w archiwach informacje o tym grobie: Justinia Osipoff zmarła 7 marca 1931, była nauczycielką (guwernantką), mieszkała niedaleko Piazza del Popolo (czyli blisko hotelu, w którym powstało opowiadanie Iwaszkiewicza...). Grób zlikwidowano, prochy przeniesiono do ossario 14 października 1997. Zmartwiłem się tym zniknięciem ważnego dla mnie znaku w Rzymie. Jakby po dwudziestu latach spełniło się to, co przedwcześnie opisał Iwaszkiewicz w *Podróżach do Włoch*. Pomyślałem jednak, że cmentarz protestancki, a w nim pamięć o krzyżu na grobie niani, nie przestanie być dla mnie jednym z miejsc wybranych w Rzymie, tych miejsc, które mówią ze szczególną siłą, mówią o pamięci i o przemianach „w kształt dziwny i bogaty", jak jest takim miejscem willa Mills na Palatynie, gdzie Krasiński i Słowacki toczyli długie dysputy o przyszłości (wspomina o willi Mills i tych rozmowach także Iwaszkiewicz w *Voci di Roma*), choć śladu nie ma po willi, rozebranej pod koniec XIX wieku, a ogrody także nie istnieją, ziemia została usunięta, teren obniżono o parę metrów, bo przeprowadzano tu intensywne prace wykopaliskowe.

Za kolejnym pobytem w Rzymie, pod koniec października 2004, znów zjawiłem się na cmentarzu protestanckim. Ludzi było więcej niż zwykle, były to Zaduszki. Przyglądałem się uważnie części „rosyjskiej", tuż na skraju cmentarza, przy murze, zwłaszcza w okolicach, gdzie był grób niani. Zobaczyłem nowy, jak mi się wydaje, grobowiec; przeczytałem ze zdziwieniem: Wiaczesław Iwanowicz Iwanow, 1866–1949, a także, na dole: Dimitri Wiaczesławowicz Iwanow, *dit* Jean Neuvecelle, 1912–2003. Czyżby jednak autor *Rzymskich sonetów* trafił na cmentarz protestancki? Daty się zgadzają. Szukałem go przed laty nadaremnie i zapisałem potem, że nie mógł być tu pochowany jako katolicki konwertyta. Zaciekawiony tym odkryciem szukałem dalej, z dziwnym uporem. Obszedłem kilka razy całą tę część cmentarza. Wracałem alejką dotykającą muru, gdzie nie ma już grobów. Zobaczyłem przy rdzawo rudym murze kilka fragmentów nagrobnych. Przyjrzałem się im uważnie. I oto na jednym z nich (czwartym od góry) przeczytałem z osłupieniem i wzruszeniem rosyjski napis na ramionach krzyża: „*Dorogoj naszoj nianiczkie*". Tak, to krzyż z grobu niani, w całości, także z podstawą, na której można odczytać *Justinia Osipowa, 7 marta 1931* (i łacińskimi literami) *Osipoff*. Stoi na ziemi, przymocowany jest do muru metalowymi zaczepami.

Poszedłem do informacji podniecony tym znaleziskiem. Opowiedziałem siedzącej tam młodej kobiecie historię grobu niani. Chciałem wiedzieć, co dzieje się z tymi elementami grobów, które znajdują się obecnie przy murze. Panienka z informacji zwróciła się do pracującego nad konserwacją grobów starszego kamieniarza. Okazał się inteligentny i świetnie poinformowany. Pamiętał, gdzie był grób niani. Wiedział też, gdzie znajduje się grób Rona Stroma. Wyjaśnił mi tajemnicze pojawienie się Wiaczesława Iwanowa: sprowadzono tu jego prochy po śmierci córki, tu pochowano też syna, który pod pseudonimem Jean de Neuvecelle (od miejsca jego urodzenia) był znanym publicystą. Interesowała mnie przede wszystkim sprawa krzyża: jak spowodować, aby nie został znów usunięty? Radzono mi skomunikować się z nowym dyrektorem cmentarza.

Nie było go w czasie świąt. Za następnym pobytem w Rzymie zgłosiłem się do niego. Przedstawiłem mu historię grobu niani. Obiecał mi, że krzyż nie zostanie usunięty. Cmentarz jest wpisany przez UNESCO na Listę Światowego Dziedzictwa. Obecnie nie podejmuje się lekkomyślnych decyzji likwidacji grobów, co zdarzyło się w przeszłości... Mają komitet doradczy, w skład którego wchodzą przedstawiciele ambasad państw związanych z cmentarzem (poza Anglosasami, Niemcami, Duńczykami, od niedawna także Rosjanie i Grecy). Prosił, aby mu przesłać opis historii grobu niani, a także opowiadanie Iwaszkiewicza i *Pamięć Włoch*, choćby po polsku. Obiecałem dowiedzieć się, czy *Voci di Roma* nie istnieją w tłumaczeniu na bardziej znane języki.

Znalazłem informację o dwóch przekładach na niemiecki. Poprosiłem Piotra Mitznera (znałem jego zainteresowanie Iwaszkiewiczem, opowiadałem mu o kolejnych etapach moich poszukiwań na cmentarzu protestanckim) o zdobycie na Stawisku fotokopii niemieckiej wersji *Voci di Roma* i o sprawdzenie, czy nie istnieją tłumaczenia na inne języki. Piotr wywiązał się z obietnicy. Przy okazji stwierdził, że *Voci di Roma* nie istnieje po rosyjsku. Spowodował, że zostało przetłumaczone dla „Nowej Polszy". Nie mogę sobie wyobrazić piękniejszego hołdu dla opowiadania Iwaszkiewicza niż pojawienie się jego rosyjskiej wersji (no, może jeszcze życzyłbym sobie, aby przy krzyżu na murze cmentarza umieszczona została tabliczka informująca, skąd pochodzi i przez kogo został opisany, byłbym spokojniejszy, że znów nie zniknie...).

WOJCIECH KARPIŃSKI

ANNA ACHMATOWA

SZAROOKI KRÓL

Nieukojony niech święci się ból!
Wczoraj zmarł nagle szarooki król.

Wieczór jesienny był duszny i krwawy,
Mąż mój powiedział wróciwszy z wyprawy:

„Wiesz, z polowania go strzelcy przynieśli,
Ciało pod dębem prastarym znaleźli.

Szkoda królowej. Był młody i śmiały!...
Włosy jej całkiem przez noc posiwiały".

Fajkę znalazłszy raz-dwa na kominku,
Odszedł do pracy bez chwili spoczynku.

Moją córeczkę obudzę, zlęknięta,
Będę w jej szare patrzyła oczęta.

A za oknami szeleszczą topole:
„Nie masz już króla na ziemskim padole...".

11 listopada 1910
Carskie Sioło

GOŚĆ

Wszystko jest tak samo jak było:
Zamieć w okna stuka z impetem,
We mnie też się nic nie zmieniło,
Gość przychodził ten sam, co przedtem.

Zapytałam: „Czego chcesz? Powiedz".
Odparł mi: „Iść z tobą do piekła!".
„Ach, okropny z ciebie czarnowidz". —
Ja mu na to ze śmiechem odrzekłam.

Lecz, uniósłszy uschnięte ramię,
Zaczął kwiaty muskać milcząco:
„Wyjaw, jak cię całują nocami
I jak ty całujesz gorąco".

I ze smutkiem uparcie patrzał
Cały czas na piękny mój pierścień.
Ani jeden nawet nie zadrżał
Na promiennie złej twarzy mięsień.

Wiem to: jest mu nader przyjemnie
Przeświadczenie głębokie żywić,
Że niczego nie chce ode mnie,
Że nie mogę mu się w niczym sprzeciwić.

1 stycznia 1914

ANNA ACHMATOWA
tłum. ZBIGNIEW DMITROCA

MARYNA CWIETAJEWA

LAMENT MATKI NAD REKRUTEM

Oż wy — bataliony —
Eskadrony!
Synku mój rodzony,
Ho-łu-biony!

Oż ty — po młodziaku —
Żołnierzyku —
Ślozo moja babska,
Ogromniasta!

Któryż raz rozdarty
Brzuch — za mało!
— Ilu was na świat bym
Nie wydała —

Mało! Moje wici!
Z krwi mej, soli żeście!
Gromadka wciąż — tycia:
Jeszcze, jeszcze!

Choćbym całe miasto
Naskładała — żywi!
Ilu bym już was tu
Nie złożyła

W piach. Łeb się do góry
Pnie — jak czub wierzby.
Dla ludzi — któryś,
Dla mnie — pierwszy.

Rwijcież na wyprzódki
Soki moje!
Wysechły sutki,
Na ślepia — kolej!

Szlochaj, oszalała,
Nad żołnierzem!

Mlekiem się wylałaś,
Ślozy lejże!

1928

* * *

O poecie nie pamiętał
Wiek — i mnie też nic do niego.
Bóg z nim, z gromem, Bóg — z zamętem
Czasu nie mojego.

Skoro wiek ma za nic przodków —
Gdzież mi do prawnuków: chmar.
Wiek mój — jad mój, wiek mój — trąd mój,
Wiek mój — wróg, wiek — piekła war.

wrzesień 1934

MARYNA CWIETAJEWA
tłum. ZBIGNIEW DMITROCA

OSIP MANDELSZTAM

* * *

Na szkliwie niebieskawo-szarym,
W dni kwietnia do wyobrażenia,
Brzozy wznosiły swe konary
Zmierzchając niezauważenie.

Drobniutki wzorek przemyślany,
Zastygłe sieci cieniuteńkie,
Jak na talerzu z porcelany
Rysunek spod mistrzowskiej ręki.

Kiedy go nasz artysta miły
Kreśli na szklistym materiale,

W poczuciu krótkotrwałej siły
Na smutną śmierć nie bacząc wcale.

1909

OSTATNIA WIECZERZA

Ścianę kocha niebo wieczernika —
Światło blizn oszpeca je i rani —
Spadło na nią, jasnością przenika,
Trzynastoma się stało głowami.

Oto ono, niebo mojej nocy,
Nie odrywam od niego spojrzenia —
Marzną plecy i łzawią mi oczy,
W murołomne wpatrzone sklepienie.

I raz po raz, gdy taran uderzy,
Gwiazd bezokich rój sypie się z góry —
Nowe rany na tamtej wieczerzy,
Ciemność nieskończonej malatury.

9 marca 1937, Woroneż

* * *

Celuje we mnie grusza, a czeremcha w kwiatach
Z całej siły przypuszcza nieodparty atak.

Kiści razem z gwiazdami, gwiazdy z liśćmi zlane —
Czy ta władzy dwoistość sednem kwiatostanu?

Z zaciekłością, płatkami młóci zamaszyście
Powietrze, mordowane kiścieniami kiści.

Dwoistego zapachu słodycz nieżyczliwa —
Zmaga się, ciągnie, miesza — gniewna, popędliwa.

4 maja 1937, Woroneż

OSIP MANDELSZTAM
tłum. ZBIGNIEW DMITROCA

BORYS PASTERNAK

* * *

Luty. Atrament wziąć i płakać!
O lutym pisać spazmatycznie,
Dopóki niepogoda taka
Wre czarną wiosną ustawicznie.

Dorożkę wziąć. Za grzywien sześć i,
Skroś bicie dzwonów, skroś kół zamęt,
Przenieść się tam, gdzie deszcz szeleści
Głośniej niż łzy i niż atrament.

Gdzie, niczym gruszki wpół zwęglone,
Z drzew setki wron w kałuże runą
I suchy żal nieutulony
Na samo oczu dno osuną.

Pod nim rozmarzły grunt się czerni,
A wiatr okrzyki drążą liczne,
I im przygodniej, tym misterniej
Powstają wiersze spazmatycznie.

1912, 1928

BORYS PASTERNAK
tłum. ZBIGNIEW DMITROCA

JACEK BOCHEŃSKI

OPIS DZIEŁA NIESTWORZONEGO (OWIDIUSZ W TWÓRCZOŚCI JERZEGO STEMPOWSKIEGO)*

Podejmuję próbę, być może, niedorzeczną: będę usiłował opisać dzieło, którego nie ma, ponieważ nie zostało stworzone. Wprawdzie przyszły autor informował sporadycznie o zamiarze stworzenia go, ale co do szczegółów, takich jak treść, forma lub rozmiar dzieła, pozostawił jedynie skąpe wskazówki. Nie wiemy, czy miała to być książka, czy na przykład artykuł, może obszerny, lecz kwalifikujący się do druku w czasopiśmie. Mówiąc o planowanym dziele, autor używał dwóch słów: esej, praca. Za tymi nazwami kryć się mogły najrozmaitsze projekty twórcze. Pozostaje nam domyślać się jakie.

Wiemy, że zamierzonym tematem miał być ogólnie poeta Owidiusz. Będę próbował z grubsza wywnioskować na podstawie dostępnych, skąpych poszlak, co i dlaczego autor najprawdopodobniej chciał o poecie Owidiuszu lub w związku z nim napisać. Próba jest ryzykowna, gdyż budzi pokusę nadużywania fantazji. Może się to łatwo skończyć improwizacją jakiejś własnej bajki zamiast wiarygodnym opisem cudzego dzieła, które przecież nie zostało stworzone. Jednak pewien współczynnik fantazji jest konieczny w opisie rzeczy niestworzonej i może z tego właśnie względu ja, człowiek poniekąd zawodowo zobowiązany do fantazjowania, zostałem zaproszony do Rapperswilu na konferencję naukowców poświęconą Jerzemu Stempowskiemu i Krystynie Marek.

---

* Referat wygłoszony 21 IX 2007 w Rapperswilu na zorganizowanej przez Muzeum Polskie konferencji „Emigracje. Klimat ludzi. Klimat czasu. Jerzy Stempowski i Krystyna Marek".

Pamiętając o niebezpieczeństwach przerostu wybujałej wyobraźni, które na mnie czyhają, będę się starał maksymalnie trzymać faktów.

W liście do Marii Dąbrowskiej z 10 grudnia 1946 Jerzy Stempowski napomknął bodaj po raz pierwszy o pewnym niewykrystalizowanym jeszcze pomyśle literackim, z którego, jak sądzę, wyniknąć miał w przyszłości projekt „Owidiusz". Cytuję: „[...] wziąłem się do trudnego tematu, bo do pewnego rodzaju transpozycji *Bukolik* i *Georgik* Wergiliusza [...]. Ale opowiedzieć jasno i płynnie cały rezultat wielu lat r o z w a ż a ń   n a d   r ó ż n y m i   k r a j o b r a z a m i   [wyróżnienie moje — J.B.] jest bardzo trudno". W tymże liście pisarz narzekał, że mu się pracuje ciężko, bo odwykł od pisania i od samego języka polskiego (chodziło zapewne o niedawne przejścia wojenne).

Realizacja projektu odwlekła się na wiele lat. Z drugiej strony „rozważania nad różnymi krajobrazami" nie wiązały się jeszcze wtedy z Owidiuszem, lecz z przyrodniczo-rolniczymi wątkami twórczości Wergiliusza.

Jednak już w datowanym 12 czerwca 1947 liście do Józefa Czapskiego znajdujemy wzmiankę świadczącą, że sprawa motywów bukolicznych u Wergiliusza jest bardziej skomplikowana, niż się pierwotnie zdawało. Mianowicie „Wergiliusz — zauważa Stempowski — [...] pisał niejako na stopniach tronu [...]. Tymczasem, ilekroć z biegiem wieków powoływano się i naśladowano autora *Bukolik* i *Georgik*, robiono to zawsze w celu oddalenia się od tronów i wypadków, chwaląc życie na pustkowiach, zaściankach, z dala od szaleństw władzę mających [...]". Jest więc między przyrodą tworzącego na stopniach tronu Wergiliusza i rozumieniem go przez potomnych sprzeczność, która dodatkowo utrudnia ową zamierzoną jasną i płynną opowieść o kulturotwórczej, estetycznej i stylistycznej funkcji krajobrazu w dziejach, mimo że sielankowo-agrarny punkt wyjścia tej refleksji od *Bukolik* i *Georgik* bardzo nęcił.

W rzeczywistości powstaje z czasem esej *Ziemia berneńska*, gdzie udaje się Stempowskiemu przedstawić coś, co moglibyśmy za Pliniuszem Starszym nazwać *Naturalis historia*, ale nie tyle w sensie encyklopedycznego rejestru, ile historycznej narracji o gospodarce, sadzeniu drzew, szwajcarskich pejzażach i europejskich sztukach pięknych od starożytności poprzez średniowiecze, renesans i oświecenie do romantyzmu i współczesności, z głównym jednak naciskiem na barok i sentymentalizm. Cytuję z *Ziemi berneńskiej* (rok wydania 1954): „[...] to właśnie w tej epoce [mowa o XVII w. — przyp. mój J.B.] rozpowszechniła się znajomość starożytnych poetów bukolicznych, zwłaszcza Wergiliusza i Owidiusza, którzy opiewali naturę łagodną i uczłowieczoną. Owidiusz ukazał drzewa, które płaczą i niosą pociechę, wygłaszają przepowiednie lub ukrywają pod korą żywe istoty skazane na pokutę za grzechy miłości. Dla opisu i objaśnienia przyrody poeta udostępnił swym czytelnikom cały język symboliczny, prawdziwy słownik alegorii i aluzji". I jeszcze: „W dziesiątej księdze *Metamorfoz* Owidiusz opowiada, że gdy Orfeusz, po powtórnej utracie Eurydyki, usiadł na łące i dotknął strun liry, lasy wzruszyły się i wysłały po jednym drzewie z każdego gatunku, aby stanęły wokół muzyka. Ten ustęp *Metamorfoz* zawierający wyliczenie najważniejszych drzew znanych w starożytności jest ciekawy zarówno ze względu na formę, jak i opisane zdarzenia. Pozwala on sądzić, że Owidiusz musiał widzieć drzewa sadzone w ten sposób i dał po prostu poetyckie wyjaśnienie tego zjawiska".

Przytoczę wreszcie z *Ziemi berneńskiej* passus, którego nie można pominąć, bo zapowiada, moim zdaniem, kluczowy w koncepcji Stempowskiego motyw niedoszłego dzieła o poecie Owidiuszu: „W *Metamorfozach* [...] Dryope [...] chcąc dostarczyć rozrywki swemu dziecku, zerwała mu pokrytą czerwonymi jagodami gałązkę krzewu zwanego lotosem". Do Dryope i lotosu jeszcze wrócimy. Stempowski dodaje: „roślina trudna do zidentyfikowania; dla uproszczenia możemy ją nazwać kaliną...". Wzmianka ta pachnie słowiańszczyzną, zaroślami w ukraińskich jarach, nostalgią i Dniestrem. W książce o dendrologu-sentymentaliście Owidiuszu, gdyby powstała, nie brakłoby z pewnością odniesień do europejskich, również wschodnioeuropejskich, „sarmackich" krajobrazów.

Na razie proszę zauważyć, że Owidiusz wyparł niepostrzeżenie Wergiliusza, zajmującego przedtem, jak się zdaje, poważniejsze miejsce i głębiej niż on zakorzenionego w intelektualnej wyobraźni Stempowskiego. Bądź co bądź Wergiliusz był dotychczas częściej wspominany w tekstach. Ale jest rok 1954. Oprócz *Ziemi berneńskiej* pojawia się ważny dla nas esej *O pewnej tradycji klasycznej*. Czytamy więc w paryskiej „Kulturze" znamienne zdanie Pawła Hostowca: „Z poetów wieku Augusta Owidiusz zdawał się najmniej liczyć z wymaganiami swego reżimu. Swoboda jego inwencji wiąże się być może — niezależnie od bezpośrednich przyczyn niełaski — z jego śmiercią na zesłaniu". Wergiliusz, jak pamiętamy, pisał na stopniach tronu. Owidiusz, ukarany przez Augusta, co prawdopodobne, za swobodę inwencji umiera na zesłaniu. Wyraźnie przekraczamy w tym miejscu horyzont drzew. Wyszliśmy poza bukoliczne pejzaże.

Trzeba jednak wziąć pod uwagę, że wszystko to pisze Stempowski w pewnym szczególnym kontekście: nie tylko w związku ze starożytnym Rzymem, lecz także sytuacją polityczną w Polsce pod reżimem komunistycznym w roku 1954. Niemal zaraz potem w innej publikacji pt. *Dziesięć lat literatury kierowanej* omawia warszawską sesję Rady Kultury i Sztuki z przemówieniem PRL-owskiego ministra kultury Sokorskiego. W pewnej chwili kojarzy mówcę z Tyberiuszem. Nieco dalej stwierdza: „[...] w oczach wszystkich dyktatur od czasów Juliusza Cezara obłaskawianie środowisk artystycznych i literackich uchodziło za rzecz potrzebną i użyteczną". Pomińmy jednak temat krajowy, bo nie mamy czasu na dygresje. W cytowanym wyżej eseju *O pewnej tradycji klasycznej* wypowiada się Stempowski negatywnie o wszystkich właściwie rzymskich pisarzach epoki pryncypatu, jako panegirystach i poplecznikach władzy, może poza Marcjalisem, który stoi „na stronie od innych", a „do cezara zwraca się tylko w obronie przed rygorami cenzury". Co więcej, Stempowskiego wcale nie przekonuje wartość artystyczna poetów złotego wieku, w tym pycha Horacego z jego *Exegi monumentum*. Mianowicie „ody do cezara" i „rady udzielane [...] przyjaciołom, aby pili wino, nie myśląc o jutrze, i nie wstydzili się miłości do niewolnicy", czyli „kult doskonale pięknego słowa, oderwanego od wszelkich innych wartości" nie wystarcza, by się „stawiać powyżej piramid". W istocie jednak — pozwolę sobie streścić konkluzję eseju — taka estetyka przyjęła się w naszej kulturze i utrwaliła przez wieki.

Czy do głosu doszedł tu przelotny nastrój Stempowskiego, czy też autor szkicu *O pewnej tradycji klasycznej* byłby swą myśl kontynuował w niestworzonym dziele poświęconym Owidiuszowi także wtedy, gdy z czasem okaże się, że jednak artyści w kraju komunistycznym niekoniecznie są tylko panegirystami i poplecznikami reżimu?

Jakkolwiek by z tym było, w listach do Krystyny Marek z 19 listopada 1955 i 24 stycznia 1956 oznajmia Stempowski po raz pierwszy *expressis verbis*: „[...] na przyszły rok [...] chciałbym przygotować essej o Owidiuszu, o którym będą wiele pisali z racji jego 2000-lecia". Bezpośrednim impulsem podjęcia pracy jest więc ta rocznica, zwiększająca też nadzieję ewentualnego druku, być może we Włoszech — i rzecz ciekawa — po przemianach październikowych roku 1956 w krajowym „Meandrze" (ta intencja zostanie wyrażona 9 lutego 1957 jednocześnie w listach do Krystyny Marek i Jerzego Giedroycia). „W tym celu — pisze dalej Stempowski — chciałbym pojechać do Sulmony, miejsca urodzenia Owidiusza". Cóż go tam ciągnie? A no „wzgórza są te same i drzewa — o których Owidiusz tyle pisał — [...] tego filolodzy nie dostrzegają zagłębieni w zagadnieniach gramatycznych i odmianach tekstu". Możemy przyjąć, że tradycyjnych, szkolarskich analiz i przyczynkarskich komentarzy filologicznych na pewno nie byłoby w dziele Stempowskiego, skądinąd autentycznego erudyty. Do głosu doszłyby prawdopodobnie charakterystyczne wątki myślowe, znane także z innych jego wypowiedzi, a bardzo esencjonalnie wyrażone w liście do Krystyny Marek.

Byłby to, po pierwsze, ogólny niepokój humanisty w związku z niknącym zainteresowaniem współczesnego świata kulturą antyczną. „Zachód odwrócił się [...] od swego spadku po Grekach i Rzymianach. Nowych tekstów nikt nie wydaje [...]. Za mojej pamięci nikt o Owidiuszu nie pisał". O braku na rynku księgarskim literatury greckiej i rzymskiej wydawanej w oryginale przez Teubnera, a zwłaszcza dwujęzycznych wydań Biblioteki Klasycznej Loeba, z przekładem i komentarzem, czytamy u Stempowskiego w różnych miejscach i czasach. Przypuszczam, że autor

Eseju dla Kassandry nie omieszkałby, pisząc o Owidiuszu, rozwinąć szerszej refleksji na ten temat w sposób, który Niemcy nazywają słowem *Kulturpessimismus*. A więc, jak mówią dziś Polacy, to po pierwsze. Po drugie, wbrew współczesnej publiczności, płytkiej prasie, obojętnej krytyce i jednostronnym filologom Owidiusz „ma swoje aspekty aktualne". Dlaczego? Otóż „był — precyzuje Stempowski — w czasach Augusta jedynym, który nie dał się wciągnąć w służbę społeczną ani rządową i zmarł na wygnaniu w Rumunii".

Po trzecie wreszcie, „jego tworzywo i rzemiosło literackie jest [...] odmienne od klasyków tzw. złotego wieku". Uwaga o rzemiośle sugeruje rzecz najciekawszą: możliwe zajęcie się przez autora estetyką Owidiusza w oryginalnym ujęciu, gdyż w kontraście do Wergiliusza i Horacego. Szkoda, że o tych pomysłach wiemy niewiele więcej. Pewne światło na kwestię, w jakim kierunku mógłby pójść opis estetyki Owidiusza, rzucają uwagi zawarte w listach z 23 sierpnia i 2 października 1957 do Józefa Wittlina. Dziękując za nowy przekład *Odysei*, Stempowski podkreśla jego „zadziwiającą lekkość". Pieśń VII, na początek przeczytana, „przypomina [...] postacie ludzkie na freskach pompejańskich, wobec których Michał Anioł i Leonardo, z ich studiami muskulatury, są tylko pedantami. [...] W jakiś tajemniczy sposób zbliżył się Pan [...] tak do samej esencji sztuki starożytnej, że będę o Panu myślał w Sulmonie, dokąd wybieram się za kilka dni". I już z Sulmony, nadal o lekkości: „Jest to, jak mi się zdaje, jednym z głównych rysów sztuki klasycznej, stanowiącym w znacznej mierze o jej klimacie. Często się nad tym w ostatnich latach zastanawiałem. W zeszłym roku spędziłem tydzień wśród fresków pompejańskich, starając się w ich świetle zrozumieć Owidiusza".

Niestety, dwukrotna podróż do Sulmony, pierwsza, rozpoznawcza, w roku 1956 i druga na uroczystości jubileuszowe w 1957, przyniosła mierne efekty.

Owocem była wprawdzie publikacja, jedyna pozycja bibliograficzna Stempowskiego związana z Owidiuszem: artykuł *Sulmona* ogłoszony w „Kulturze" (1958). Jest to jednak w lwiej części okolicznościowa publicystyka dotycząca imprezy w miasteczku włoskim i zawierająca jedynie najprostsze informacje z życia poety na zesłaniu. Nie potrzeba też było jeździć do Sulmony, żeby się dowiedzieć, że w miejscu urodzenia nie ma żadnych materialnych śladów po Owidiuszu, a ruiny tzw. Villa Ovidio legitymują się wprawdzie autentycznym fragmentem starorzymskiego muru w *opus reticulatum*, ale z autorem elegii miłosnych o Korynnie mają niewiele więcej wspólnego niż odnajdowane przez humanistów, blagierów i fałszerzy w XVI wieku na Ukrainie czy na Węgrzech rzekome groby zesłańca zmarłego „w kraju Sarmatów". To samo można powiedzieć o sulmoneńskim źródle *Fonte d'amore*, gdzie młody poeta Nazo miał jakoby romansować z Korynną.

Wydaje się natomiast, że inspirującym odkryciem mogła być dla Stempowskiego, ze względu na etnograficzno-folklorystyczne inklinacje jego umysłowości, miejscowa legenda o złym duchu Owidiuszu, który od wieków nie przestawał straszyć na zgliszczach swej domniemanej posiadłości. Jednak to, co byłoby najważniejsze, „kontakt z krajobrazem owidiańskim", rozczarowuje. „Od tamtych czasów — stwierdza podróżnik — dolina Sulmony i jej szata roślinna uległy wielkim przemianom. Nie zmieniło się zapewne tylko samo dno doliny, pocięte gęstą siecią mruczących kanałów, lecz o kilka kroków dalej otwiera się szaro-żółte, spalone słońcem pustkowie".

25 października 1957 Stempowski komunikuje Krystynie Marek, że był właśnie na inauguracji *anno ovidiano* w Sulmonie, gdzie znalazło się jedynie „trzech Rumunów komunistów, dwudziestu Rumunów emigrantów, grupa śpiewaków czeskich z Brna, która odśpiewała renesansową kompozycję do słów Owidiusza", i on sam. „Nie było natomiast nikogo z Europy Zachodniej". W końcu informuje, że dla sulmoneńskiego miesięcznika „Dimensioni" pisze „artykuł objaśniający przyczyny sławy Owidiusza w Europie Wschodniej". Czy artykuł rzeczywiście powstał, nie udało mi się dojść. Gdyby powstał, byłby drugim pisarskim owocem wypraw do Sulmony.

Intuicja podpowiada mi jednak, że nie artykuły miały być owym nigdy niestworzonym dziełem, w którego potencjalny byt wierzymy jak w coś całkowicie realnego, a które ja usiłuję opisać. I nie dla artykułu *Sulmona* zajmujemy się na tej sesji Owidiuszem w twórczości Stempowskiego. Istnieje znacznie głębsze i ciekawsze dzieło niż odnotowana w bibliografii *Sulmona*. Dzieło składa się właśnie z drobnych wzmianek rozproszonych po wielu innych tekstach autora, listach, felietonach, rozprawach, książkach, i jest, jak sądzę, zawiązkiem jeszcze jednej książki. Wyobrażam sobie, razem bodaj z większością biografów i komentatorów sprawy, że jednak byłaby to książka. O takim zamiarze świadczy choćby zakres podjętych albo tylko zaplanowanych studiów przygotowawczych, między innymi nad roślinnością lub legendą Owidiusza w Rumunii, skąd potrzebna była odpowiednia literatura, trudna do zdobycia. „Napiszę przedtem do Ciorana..." — informował Stempowski Jerzego Giedroycia.

Rozmach tych studiów słabnie po roku 1958, być może dlatego, że w ostatnich latach życia słabnie fizycznie sam autor. Ale sprawia to takie wrażenie, jakby tylko odkładał pracę na później, lecz nigdy jej nie zarzucił. Przestaje myśleć o studiach terenowych w Sulmonie czy gdzie indziej. Skupia się na lekturach i myśleniu o tym, co od początku miało być osią tematyczną dzieła: a więc o transfiguracjach gospodarczych, mitycznych, symbolicznych przyrody i człowieka w związku z poezją i dziedzictwem po Owidiuszu. To określenie osi tematycznej niestworzonego dzieła jest moje, nie Stempowskiego. On użyłby może trafniejszych, prostszych i ładniejszych słów. Niestety, nigdzie tego nie zrobił.

Muszą nam wystarczyć rzucane również w późnym okresie życia napomknienia, jak w *Eseju dla pięknej Heleny* („Wiadomości" 1961 nr 18): „[...] Owidiusz, opisując igraszki bogów zmieniających ludzi w zwierzęta i rośliny, rozluźni granice między człowiekiem a światem zwierzęcym i roślinnym, z tym samym efektem uduchowienia natury, które wyczuwamy dotąd w szmerze drzew w starych parkach".

Jeśli słuszne jest przypuszczenie, że idea dzieła niestworzonego dojrzewa z latami, a kształt, który winniśmy uznać za miarodajny, przybiera w ostatniej wypowiedzi przed śmiercią autora, to znamy tę ideę albo przynajmniej *leitmotiv* utworu dzięki instruktywnemu i dość obszernemu zapisowi w liście Jerzego Stempowskiego do Stanisława Vincenza z roku 1965.

W liście tym wraca moment, gdy Dryope, jak pamiętamy z *Ziemi berneńskiej*, zerwała „pokrytą czerwonymi jagodami gałązkę krzewu zwanego lotosem", a „dla uproszczenia" kaliną. Stempowski daremnie dociekał, jaki okaz botaniczny miał Owidiusz na myśli. Sęk w tym, że nieistniejący w rzeczywistości. Żaden z tych, które udało się zebrać w Sulmonie, co Stempowskiemu byłoby pewnie jako poetycka reminiscencja dzieciństwa odpowiadało najbardziej. Jednak istotne dla koncepcji dzieła jest co innego.

Gdy Dryope, przechadzając się nad stawem z dzieckiem przy piersi, zerwała dla niego purpurowo kwitnącą gałązkę [w oryginale *Metamorfoz* mówi się o „wodnym lotosie purpurowo kwitnącym w nadziei jagód"; ja, jeśli mogę, staram się powtarzać wszędzie sformułowania Stempowskiego — przyp. mój J.B.], z ułamanej łodygi „spadło kilka kropel krwi i dreszcz przebiegł cały krzew". W lotosie żyła mianowicie nimfa Lotis, która swego czasu „uchodząc od zalotów Priapa, przybrała formę krzewu". Nie minie chwilka, a również Dryope zmieniona zostanie w drzewo za targnięcie się na ukrytą w krzewie nimfę Lotis. Zanim porośnie liśćmi i straci ludzki głos, zdoła jeszcze przekazać dramatyczne przesłanie wychowawcze dla dziecka: „Niech się wystrzega bagnisk i nie waży się zrywać kwiatów i owoców. Niech pamięta, że w ich łodygach mogą być ciała bogów". Następuje jedyny w pismach Stempowskiego, wedle mojej pamięci, łaciński cytat z Owidiusza (*Metamorfozy*, Ks. IX, ww. 380–381):

Stagna tamen timeat nec carpat ab arbore flores
Et frutices omnes corpus putet esse deorum.

Wyjątkowe zacytowanie łaciny sugeruje, że przestrogę zawartą w cytacie, zwłaszcza co do ciała bogów, należy uważać za szczególnie doniosłą. Rośliny, zwierzęta, ludzie i bogowie przemieniają się nieustannie jedni w drugich, na tym polega wspomniane poprzednio w *Eseju dla pięknej Heleny* uduchowienie natury, wyczuwalne do dziś „w szmerze drzew, w starych parkach". Natura cierpi i jest uczuciowa. Chodzi o nienaruszalność wszystkich jej składników.

Stempowski nie stwierdza wyraźnie, że autor *Metamorfoz* oprócz rodzaju antycznej ekologii zaleca także pewien rodzaj wegetarianizmu, uzasadniony przez poetę *explicite* pitagorejską doktryną metempsychozy. Tymczasem w XXI wieku poeta starożytny miałby raczej już te właśnie „aktualne aspekty" niż fakt, że „nie dał się wciągnąć w służbę społeczną ani rządową i zmarł na wygnaniu w Rumunii". Bywają, co prawda, sytuacje, gdy chwalebna niepodatność na pokusę służby rządowej pozostaje do dzisiaj aspektem aktualnym.

W swojej tylko ułamkowo znanej nam, oczywiście, wizji Owidiusza pominął Stempowski libertyńską zaiste dezynwolturę obyczajową poety, która wedle tradycji miała rozwścieczyć Augusta Oktawiana i stać się powodem zesłania ówczesnego „pornografa" do „Rumunii". Ledwo wspomina *Amores* na marginesie wizyty w Sulmonie, nigdzie nie wymienia *Sztuki kochania* ani *Leków na miłość*. Nie interesują go erotyczne *Heroidy*. Ale obywa się też bez *Kalendarza* (*Fasti*), atrakcyjnego z ważnych, zdawałoby się, dla niego względów etnograficzno-antropologicznych. W ogóle z całej twórczości Owidiusza sięga głównie do *Metamorfoz* i w niewielkim zakresie do pisanych na zesłaniu *Żalów* (*Tristiów*) i *Listów z Pontu*. Reszta musiała być przeczytana, zapewne nieraz, ale znamienny jest wybór, który świadczy, moim zdaniem, o projekcie dzieła.

Otóż tematem dominującym okażą się definitywnie drzewa, mitologia drzew, magiczne motywy sposobu ich sadzenia i utrzymująca się przez wieki tradycja, czyli to, co początkowo miało być „transpozycją *Bukolik* i *Georgik* Wergiliusza". Ale nie Wergiliusz, lecz Owidiusz byłby poetyckim ilustratorem i referentem tego procesu, a zaklinaczem lasów, który wszystko inicjuje, Orfeusz pocieszany po zniknięciu Eurydyki przez reprezentatywny krąg drzew. Ta scena z *Metamorfoz*, krótko kiedyś wspomniana w *Ziemi berneńskiej*, wraca rozwinięta w liście do Vincenza. „[...] zwyczaj sadzenia drzew — po jednym z każdego gatunku — dokoła trawników i domów zachował się aż do czasów Baroku — pisze Stempowski. — Kilka przykładów takich kolistych reprezentacji świata drzew widziałem na Ukrainie".

I tyle ja ośmieliłem się nafantazjować o niestworzonym dziele.

Fantazjować więcej byłoby uzurpacją.

JACEK BOCHEŃSKI

MAREK ZAGAŃCZYK

O PISANIU Z PODRÓŻY JERZEGO STEMPOWSKIEGO*

Wojciechowi Karpińskiemu

Gdy w 1840 roku Wiktor Hugo wyruszył w podróż wzdłuż Renu, pisał, że wędruje, aby oglądać drzewa i niebo, dwie rzeczy, których nie widuje w Paryżu. Dla uważnego obserwatora krajobraz jest jak partytura i trzeba umieć wydobyć z niego muzykę zaklętą w drzewach. „Podróżni — pisze Jerzy Stempowski — chodzący na niebezpieczne wyprawy, gdzie lada chwila mogą się spotkać z nieznanym, mają zwyczaj śpiewać. Są pieśni żołnierzy, pieśni pasterzy wędrujących przez pustkowia na nowe wypasy, pieśni marynarzy, pieśni pielgrzymów idących na południe przez skaliste przełęcze. Niepewni drogi, śpiewają pieśni swego kraju. [...] Śpiew podróżnego jest gestem symbolicznym, mającym bronić go od nieznanego, niewymownego. Wykonywający go nie cofa się przed wielką przygodą, lecz stara się ją opanować, pozostać w niej sobą. Trzyma się jej słupów granicznych, aby być w strefie, gdzie znane mu słowa zaklęć i modlitw nie utraciły swej siły".

Dla Stempowskiego krajobraz był częścią cywilizacji. „Struktura ekonomiczna, idee, jak również historia społeczeństwa znajdują w nim swoje odbicie". Trzeba tylko umiejętnie go czytać, odkrywać ślady, rozumieć alegoryczny język drzew. W 1946 roku Jerzy Stempowski notował w liście do Marii Czapskiej: „Jestem obłożony książkami z okresu baroku, mówiącymi ówczesną łaciną o drzewach, chcąc zdać sobie sprawę z pojęć, jakie mieli o drzewach ludzie, którzy sadzili istniejące jeszcze dziś

---

* Skrócona wersja tekstu wygłoszonego 21 IX 2007 w Rapperswilu na konferencji „Emigracje. Klimat ludzi. Klimat czasu. Jerzy Stempowski i Krystyna Marek".

stare dęby, platany, wiązy itd. Wszystkie te stare drzewa mówią coś nie-jasnego, czego nikt dotąd nie umiał dobrze odszyfrować. Będę bardzo zadowolony, jeżeli mi się to chociaż częściowo uda". Kilka lat później genewska oficyna wydała *Ziemię berneńską*. Czytać pejzaż to przede wszystkim docierać do ludzi, którzy przed wiekami nadali mu kształt. Kultura bowiem jest może jedyną, choć ułomną, formą nieśmiertelności. Dlatego tak ważne jest umieć się w niej odnaleźć. Trzeba być niespiesznym przechodniem wśród innych ludzi, widzieć świat w jego różnorodności, cenić szczegół. Tylko wtedy można uwolnić się od opisanej przez Miłosza „ontologicznej anemii". Jak pisał Konstanty A. Jeleński: „łatwość poruszania się między epokami, przenikania z jednego kraju do drugiego, zdolność obserwacji nie tylko zewnętrznej, ale i «od wewnątrz», ma również u Hostowca swój odpowiednik w odniesieniu do zawodów, do klas społecznych. Jest to bodaj cechą najrzadszą. [...] Hostowiec ma zdolność równie bezpośredniego kontaktu z laureatem Nagrody Nobla i przemytnikiem; z miliarderem i ze szpiclem; z wielkim artystą i z wiejskim analfabetą".

W postaci Stempowskiego skupia się tragiczna wiedza o świecie. Hostowiec potrafi widzieć więcej i jaśniej niż inni. Także w podróży jest pisarzem pozbawionym iluzji. Jego eseje dotykają spraw zasadniczych, są zmaganiem ze światem, samotną walką prowadzoną w imię intelektualnej powagi i odpowiedzialności za słowo. Stempowski pisze, by lepiej zrozumieć, ostrzec innych, gotowych podążyć jego śladem, odnaleźć się we współczesnym świecie. Obserwacja rzeczywistości skłania nas do głębokiego pesymizmu, ale pod popiołami kolejnych katastrof wciąż żarzy się ogień życia: cywilizacje „zniszczone w górnych warstwach, tlą się jak ogień pod popiołem przez całe tysiąclecia".

„Są trzy ulubione metafory — pisze Andrzej Stanisław Kowalczyk — za których pomocą Stempowski często określa narratorów swoich dzieł, a pośrednio i siebie. Niespieszny przechodzień, Kasandra i pielgrzym to trzy role opisujące najważniejsze dla pisarza aspekty egzystencji. Przywołuje je, by uchwycić i zrozumieć również własne życie". Kowalczyk dodaje jeszcze „apokaliptycznego *flâneura*", będącego „dobrowolnym wygnańcem, obcym, który porzucił ojczyznę rzeczywistą w poszukiwaniu mistycznej i imaginacyjnej. Pielgrzym, wędrowiec, niespieszny przechodzień należą do katalogu modernistycznych bohaterów poszukujących, wyobcowanych, samotnych. [...] Apokaliptyczny *flâneur* chce wierzyć, że cel wędrówki, jeśli go nie wyzwoli, to przynajmniej pocieszy".

Stempowski jest w swych podróżach przede wszystkim nauczycielem dystansu. Wskazuje właściwą perspektywę, ironizuje, szuka rozwiązań najprostszych, bo te najczęściej okazują się skuteczne. Wpisuje je w pojedyncze zdanie, w maksymy zapożyczone od rzymskich czy berdyczowskich klasyków: „pozostań na uboczu, patrz swego", „trzeba trzymać się z daleka, aby ubranie nie zajęło się od ognia, i czekać, aż się wszystko do reszty spali", „z najgorszych przygód górskich wychodzi się cało, jeśli można na pół godziny zasnąć", „najpilniejsze to czekać".

Dzięki Stempowskiemu czytamy i podróżujemy dla przyjemności, bezinteresownie, bez planu. Jego teksty mówią o sprawach i miejscach ważnych, odpowiadają na stawiane im pytania. On sam pozostaje niewidoczny, skryty za doskonałością frazy. Każde wyznanie, każdą oznakę słabości, bólu czy strachu, tak częstych w podróży, warto traktować jako istotne uzupełnienie jego portretu. Tylko wówczas możemy zrozumieć, kim był Stempowski, ten samotny wędrowiec. Wyobrazić go sobie, choćby w młodości, przemierzającego szlaki między Krakowem, Monachium, Bernem i Lozanną.

W swoich podróżach Stempowski nie zapomina o innej Europie. Można nawet powiedzieć, że ta inna Europa ciekawi go prawdziwie. W jego szkicach podróżnych, w berdyczowskich czy ukraińskich wspomnieniach przegląda się dzisiaj bohater prozy Andrzeja Stasiuka. Są między nimi oczywiste różnice. Przeszłość dla Stasiuka „im starsza, tym jest gorsza. Zużywa się od ludzkich myśli jak książka telefoniczna od dotyku". Nie ma u Stasiuka miejsc rzeźbionych wspólną pamięcią. Nie ma tak ważnego dla Stempowskiego splotu natury i kultury. Jest za to zapis rozpadu, obraz świata w zaniku i ważny projekt intelektualny wywyższający tę amorficzną część Europy zaczynającą się tuż za naszą południową granicą. „Staram się myśleć o mojej Europie — pisze Stasiuk — jako o pewnej całości, która chociażby siłą własnej inercji odmieni oblicze całego kontynentu. Te dziwne, nieznane i egzotyczne plemiona znajdą się w europejskiej przestrzeni, lecz naiwnością byłoby sądzić, że porzucą swoje obyczaje, swoje przywary, swoje gwałtowne pragnienia, swoje urazy, fantastyczne urojenia, swoje niepowtarzalne temperamenty, jednym słowem, że wyrzekną się swoich indywidualnych cech na rzecz jakichś liberalnych i demokratycznych europejskich uniwersalizmów.

Ich sytuacja przypomina nieco sytuację barbarzyńskich zdobywców, przed którymi otwarto bramy, ponieważ było to jedyne rozsądne wyjście".

Stempowski mógłby w odpowiedzi zacytować wiersz Kawafisa. I zapytać, co będzie, jeśli barbarzyńcy nie przyjdą. Bowiem, jak pisze Kawafis, „ktoś, co właśnie wrócił od granicy, / mówi, że już nie ma żadnych barbarzyńców".

Stempowski należy do podróżników dawnego stylu, długo przygotowujących się do podróży, a właściwie odbywających ją wielokrotnie, zanim jeszcze wyruszą z domu. „Będę musiał — pisze — jeszcze sporo przeczytać i przemyśleć, zanim wsiądę do wagonu". Stempowski nie szuka w podróży nowości, wie, że nie jest pierwszym człowiekiem na ziemi, że przed nim byli inni. Ci inni także go ciekawią. Wchodzi w ich ślad, rozpoznaje, dodaje swój komentarz. Gospodaruje w przestrzeni dzieł wspólnych. Takie jest jego zadanie. Nazywa to, co widzi, i próbuje uczynić swoją podróż, swoje odkrycie ważnym także dla innych, przyszłych czytelników. „Podróżujących — notuje — jest dziś więcej niż kiedykolwiek. Wielu z nich zapisuje w kalendarzyku, gdzie byli i co widzieli. Niektórzy próbują wieczorami spisywać dzienniki podróży, lecz porzucają je, spostrzegłszy, że nie oddalają się od tego, co czytali w przewodniku. Po powrocie opowiadają o swych podróżach, inni, doświadczeńsi, nie mówią nic". Bo, ostrzega Stempowski, „słów mamy tyle, ile znanych przedmiotów". „Próbowałem sam pisać dzienniki podróży i poznałem granice tego rodzaju literackiego. Łatwo jest spisywać wrażenia wyniesione z tzw. *peregrinatio domestica*, podróży po krajach śródziemnomorskich, gdzie każdy przedmiot miał swą nazwę grecką i łacińską, zanim znalazł się w słownikach języków nowożytnych. Lecz czy te peregrynacje domowe są prawdziwą podróżą, zmianą klimatu? Wspomnienia i słownictwo kultury klasycznej są domem, który nosimy na plecach jak żółwie i ślimaki? Wystarczy zeń wyjść, aby poczuć się zgubionym wśród rzeczy nowych nie mających nazwy i nie poddających się opisowi lub wytłumaczeniu".

Stempowski rozumie, że podróżnik jest często jak Jonasz w brzuchu wieloryba. Musi mieć oczy jak ryby głębinowe, widzieć drogę i samego siebie. Zachować chwiejną równowagę między pisaniem o sobie i o świecie. W liście do Bolesława Micińskiego wyzna: „chodziłem zawsze z dala od wielkich dróg, ścieżkami mało wydeptanymi, ale patrzyłem zawsze na wielkie zakręty historii, fale wypadków i gigantyczne wzniesienia ziemi i władzy, i o tym mam ewentualnie coś do powiedzenia".

Wśród esejów podróżnych Stempowskiego notatki holenderskie należą do najciekawszych. Siłą oddziaływania, trafnością spostrzeżeń ustępują *Dziennikowi podróży do Austrii i Niemiec*. Są inne, może mniej wyjątkowe. Pomagają jednak uchwycić niezwykłość miejsca, barwę krajobrazu, gwar codzienności. Stempowski rzadko pisze o malarstwie, a jeśli już, to z socjologicznej perspektywy jak w liście do Krystyny Marek: „Wszystkie stare obrazy, które oglądamy w muzeach, malowane były na zamówienie i przeznaczone dla jakiegoś określonego wnętrza. Były to czasy wytwórczości rzemieślniczej. Dziś — mimo że rzemiosła nie znikły jeszcze całkowicie w innych działach produkcji — malarstwo znajduje się w fazie gospodarki rynkowej. Malarze niosą swe płótna i rysunki na rynek, do hurtowników i detalistów, na *Mustermesse*, bo temu odpowiadają obecnie wystawy. Aby wśród tysięcy innych obraz został dostrzeżony, musi być bardzo agresywny, jaskrawy, frapujący, w jakiś sposób, mniejsza o to, czy artystyczny". Stempowskiego interesuje osobliwe zderzenie historii i współczesności. Ciekawi go nieprzerwana ciągłość życia, nieustanna obecność wieków. Wydobywa ślady przeszłości, każdy drobiazg opatruje historycznym komentarzem. Opisuje zwykły dzień, rytuał posiłków, domową krzątaninę. Lubi patrzeć przez okna, podgląda wnętrza, wygodne fotele, stare meble i ich właścicieli gotujących lub pogrążonych w lekturze. Woli ten obraz od najdoskonalszych płócien. Kamienice z ciemnoczerwonej cegły, klinkierowe chodniki, wąskie uliczki pełne przechodniów interesują go bardziej niż muzea, o nich pisze najwięcej, chyba najciekawiej.

Stempowski podróżuje niczym Herodot opisywany przez Ryszarda Kapuścińskiego. Ciekawią go losy świata, bieg historii, ale wędruje także, aby choć przez chwilę pozostać samotnie, z dala od codziennego zgiełku. Podróż, jak zauważył Kapuściński, wyzwala nas z „prowincjonalizmu przestrzeni", a niektóre dzienniki podróży, w tym zapiski Stempowskiego, uwalniają nas od „prowincjonalizmu czasu". „Pokazują — pisze Kapuściński — że teraźniejszość istniała zawsze, bo historia jest tylko nieprzerwanym ciągiem teraźniejszości, a najbardziej odległe dzieje były dla ludzi wówczas żyjących ich najbliższym sercu dniem dzisiejszym".

Podróż jest dla Stempowskiego także początkiem opowieści o sprawach osobistych, kruchych, właściwie niepoddających się opisowi, jak miłość i śmierć. Od podróży, a właściwie spaceru w cieniu stuletnich jesionów zaczynają się jego *Zapiski dla zjawy*, opowieść-wyznanie w obcym języku, przetłumaczone i wydane przez Jana Zielińskiego. W tym przypadku podróż rzeczywista jest tylko wstępem do wędrówki w głąb siebie, wyrazem tęsknoty i żalu.

Dzięki Stempowskiemu podróżujemy więc do świata i do siebie. Patrzymy na drzewa, słuchamy ludzi, czytamy książki. I czasem mamy poczucie, że ktoś opowiada także naszą historię.

MAREK ZAGAŃCZYK

ALEKSANDER WAT

KIM NIE JESTEM*

Homo ludens nie jestem: mam lat 66 i cierpię na chorobę bólową. Ból, starzenie się, śmierć (albo — na przykład — „wyspy szczęśliwe") raz nazywam po imieniu, innym razem — pseudonimami. Jak wypadnie. Nie zastanawiam się, czy w moich wierszach krytyk dopatrzy się powinowactw z hymnem Debory czy pieśniami Horacego? Z utworami Drużbackiego czy x. Baki? Asnyka czy Norwida? Białoszewskiego czy młodego Wata?

Z powyższego stwierdzenia nie należy wnosić, jakobym lekceważył wyżej wymienione, jako też inne — maniery, style, poetyki, procedery, struktury, rygory, warsztaty, szkoły, piękną sztukę pisania i jak to się jeszcze nazywa. Wręcz przeciwnie, szanuję je, niektóre podziwiam. Po prostu, nie obchodzą mnie. Z małymi wyjątkami, o których niżej[1].

Przypuszczam zresztą, że czytelnik nic by na tym nie zyskał, gdyby mnie tamte piękne rzeczy obchodziły. Chyba że jest poetą (względnie krytykiem) w poszukiwaniu mistrza bądź uczniów.

To wszystko, co na ten temat mam do powiedzenia.

ALEKSANDER WAT

---

* Posłowie Aleksandra Wata do wyboru wierszy z *Ciemnego świecidła* ogłoszonych w kwartalniku „Oficyna Poetów" 1967 nr 2 / Maj, s. 16. Tytuł pochodzi od Redakcji „ZL".

[1] Pierwszy wyjątek: moje zainteresowania tzw. formalne zmierzają chyba wyłącznie do tego, by znaleźć się i utrzymać na wąskiej granicy pomiędzy prozą-prozą (broń Boże prozą poetycką!) a poezją-poezją (byle nie prozatorską). Wypadałoby tu określić, co należy rozumieć przez jedno i drugie, ale zostawmy badaczom, co do nich należy. A w takim razie: radniej było by o tym nie wspominać;

drugi wyjątek: z popędu oraz nałogu (wypadło mi tłumaczyć ok. 40 książek, wszelakich) odrywam słowa od ich historii, próbuję uniezależnić je od siatki czasowo-przestrzennej. Symultaneizm czy synkretyzm lingwistyczny? Jeśli to kogo urazi czy zgorszy, przepraszam;

trzeci wyjątek: tylko te moje wiersze sprawiają mi satysfakcję, których struktura (przecież!) w jakiś sposób pokrewna jest strukturom matematyk; inaczej mówiąc, które budzą we mnie emocje, jakich doświadczałem kiedyś, uprawiając matematykę. Ale czy pisze się wiersze, by być usatysfakcjonowanym? Może wręcz przeciwnie?

Tak więc i te wyjątki są mało ważkie.

ROBERTO SALVADORI

NIESZCZĘSNE POKOLENIE

Był na wojnie, wrócił z niewoli, dopiero co zdjął oficerski mundur. Teraz jest w swoim Palermo, często odwiedza Londyn (gdzie od 1922 ambasadorem Włoch jest jego stryj Pietro Tomasi, markiz della Torretta) i ma właśnie jechać do Paryża. W 1925 Giuseppe Tomasi, książę di Lampedusa, diuk Palma di Montechiaro, ma trzydzieści lat. I ma pecha. Podobnego temu, jaki trzydzieści lat później przypisze don Fabrizio Salinie, bohaterowi *Lamparta*. Pecha, że należy do „nieszczęsnego pokolenia, które żyje na przełomie starych i nowych czasów i w obu czuje się niedobrze". W odróżnieniu od swego przyszłego bohatera nie zdaje sobie jednak z tego sprawy. Wręcz przeciwnie, sądzi, że należy do bardzo szczęśliwej generacji. Że jest młodym człowiekiem, nowoczesnym, dowcipnym i wolnym od przesądów. Prawdziwym Europejczykiem, idealnie pasującym do swoich czasów. Nie wyobraża sobie nawet, jak bardzo jego korzenie arystokratyczne, śródziemnomorskie i katolickie odcinają go od mieszczańskiej, demokratycznej i protestanckiej Europy, którą, jak sam mówi, tak kocha i po której tyle podróżuje. Jego listy obnażają bezlitośnie cały prowincjonalizm i wszystkie przesądy młodego sycylijskiego patrycjusza.

Już *incipit* pierwszego listu — pisanego w Paryżu 27 lipca 1925 roku — odsłania naturę jego autora. Chce się okazać dowcipnym wobec kuzyna Casimira Piccolo, barona di Calanovella. Ton listu jest swobodny i cyniczny, jak w całym *Viaggio in Europa. Epistolario 1925–1930* (Milano, Mondadori 2006). Ale jego wymowa jest przerażająca. „W wielkie podniecenie wprawia mnie polityka. Kilka dni temu nauczka dana Amendoli wprawiła mnie w stan lekkiej euforii". Co za szlachetna dusza w tym potomku arystokratycznego rodu. Cóż za rozkosz, taka masakra. Brutalna „nauczka" wprawiła go w miłe podniecenie. Ale kim był Amendola i co się właściwie stało?

Stało się, że sześć dni wcześniej w toskańskim mieście Montecatini Terme dwudziestu bojówkarzy wyciągnęło z hotelu La Pace deputowanego Giovanniego Amendolę i zmasakrowało go ciosami kijów. Nie pierwszy raz został pobity. Zdarzyło mu się to już w stolicy w 1923, rok po marszu na Rzym. Ale teraz napad odbył się w decydującym momencie przełomu w życiu politycznym Włoch. Właśnie na początku 1925 roku ruch faszystowski, u władzy od 1922, dzięki poparciu dynastii sabaudzkiej, zaczął przekształcać się w reżim dyktatorski. Dramatycznym zdarzeniem, które przyspieszyło rozwój sytuacji, było zamordowanie w 1924 roku najwybitniejszego przedstawiciela opozycji antyfaszystowskiej, lidera socjaldemokratów Giacoma Matteottiego. Na znak protestu grupa deputowanych z liberalnym demokratą Giovannim Amendolą na czele opuściła parlament, dając początek krótkotrwałej secesji na Awentynie. Od tamtej chwili opozycja przeciw Mussoliniemu znalazła nowego przywódcę w Amendoli. Polityku bezkompromisowym i bystrym. Głoszącym „demokrację wolności i pracy", którą przeciwstawiał faszystowskiemu i komunistycznemu obliczu „państwa-falansteru". Zwolenniku „racjonalnej autonomii jednostek", w odróżnieniu od „tłumów posłusznych mocnemu głosowi kija albo upajającej sugestii partyzanckiego czynu lub buntowniczych okrzyków". Na tych zasadach utworzył Związek Narodowy i gotów był za nie oddać życie: „Choćbyśmy nawet mieli zginąć, nasza walka nie będzie przez to mniej słuszna ani mniej potrzebna". Dlatego Amendola dla faszystów stał się solą w oku i musiał zostać wyeliminowany tak samo jak Matteotti. Brutalny napad 21 lipca 1925 w Montecatini spowodował groźne obrażenia, które po długiej agonii na wygnaniu, najpierw w Paryżu, potem w Cannes, doprowadziły Amendolę do śmierci 7 kwietnia 1926 roku.

W chwili równie dla losów kraju niebezpiecznej i w obliczu kolejnej zbrodni Mussoliniego Tomasi di Lampedusa reaguje w taki, a nie inny sposób. Z wyniosłym sarkazmem i pełnym satysfakcji zrozumieniem dla faszyzmu. W tym samym liście pisze zresztą dalej, komentując „stan utajonego bolszewizmu", ku któremu jego zdaniem zmierza Francja: „Sytuacja jest bardzo poważna. Ale popatrz tylko, czym jest duma narodowa: ja na to gwiżdżę; wiem, że gdyby nawet wybuchła rewolucja, włos mi z głowy nie spadnie i nikt mi nawet grosza nie zabierze, bo za mną stoi... Mussolini!". Tak samo rozumują kobiety z jego rodziny: jego matka Beatrice, z domu Mastrogiovanni Tasca Filangeri di Cutò, i ciotka Teresa Piccolo, matka Casimira, obydwie sympatyzujące od samego początku z faszyzmem. O czym świadczą pełne egzaltacji słowa pióra Beatrice w liście z 6 grudnia 1922 z Turynu, gdzie przebywała z synem Giuseppe, do siostry: „Urodzona w czasach Drugiego Cesarstwa, noszę w sobie, co tu ukrywać, aspiracje, skłonności i uczucia diametralnie różne od tych, jakie żywi proletariat, który według mnie winien znać swoje miejsce i nie podnosić głowy! Dlatego pozdrowiłam (jak rzymianie) wyciągniętym prawym ramieniem dzielnych faszystów, wyrażając im swe poparcie słowami gorą-

Roberto Salvadori
Nieszczęsne pokolenie

cego podziwu. Tego dnia, gdy ich duce objął władzę, maszerowali ulicą, w lufach ich karabinów tkwiły kwiaty (goździki lub chryzantemy); podniosły i poetycki gest! On (Benito) jest człowiekiem, którego nam trzeba na tych tchórzliwych zdrajców. Ściskam was po faszystowsku". Filofaszysta — i antysemita. Tak, to także ukazują komentarze młodego Tomasiego di Lampedusa: głęboko zakorzeniony antysemityzm. W liście z Londynu 10 sierpnia 1927 opowiada, że „poszedł do Tate Gallery, by zwiedzić nowe, świeżo wybudowane skrzydło, w którym znaleźli się nowocześni malarze zagraniczni". No cóż, znakomity pomysł. Ale zawiódłby się ten, kto by oczekiwał, że światły książę opisywać będzie kuzynowi Casimirowi, który jest miłośnikiem malarstwa, wspaniałe dzieła „Maneta, Moneta, Degasa, Renoira, Gauguina, Pissarra, van Gogha i Manciniego". On te wszystkie nazwiska impresjonistów i postimpresjonistów wymienia tylko, by przejść dalej. Zdąża do portretów dziewięciu przedstawicieli rodziny Wertheimer pędzla Sargenta, gdzie zatrzymuje się na dłużej. Nie żeby był miłośnikiem amerykańskiego malarza, ale ponieważ „Papà Wertheimer (kimkolwiek jest) wyłania się w redingocie z tła równie ciemnego, jak początki jego fortuny, z najbardziej śmiejącą się i perwersyjną twarzą kanalii, jaka istnieje; Mamà Wertheimer, obwieszona biżuterią, próbuje, ze swymi wąskimi wargami i w czarnej sukni, grać wielką damę, śmierdząc na sto mil gettem. Wśród córek podziwiać można wszelkie odmiany zdemoralizowanego bogactwa. [...] Jest tam również starszy brat, [...] wielki *lion* swojego klubu żydowskich milionerów. [...] Co najpiękniejsze, całą tę serię portretów podarował galerii pan Wertheimer we własnej osobie, w błogiej nieświadomości wiecznej hańby, na jaką się wystawia; bo z jego portretu słowo «złodziej» wyczytać można tak wyraźnie, jakby zostało tam napisane szkarłatnymi literami". Autor tych słów, w błogiej nieświadomości wiecznej hańby, na jaką się wystawia, kończy, zapewniając kuzyna, „że dla tego choćby warto przyjechać do Londynu".

Trzy lata później — w przedostatnim liście zbioru pisanym w Berlinie 13 sierpnia 1930 — trzydziestopięcioletni już, ale wciąż niedojrzały Potwór (jak sam siebie nazywa w listach), pragnie opowiedzieć Luciowi i Casimirowi, dwom kuzynom Piccolo, o tym, co największe wrażenie zrobiło na nim na Litwie: „Onegdaj, gdy przejeżdżałem przez Kowno, stacja pełna była żydowskiego pospólstwa, które przyszło pożegnać wracającego do Ameryki krajana; był to widok wysoce groteskowy: [...] pot ściekający spod wypomadowanych loków, koźli smród, przenikliwe, orientalne krzyki, rozlegające się w chwili, gdy pociąg wyruszał, kobiety, które rzucały się na ziemię, wierzgając nogami, niezwykła intensywność życia bijąca z tych świecących oczu, wyjaśniły Potworowi wiele rzeczy, w tym powtarzające się regularnie masakry, jakie tu właśnie, w Kownie, urządzają Rosjanie". Mam nadzieję, że i w przekładzie polskim uwydatni się w całej swej ohydzie ten opis. Nierozumna pochwała rosyjskich pogromów pasuje do równie nierozumnej pochwały faszystowskiej „naucz-ki", o której pisał pięć lat wcześniej.

Długa i męcząca będzie droga, która doprowadzi Giuseppe do dojrza-łości, do zrozumienia, jak głęboką rację miał jego ukochany Szekspir: *Ripeness is all* — dojrzałość jest wszystkim. To fakt, że nigdy nie będzie postępowcem (od przybranego syna, Gioacchina Lanza Tomasi, wiemy, że w referendum instytucjonalnym w 1946 roku głosował za monarchią, a w kolejnych wyborach politycznych za Demokracją Chrześcijańską, ka-tolicką partią centrową). Z upływem lat okaże się jednak konserwatystą oświeconym, nie tępym reakcjonistą, jakim był w młodości. I dlatego ten światły i pełen godności człowiek stał się zdolny do napisania arcydzieła, arcydzieła ironii i mądrości. Powstało ono wtedy, gdy książę di Lampedu-sa zdał sobie sprawę, że — jak każe oświadczyć księciu Salinie — należy do nieszczęsnego pokolenia.

ROBERTO SALVADORI
tłum. Halina Kralowa

CLAUDIO MAGRIS

ZIMNE SERCE PISARZY

Poeci — przede wszystkim ci najwięksi jak Homer albo tragicy, których *notabene* Platon tak bardzo kochał — zostają przez niego wykluczeni w słynnym rozdziale *Państwa* z jego utopijnej Rzeczypospolitej i nie mieszczą się w jego ideale obywatela. Platon dopuszcza jedynie poezję „dorycką", sztukę surową, która zachęca do cnoty, a jeśli to konieczne, do udziału w bitwie, która kształtuje moralność i wartości patriotyczne, społeczne, obywatelskie; używając dzisiejszej terminologii, moglibyśmy uznać, że dozwolona jest jedynie literatura zaangażowana.

Taki wyrok Platona jest nie do przyjęcia i on sam, autor między innymi tragedii, które postanowił zniszczyć, wiedział o tym lepiej niż ktokolwiek inny, wychwalał bowiem w *Ionie* poezję jako boskie szaleństwo, natchnienie; poezję, która ma tylko w sobie samej, w otchłaniach i porywach fantazji i uczuć, własne źródło i własny sens. To wykluczenie przez Platona poetów z Rzeczypospolitej jest oczywiście nie do przyjęcia, ponieważ oznaczałoby totalitaryzm, absolutną władzę państwa, które nie toleruje form wyrazu odmiennych od jego systemu wartości i dokonuje aktu przemocy na jednostce, pozbawiając ją prawa do odmienności. Aby jednak odrzucić platońskie potępienie, trzeba je najpierw rozważyć do głębi, a wraz z nim, jego prawdę, choćby groźną i pokrętną, ponieważ ignorowanie jej uniemożliwi oddanie sprawiedliwości literaturze, nie pozwoli pojąć jej uwodzicielskiej siły ani jej ambiwalencji, a zatem znaczenia, jakie ma ona dla życia ludzi, czy są oni odpowiedzialnymi obywatelami, czy włóczęgami bez domu, czy też rozbitkami wydanymi na pastwę własnych demonów i własnych szaleństw.

Literatura — napisał Pamuk na łamach „Il Corriere della Sera", polemizując z upolitycznieniem sztuki — nie jest sądem moralnym, lecz utożsamieniem się z postacią, z jej postępkami (szlachetnymi lub podłymi), z jej wiarą, jej pasją, jej przemocą albo z jej szaleństwem. Literatura nie ocenia i nie wystawia stopni z zachowania życiu, które upływa poza dobrem i złem; jeśli przedstawia różę, wie — jak powiadał pewien niemiecki jezuita i wielki poeta mistyczny XVII wieku Angelus Silesius (Anioł Ślązak) — że róża nie ma żadnej przyczyny i kwitnie, bo kwitnie.

Utożsamianie się z życiem zakłada jednak utożsamianie się ze wszystkimi jego aspektami, a zatem nie tylko z rozkwitającą wiosną, lecz również z trzęsieniami ziemi i, co się tyczy ludzi, nie tylko z ich miłością i marzeniami, ale także z cierpieniem, jakie zadają innym, niesprawiedliwością, której się dopuszczają, wojnami, które rozpętują. Opowieść o życiu kogoś, kto handluje ludzkimi organami i morduje w celu ich uzyskania dzieci z *favelas*, zakłada — dla autentycznego pisarza niebędącego moralistą — pewien stopień identyfikacji, który z kolei wydaje się niepokojący. Jeśli sztuka jest pięknem, to ostatnie nie zawsze jest, jak chciałby Platon, identyczne z Dobrem i Prawdą. Platon obawia się, że sztuka, właśnie dlatego, że musi abstrahować od sądów moralnych, może stać się wspólniczką niesprawiedliwości i przemocy panujących w świecie, przeczuwa, że jednostka, wyrażając swoje uczucia, zaczyna w końcu pobłażać własnemu egoizmowi, naśladować nędzę i sprzeczności, a czasami banalność swojego stanu ducha, zaczyna więc oddawać hołd własnemu dziełu i zaniedbywać to, co ludzkie: kiedy poeta przedstawia ze wzruszeniem *pożar*, może się zdarzyć, że bardziej wzruszy się wspaniałymi strofami, w których opisuje płonące ofiary, niż rzeczywistymi cierpieniami tych ofiar.

Poeci demonstrują nierzadko wzniosłe uczucia, ale — powiada wielki poeta Czesław Miłosz — mają często zimne serca, chociaż przekonują, że jest inaczej, przede wszystkim siebie samych.

Tak zwana literatura zaangażowana uważa natomiast, że jej zadaniem jest także — szczególnie dla niektórych — nieść pomoc ofiarom tego pożaru, przyczyniać się do zmiany świata, a nie tylko go przedstawiać. Zaangażowanie moralne staje się więc nieuchronnie zaangażowaniem politycznym, ponieważ polityka jest (albo być powinna) zdolnością dostrzegania nie tylko potrzeb pojedynczej jednostki, którą znamy i która jest nam droga, lecz również wielu innych jednostek, osobiście nam nieznanych, które znajdują się w analogicznej sytuacji i które są drogie innym, ani mniej ważnym, ani ważniejszym od nas. Dzieło literackie, chociaż powstaje z niepowtarzalnej sytuacji indywidualnej, zwraca się do wszystkich, a zatem, jeśli niesie ze sobą przekaz moralny, ten ostatni nabiera również politycznego charakteru, ponieważ staje się częścią życia, myśli, uczuć wspólnoty, *polis*. Demokracja tak wyśmiewana przez myśl reakcyjną jako ideologiczna abstrakcja jest fantastyczną zdolnością rozumienia i odczuwania, że także miliony tych, których nie znamy — i wobec których nie możemy naturalnie żywić osobiście miłosnych uczuć albo namiętności — są równie konkretni i rzeczywiści, z ciała i krwi, jak my i nasi przyjaciele. W tym sensie każda powieść, niezależnie od ideologii wyznawanej przez autora, jest demokratyczna, ponieważ pozwala nam wcielić się w innych.

Zaangażowanie nie dotyczy jednak wyłącznie pisarzy lub artystów jako takich, a tym bardziej nie dotyczy ich w większym stopniu niż innych grup zawodowych. Elementarne obowiązki wobec ludzi dotyczą wszystkich: bycie lojalnym, nieść pomoc, być szczerym, wiernym — wszystko to stanowi podstawy każdej egzystencji. Pisarze i artyści nie są laickim klerem, który zarządza duchowym życiem ludzkości, ani nie rozumieją oni życia i polityki lepiej od innych. Wielu spośród wielkich pisarzy XX wieku było faszystami, nazistami, komunistami uwielbiającymi Stalina; kochamy ich jednak w dalszym ciągu, rozumiemy krętą i często bolesną drogę, która doprowadziła ich do utożsamienia się z chorobą myloną z lekarstwem, uczymy się od nich głęboko ludzkiej postawy, której ich ideologiczna aberracja nie zdołała unicestwić, jeśli zaś chodzi o politykę, jasne jest, że rozumieli z niej z pewnością mniej niż miliony ich nieznanych nikomu współczesnych.

Odpowiedzialność wobec świata dotyczy każdej osoby w jej relacji z innymi, w jej życiu i pracy, nieważne, czy chodzi o pracę adwokata, pisarza, czy fryzjera. Powieść, powiedziała niedawno Doris Lessing, nie musi być manifestem politycznym; polityczne zaangażowanie, należy dodać, nie kończy się wraz ze złożeniem podpisu pod protestacyjnymi listami, które zbyt często przypominają listę członków ekskluzywnego klubu. Wielki Ernesto Sábato nie ograniczył się do podpisywania protestów przeciwko dyktaturze argentyńskich generałów, lecz poświęcił całe lata swojej twórczości na poszukiwania *desaparecidos*.

„Służyć jakiejś sprawie — napisał Orhan Pamuk — to znaczy zniszczyć piękno literatury". Być może natomiast to tylko sposób, w jaki służymy sprawie, niszczy albo potęguje piękno. Pisarz nie jest odpowiedzialnym ojcem rodziny, lecz raczej zbuntowanym synem, posłusznym swojemu demonowi; literatura lubi zabawę, swobodę wymyślania życia, jak czynił to baron von Münchhausen, lekkość rzeczywistości, która niczym kolorowy balonik wyrywa się z ręki i ulatuje gdzieś daleko. Naginanie tego wszystkiego do jakiejś ideologii, sprawy, obowiązku zabija literaturę. Ale jeśli służba sprawie staje się pasją, siłą fantazji, która utożsamia — słusznie lub nie — ową sprawę z życiem, wtedy także zaangażowanie może stać się poezją, weną, swobodną fantazją. Wergiliusz opiewający cesarstwo rzymskie, Kipling brytyjskie imperium i Brecht wychwalający komunizm tworzą prawdziwe dzieła; katolicyzm — przeżywany, a nie będący tylko tematem kazań — Bernanosa jest nierozerwalnie związany z jego prozą; moralne oburzenie i ideał cesarstwa czy metafizyka Dantego są w takim samym stopniu źródłem poezji co solidarne współczucie, którym obdarza on Paola i Francescę. Jeśli w przeszłości należało kontestować polityczną i ideologiczną opresję, jakiej poddawana była literatura, dzisiaj — jak zauważyli Alberto Asor Rosa i Franco Cordelli — światu, a pośrednio literaturze, zagraża raczej trywialne odrzucenie polityki, zdolne unicestwić to, co na łamach „Il Corriere della Sera" Pierluigi Battista nazwał „niezrównaną pasją twórczą w epoce odczarowania", która wiele zawdzięcza

„poprzedniej epoce walki i ideologii". Zaćmienie słońca przyszłości niesie ze sobą zmierzch poczucia sensu, nadziei dla świata.

Wielcy założyciele religii, od Jezusa po Buddę, głosili prawdę, lecz aby dać ją konkretnie odczuć ludziom, potrzebowali literatury: opowiadali poprzez parabole, w których prawda wciela się w życie i staje się życiem, a doktryna opowieścią. To jest właśnie autentyczny wymiar moralny — a w konsekwencji, także polityczne zaangażowanie — literatury, która nie prawi morałów, lecz pokazuje. Joseph Conrad nie głosi kazań, ale kiedy czytamy jego historie, pojmujemy, czujemy, jaka jest różnica między lojalnością a kłamstwem, odwagą a strachem, słuszną walką a dezercją. W tym sensie — ale tylko w tym sensie — literatura jest wychowaniem do bycia człowiekiem, skutecznym jedynie wtedy, kiedy nie stawia przed sobą edukacyjnych zadań, lecz postępuje instynktownie, przedstawiając świat. Również edukacja w ścisłym sensie jest skuteczna jedynie wtedy, kiedy nie prawi morałów, ale pokazuje i pozwala odczuć wartości. Rodzice nigdy mi nie powiedzieli, że nie należy być rasistą, ale nie powiedzieli mi również, że nie je się obiadu w toalecie; po prostu, ich sposób życia, pracy, zabawy czynił czymś nie do pomyślenia bycie rasistą tak jak i jedzenie makaronu w toalecie. Gdyby musieli mi to wyraźnie powiedzieć, byłoby może już za późno.

Literackie przedstawienie jest również sądem, lecz implicytnym i zawsze mającym na uwadze całość. W *Zbrodni i karze* Dostojewski potrafi przekazać ludzką rozpacz popychającą Raskolnikowa do morderstwa i kazać nam uczestniczyć w jego losie, ale pozwala nam również zrozumieć — a więc i osądzić — głupią banalność idei skłaniających go do zbrodni i grozę tej ostatniej. Literatura jest nieustanną podróżą między twórczością dzienną, w której autor walczy o swoje wartości i swoich bogów, a twórczością nocną, w której pisarz słucha i powtarza, co mówią mu jego demony, sobowtóry zamieszkujące w jego sercu, również wtedy, kiedy mówią rzeczy zaprzeczające jego wartościom. Sábato, który wspominał o tych dwóch rodzajach twórczości, powiada, w książce szlachetnie zaangażowanej, że jego głębokich prawd nie ma co szukać w tejże książce, lecz w innych jego mrocznych opowiadaniach — „prawd także straszliwych, które mnie czasem zdradzały". Kiedy zapuszcza się w te głębiny, powiedziałem mu kiedyś w Madrycie, odkrywa, że dwa plus dwa jest być może cztery, a być może dziewięć, i że niemożliwe jest stwierdzić to z całą pewnością. Kiedy jednak powraca na powierzchnię, nie korzysta z tego, aby nie zapłacić rachunku w restauracji.

Każda powieść, niezależnie od ideologii, jest demokratyczna, ponieważ pozwala nam wcielić się w innych. Kiedy sprawa, po której stronie się opowiada, utożsamia się z życiem, wówczas nawet zaangażowanie może się stać poezją.

CLAUDIO MAGRIS
tłum. Joanna Ugniewska

EWA BIEŃKOWSKA

BERNINI, CZYLI UŚMIECH ANIOŁA

Bez rzeźb Berniniego Rzym byłby niewyobrażalny i o wiele mniej ludzki. To on zaludnia go tłumem postaci kamiennych, czasem brązowych, które opowiadają nam o życiu, o miłości i przemocy, o dostojeństwie i gracji, o uniesieniach wiary i o charakterze wypisanym na twarzach portretowanych postaci. Wprowadza urzekającą cielesność w epoce potępiającej nagość w sztuce, nie potrafi oderwać się od mitologii pogańskiej, która zgodnie z tradycją nie może być ubrana. Wprowadza grę namiętności w wyrazistych gestach, w mimice, a także ten rodzaj kontaktu z widzem, który odświeża i podnosi. Zaraźliwość tych rzeźb jest ogromna — od razu czujemy się wytrawnymi smakoszami.

Posągi Berniniego można znaleźć w wielu miejscach, choćby w Bazylice św. Piotra. Są to monumentalne grobowce oraz wielcy święci, skromne nagrobki, anioły w kościołach i na moście, popiersia ważnych osobistości. Słowem, sztuka użytkowa podporządkowana funkcji religijnej bądź reprezentacyjnej. Rzadkie są dzieła, o których można powiedzieć, że są bezinteresowne, że są wyłącznie sztuką dla sztuki. Tak się składa, że wszystkie rzeźby stworzone z czysto artystycznych pobudek znajdują się razem — w Museo Borghese. W najpopularniejszym parku rzymskim, który zawisł nad Piazza del Popolo, parku rozciągającym się od Porta Pinciana (od strony eleganckiej XIX-wiecznej dzielnicy) aż do wzgórza Pincio.

Galleria e Museo Borghese w dawnym podmiejskim *casino* kardynała Scypiona to jeden z obowiązkowych punktów artystycznej pielgrzymki przez Rzym dla zainteresowanych sztuką nowożytną. Ba, to miejsce wręcz najważniejsze, jeśli pominąć freski watykańskie i dwa–trzy kościoły z obrazami Caravaggia. Ktoś, kto obiegł parę razy miasto i zaczyna wczuwać się w jego jedyny pod słońcem charakter, powinien jeszcze udać się do Villa Borghese — wyjdzie z poczuciem spełnienia. Nie muszę robić reklamy kolekcji Borghese. Już samo przywołanie jej nazwy wywołuje wzruszenie. Ileż to minęło godzin tam spędzonych zarówno przed renowacją pałacyku, jak i po niej. Po otwarciu go na nowo zaostrzono przepisy. Każda grupa turystów ma dwie godziny na zwiedzanie, po upływie tego czasu strażnicy sprawdzają, kto został w środku, i zmuszają do wyjścia, bo na dziedzińcu już czeka następna porcja chętnych. Jeśli trafi się na ostatni turnus, od godziny piątej do siódmej, pod koniec ma się szansę na trochę samotności w oddalonych salach — tam, gdzie wisi jeden z najpiękniejszych Tycjanów na świecie.

To właśnie tutaj ogląda się „poetyckie" rzeźby Berniniego pod jednym dachem i z piętnem jednej inspiracji. Jak w pierwszej chwili określić tego wspólnego ducha? To duch młodości, porywu i zabawy, radości z materii, cieszenia się pracą rylca i tym, co spod niego stopniowo wykwita. Przyjemność czerpana z humanistycznego wykształcenia, które można zaprząc do swoich celów. Te rzeźby to utwory artysty, który dopiero zaczyna rozglądać się dokoła siebie, dopiero wyzwolił się spod autorytetu ojca-nauczyciela i trafił do najprzedniejszego rzymskiego domu, gdzie od razu rozpoznano jego talent i urok. To owoc przyjaźni młodzieńca z kardynałem Scypionem, który nie szczędzi ani honorariów, ani względów młodemu artyście, zgodnie z tradycją mecenatu, która zrodziła się wraz z Leonardem da Vinci, Tycjanem i Michałem Aniołem. O zażyłości kardynała i młodzieńca niech świadczy scena, w której kardynał trzyma przed rzeźbiarzem lustro, gdy ten zapragnął nadać jednemu z posągów własną twarz.

Szkoda, że u Borghesów rzeźby nie są ustawione w porządku chronologicznym — pokazywałby rozwój artysty. Zgodnie z kierunkiem zwiedzania poznajemy je od ostatniego do pierwszego — najmocniejszy wstrząs przypada na początek. Naturalnie można stworzyć własną hierarchię. Ja na przykład mijam z chłodnym uznaniem słynną *Paulinę Borghese* Canovy (to siostra, którą Napoleon Bonaparte wydał mądrze za mąż) i przechodzę wolniejszym krokiem wokół *Dawida*, tego z twarzą Gianlorenza Berniniego. Uważa się go za odpowiedź rzuconą Michałowi Aniołowi na jego *Dawida*. Nie mam serca dla tego posągu, bawi mnie raczej intencja, z jaką powstał: młody rzeźbiarz odpowiada innemu młodemu sprzed wieku i ćwierć. Rozumiem wysiłek młodego procarza (młodość jeszcze raz uczczona), ale dlaczego musi się wyrażać szpetnym wessaniem warg?

Teraz jestem gotowa na prawdziwe spotkanie. Gdy wchodzi się do narożnej sali — oto pojawia się ona: grupa rzeźbiarska, która nie przypomina niczego z tego, co było, i nie będzie do niczego podobna w przyszłości (dalekie echo u najlepszych Rodinów?). Jakie jest pierwsze wrażenie po ujrzeniu *Apolla i Dafne*? Ciepła biel marmuru rozgałęziona na ramiona, torsy i nogi. Ale dlaczego palce u rąk postaci, która narzuca się pierwsza, to listki, jakby trzymała dwa bukiety gałązek laurowych? Dlaczego niżej piersi kamień staje się sztywny i chropawy? A ta druga głowa wysuwająca się zza kobiecej — czy gra jakąś złowróżbną rolę? Wbrew materii, z której rzeźba jest wykonana, w i d a ć trzepot, bieg, coś panicznego w układzie kobiecego ciała. Skąd tutaj, w Rzymie, rzecz tak nieklasyczna, gwałtowna? I taka lekka, niezdolna ustać w miejscu? Gestem ramion i drżeniem liści wyrywająca się ku górze.

Pewnie każdy ze zwiedzających przeczytał najpierw w przewodniku odpowiednie wyjaśnienie. Jednak mimo iż wiele wie wcześniej i tak nie uniknie zaskoczenia. Z jakiej przestrzeni marzenia, z jakich nieznanych archetypów przybyła ta rzeźba? Z *Przemian* Owidiusza — to pewne — z opowiastki o słonecznym bogu zakochanym w małej nimfie i ścigającym ją przez gaje. Przybyła ze szkolnej lekcji o poezji polskiego baroku, z uroczego tytułu (trzeba zaakcentować ostatnią sylabę): *Dafne w drzewo bobkowe zamieniła się*.

Co stało się z historyjką, gdy opuściła mitologię antyczną i jej naśladownictwa? Jakie inne życie zostało jej przydane? Tę grupę rzeźb możemy oglądać ze wszystkich stron i każda z nich przynosi widok tak żywy, jaki zwykle był rezerwowany dla oglądania od frontu.

Obchodzę figurę powoli, zawracam, staję, cofam się. Oczywiście, perspektywa centralna to twarze, ale i tak twarzyczka Dafne jest przechylona ku prześladowcy. Profile boczne zachwycają — delikatne nogi nimfy są już z dwóch stron objęte płatami kory, a z palców u stóp wyrastają korzonki, które ją wkrótce unieruchomią jak drzewo. Ale jeszcze trwa jej wyrywanie się, gest ramion, jak w przestrachu i obronie, figura taneczna, którą można rozpoznać na innych rzeźbach i obrazach z tej epoki. Gdy krążę od lewego (ich prawego) boku, opuszczone i napięte ramię Apolla stopniowo zachodzi na ciało Dafne, odsłania się płaszcz na jego plecach i biodrach od biegu wydęty jak żagiel. Bóg na poły biegnie (ruch nóg, stopa oderwana od ziemi), na poły płynie, szala zwycięstwa przychyla się na jego stronę, dzieweczka nie ma innego wyjścia jak błaganie o przemienienie. Teraz, od tyłu, widzimy tylko szatę-żagiel i nogi boga, a nad głowami powiewające liście bobkowe. Grupa staje się zwarta i zagadkowa, nie ujawnia swojej treści, ale podbija czystym i bogatym konturem.

Podobnie z prawej strony — nie widzimy twarzy, tylko bark przykryty płaszczem, korę już powlekającą delikatny brzuch oraz falę włosów Dafne zwianą do przodu, jakby pod wpływem gwałtownego zahamowania. To wyższy chwyt rzeźbiarski — rozpuszczone włosy na wietrze, mieszające się z gałązkami laurowymi na wyciągniętych ramionach. Ta rzeźba z niewidoczną twarzą jeszcze bardziej fascynuje — sztuką jest nadać jej życie i polot, urodę i emocje, nie posługując się ekspresją rysów.

Po pełnym okrążeniu dochodzę do punktu wyjścia. No tak, stąd widzi się najlepiej całą wymowę dzieła i jej wyzywającą złożoność. Przestrach na twarzy Dafne, małe usteczka otwarte do krzyku (Co mi przypominają ten krzyk i podniesione w proteście ramiona? Oczywiście, chłopaczka z *Męczeństwa św. Mateusza* Caravaggia...), pogodne rozbawienie Apolla, w którym nie czuje się ani pożądania, ani czułości, tylko jakąś bezosobową satysfakcję. Jej pierś, kora wyrastająca na brzuchu dokładnie tam, gdzie dotyka ręka ścigającego. Jego głowa wysuwająca się spoza pleców nimfy, stwarzająca plastyczną wielowymiarowość. Zwartość i swobodne rozprzestrzenienie, ruch i trwanie, piękność i siła. Marmur przetwarza się w wielość faktur i materii: gładkość ciał, chropawość kory, kruchość listków, rozrzucone włosy.

Rozpoczynam następną turę naokoło, ustawiam się dalej, by ustąpić miejsca wchodzącym ludziom. Sprzed tej rzeźby trzeba końmi odciągać, jest w niej magia, która oddziałuje fizycznie, pozbawia wolności decyzji. Próbuję zapisywać coś chaotycznie w notatniku, „odkrycia", które powtarzają wszyscy, którzy tu wchodzą. Przypominam sobie, że kiedyś na cokole figurował dwuwiersz łaciński ułożony przez kardynała Barberiniego, późniejszego Urbana VIII, wielbiciela Berniniego: sentencja o tym, że kochankowi tylko się wydaje, że schwycił uciekającą piękność — zostają mu w rękach gorzka jagoda i skorupa. Tak chrześcijanie czytali Owidiusza, zbiór opowieści o ukrytym i ponadludzkim dynamizmie świata. Czytali jako dzieło umoralniające, przestrzegające przed iluzjami, które prowadzą ku zgubie.

Co jakakolwiek praktyczna mądrość ma wspólnego z szaleństwem rzeźby, która mitowi przywraca stronę kosmiczną, element paniczny, gdzie moralność nie ma się gdzie podziać? Chłodna erotyka, która nie zajmuje się uczuciami, lecz wielkim obrotem rzeczy, zależnością człowieka i bogów od porządku, który pochłania, zaciera różnice między ludzkim a kamiennym, między zwierzęcym a roślinnym? Lepiej się nie narażać, niż łudzić i cierpieć? Taka była perspektywa Barberiniego, kiedy zachwycał się rzeźbą i nie umiał znaleźć dla niej odpowiednika słownego. Pewnie dlatego ubrał ją w ostrożną formułkę. Ale i on, przyszły ojciec święty, jak wszyscy wykształceni nie umiałby zrezygnować ze świata mitów, który przemawiał mocniej do wyobraźni i zmysłów niż do intelektu. Był alfabetem kultury przez tyle stuleci, że nie potrafiła go zwalczyć wzbudzana okresami kampania przeciw pogańskości niektórych artystów (z życiorysu Michała Anioła coś wiemy o tych kłopotach).

Do widzenia Dafne, do widzenia Apollo! Gwałtowność mitu, tak jak była ucywilizowana przez wyraz poetycki, tak jest teraz i podkreślona, i zaprzeczona w rzeźbie. To cudowna gra bogów dla pouczenia ludzi, obecność natury w ludzkim losie, cielesność wysublimowana, ale nie rozbrojona, jak to jest z posągami starożytnymi. Jest tak wielką siłą, ponieważ jest powiązana z tym, co pierwsze: tajemnicą początku i przemian. Śliczna nimfa wchodzi w koło metamorfoz ziemskich, ponieważ jej uroda pobudza bezimienne dzieło płodzenia i umierania.

Należy jeszcze złożyć hołd następnemu dziełu, które na to zasługuje. W sali obok króluje druga słynna grupa: *Porwanie Prozerpiny*. Jest wspaniała i wychwala przemoc jako narzędzie życia (i śmierci — jesteśmy czy też za chwilę będziemy w zaświatach). Już nie młodzian, lecz dojrzały mężczyzna o twarzy nacechowanej pewnym okrucieństwem porywa do swego królestwa rozkwitłą kobietę. Grupa ta to rzecz może w opracowaniu trudniejsza, ale i wynik bardziej efektowny. Czego tu nie ma: atletyczne mięśnie i kwiecista broda boga podziemi, Prozerpina już poderwana z ziemi, jej ramiona w daremnej próbie wyrwania się, palce piekieł wyciskające dołeczki na biodrach i plecach ofiary, niemy krzyk i łezka zastygła na policzku. I jeszcze stróż bram, trójgłowy pies, jedyna istota o inteligentnym, stoickim wyglądzie, niezarażona dzikością sceny. Obchodzenie rzeźby i przyglądanie się jej ze wszystkich stron jest tu również pasjonującym zajęciem: ujawnianie się kolejnych ujęć, profili, pleców; głowy psa nie odsłaniają się od razu, każda jest w innej płaszczyźnie. I znowu niezwykłość materii, która oddaje mięśnie, włosy, szczecinę zwierza, połysk i matowość z zatrważającym mistrzostwem. Przyznaję, że ponieważ moja uczuciowość ma wyraźnie cechy monistyczne, nie potrafię przywiązać się do Prozerpiny tak jak do Dafne. Może dlatego, że o zbyt poważne sprawy tutaj chodzi, chociaż i tu dostrzegamy elementy „boskiej gry". To piekielnie ziemska hierogamia, zaślubiny życia i śmierci w przyrodzie. Tutaj cichnie śmiech.

Na koniec dzieło najwcześniejsze, ukończone w roku 1619: *Eneasz uchodzący z Troi*. To metafora twórczego konserwatyzmu. Bohater wynosi z płonącego miasta ojca na plecach i syna u boku, udając się w podróż pełną przygód, która zakończy się w Rzymie. Poszukiwanie, ekspansja i wierność. *Porwanie Prozerpiny* przypada na rok 1622, *Dawid* — 1625, *Apollo i Dafne* — 1624. Przyspieszone dojrzewanie artysty widać jak na dłoni, niemal można rozróżnić etapy twórczości i dorastania. Od sztywności, która już nie jest zadowolona z siebie i próbuje modelować ciało, nieśmiało je przeginając (*Eneasz*), poprzez majestatyczną grupę, której ruch jest zatrzymany jak w migawce fotograficznej (*Pluton i Prozerpina*), do czystego tańca, który zdaje się trwać bez końca (*Apollo i Dafne*). Nigdy tak naprawdę nie wiadomo, dlaczego spośród dzieł jakby równego poziomu jedno się wybija, staje się czymś jedynym w swoim rodzaju, a dla nas osobiście emblematem ważnej przygody wewnętrznej.

Bernini stworzył tak dużo — i rzeźby, i budowle, niektóre zapierają dech w piersiach, inne już nie tak bardzo. Podobnie jest u innych artystów. Gdy teraz rozmyślam, uderza mnie, że jeden Michał Anioł ma na swoim koncie utwory, w których od *Piety* z Bazyliki św. Piotra do ostatniej *Piety*, florenckiej, nie zauważa się obniżenia lotów. (Jednak i tu wyjątek: *Chrystus Zmartwychwstały* z kościoła Santa Maria Sopra Minerva — gdy tam wchodzę, udaję, że go nie dostrzegam).

Resztę czasu w Gallerii Borghese mam właściwie darowaną, zwłaszcza gdy wcześniej zwiedziłam kolekcję malarstwa. Organizuję sobie wizyty specjalnie poświęcone Berniniemu. Lata temu chodziłam tu głównie dla Caravaggia. Później faworytami byli Tycjan, Veronese, Bellini, Lorenzo Lotto (czyli wenecjanie). Zawsze te rzeźby budziły podziw i zdziwienie. Jednak nic mnie jeszcze nie łączyło z Berninim. Odkąd na nowo odwiedzam Rzym, spotkanie z nim stało się nieuniknione, choćby za sprawą architektury — jego budowle i posągi nakładają się na ogromne tło miasta, na antyczne resztki, renesansowe i barokowe kościoły. Żyją inaczej, związane historią i wyzwolone od antykwaryczności, inaczej niż wiele zacnych dzieł jego poprzedników i współczesnych niższego lotu. Tu, u Borghesów, rzeźby są młodzieńcze i żywe, wzruszają i niepokoją.

Inaczej wyglądają spotkania z rzeźbami powstałymi z ducha oficjalnego — w największej bazylice chrześcijaństwa. Nie mam tu ochoty wybierać czy rezonować. Gdy zbliżam się do nich w miodowym powietrzu nawy, myślę o milionach pielgrzymów, którzy tu krążyli nabożnie i w olśnieniu z zadartymi głowami od czterech stuleci, pewnie myląc grobowce papieży z ołtarzami świętych. I o pokoleniach koneserów, którzy patrzyli na Berniniego z uznaniem bądź krytycznie — co za estetyka, co za niesmaczne pomysły! Gdy na dwóch grobowcach swoich największych protektorów — Ubrana VIII i Aleksandra VII — Bernini umieszcza kościane ramię ryjące napis dla zmarłego i szkielet potrząsający klepsydrą, zgorszenie purystów było zupełne. Wyobrażenie godne niezdrowego gotyku Północy w świątyni, której miarę dał Michał Anioł!

Myślę, że Bernini spodziewał się podobnego zarzutu i że w związku z tym kościotrupy u św. Piotra są (zrozumcie mnie dobrze) rodzajem żartu. Makabrycznego, z myślą o ludziach z innym poczuciem smaku. Oraz o kazaniach żałobnych usianych pogróżkami pod adresem ludzkiej frywolności, która zapomina o końcu. To nie jest jego styl. Póki żyje i tworzy, praca ma działanie odmładzające — wszyscy współcześni to zauważyli. Sprawy eschatologii pojawią się na jego horyzoncie, gdy złożony atakiem musi rozstać się z ołówkiem i rylcem.

Prawdziwie rzeźbiarskie dzieło Gianlorenza znajduję w innych elementach Bazyliki św. Piotra: w Baldachimie o potężnych skrętach kolumn, wznoszącym się ku kopule: jak gdyby jej rozmiarom, symbolizującym sklepienie nieba, przeciwstawiał ludzkie dążenie w górę.

W bazylice nie czuć ducha *memento mori*, panuje tu raczej słuszna duma twórców, duma papieskich mecenasów. Dusze czyste wznoszą oczy ku wysokości kopuły i czują w niej hołd dla Najwyższego, zachętę do adoracji. Dusze markotne (*Esprits chagrins*) myślą o władzy i pysze, o bogactwach trwonionych w niechrześcijańskim celu, o idolach; takie myśli wkradają się tam, gdzie katolicyzm objawia swoją ziemską siłę. Ale Baldachim stoi uparcie jak wielki eksperyment kształtowania niematerialnej aury, regulowania światła i kierowania spojrzenia, stwarzania nastroju i grania na uczuciach widza. Nigdzie w Rzymie nie czujemy się tak drobni, tak bliscy posadzki i nieskończenie oddaleni od stropu. Takie jest nasze miejsce na ziemi. To wielcy święci kąpią się w świetle wysokości, porywani w nieskończoność. Zastanawiające, jak dalece trydencki (chrześcijański, lecz podkreślony przez reformację i kontrreformację) antyprometeizm współżyje z najzuchwalszymi ambicjami tworzenia. Człowiek pobożny, wędrowiec po ziemi dążący w zaświaty, stał się budowniczym sztucznego (w każdym sensie słowa) świata, zanim teologowie się spostrzegli.

Jednak prawdziwe *nec plus ultra* artysty znajduje się poza świątynią, choć w ścisłym z nią związku. Ten projekt to szczyt doskonałości. Już nie pojedynczy kościół, ale cała dzielnica miasta, ba, cały Rzym jest przetworzony przez Kolumnadę placu św. Piotra, która stanęła po wielu naradach, zmianach projektu w ostatniej chwili. Dziś nie mamy wątpliwości, że ze wszystkich wersji ta, która została zrealizowana, jest najlepsza. Owalna, otwarta ku świątyni i ku miastu. Zamyka i otwiera — to jej sztuka — plac św. Piotra na całą stolicę chrześcijaństwa, a poprzez nią na całą ziemię. Rzeźbi przestrzeń, zmieniając długą i płaską fasadę San Pietro w upragniony cel wędrówki, port dla zmęczonych ludzkich rzesz, i otwiera ramiona na ich przyjęcie. Rzeźbi światło półmrokiem między czterema rzędami kolumn, szczeblami blasku i cienia. Wznosi niematerialną kopułę nad elipsą placu, sklepienie podtrzymywane jedynie przez pionowe bicze dwóch fontann. Zmienia relacje między tymi, którzy tu przychodzą w różnych celach, każdy z inną myślą w zanadrzu — i chcą czy nie, naraz są jednymi z tłumu, cząstką jakiejś możliwej do wyobrażenia społeczności.

Teraz środki ostrożności odebrały pielgrzymce do Bazyliki św. Piotra w Rzymie naturalność. Nie tak dawno na olbrzymiej powierzchni bawiły się dzieci, płukano owoce w fontannach, rozsiadano się. Nad głowami kryształ rzymskiego nieba zmieniający odcienie z każdą godziną. Znad Tybru przylatują żarłoczne mewy i na brzegu fontanny próbują się niezgrabnie kąpać gołębie.

EWA BIEŃKOWSKA

TOMASZ CYZ

POWRÓT DIONIZOSA. ŚMIERĆ W WENECJI

I. To była ostatnia opera Benjamina Brittena. Ostatnia. Jak to brzmi? (Później powstały jeszcze m.in. *Canticle V „The Death of Saint Narcissus"* na tenor i harfę, kantata dramatyczna *Phaedra* do fragmentów z Racine'a oraz — jakże istotny w tej chwili — *III Kwartet smyczkowy*, z ostatnią częścią zatytułowaną *La Serenissima...*). Ostatnia. Ostatnia opera. *Śmierć w Wenecji*.

II. Britten zaczął ją pisać w... Wenecji, jesienią 1970 albo 1971 roku (zmarł w 1976). Ale myślał o niej długo, długo wcześniej. Nic dziwnego, motywy — wyobcowania, samotności, niespełnionej albo niemożliwej miłości, śmierci, wszelkie szczeliny między dionizyjskim pięknem, chaosem pragnień, niewinnością, pożądaniem a apollińską czystością, harmonią ducha, normami społecznymi, moralnością — były mu bliskie (*Peter Grimes, Billy Bud, The Turn of the Screw* czy *Curlew River*).

Ciekawe, że w tym samym czasie opowiadanie Tomasza Manna (z roku 1911) filmował Włoch Luchino Visconti, nakładając na Aschenbacha, pisarza, rysy kompozytora Gustava Mahlera (jego *Adagietto* z *V Symfonii* pozostaje z nami, cudownie zrośnięte, przez cały czas trwania filmowego obrazu). Britten świadomie nie oglądał filmu Viscontiego, by nie zarazić się spojrzeniem innego artysty. Zresztą, polifonia tych słów nie wyczerpuje się w jednej lekturze. Wody Wenecji mienią się wieloma dźwiękami. Nie przestają rezonować.

Śmierć w Wenecji Britten dedykował — jak kilka innych utworów — Peterowi Pearsowi. Wybitnemu tenorowi. Najbliższemu przyjacielowi, wieloletniemu partnerowi i kochankowi. Mężowi? Tak powiedziałby może dziś. Wtedy nie. A na pewno nie publicznie. Do końca lat sześćdziesiątych w Anglii homoseksualizm podlegał karze. Jak to brzmi! To, czego doświadczał przez większość swojego życia Britten (a także Pears, Auden, a gdzie indziej Visconti, Szymanowski, Mycielski i inni), możemy podskórnie odczuć, wnikając w ich dzieła.

III. Początek opowiadania Manna mówi o tym, jak to Gustaw von Aschenbach, wielki pisarz, poszedł na popołudniowy spacer po Monachium. „Przemęczony trudną i niebezpieczną pracą przedpołudniowych godzin [...] nie mógł i po południu wstrzymać działania twórczego mechanizmu swego umysłu, owego *motus animi continuus*" (tłum. Leopold Staff).

Ale Aschenbach jest nie tylko przemęczony. Trawią go niepokój, nieuchwytna i rozwibrowana tęsknota. Za czym? Tajemnicze spotkanie z nieznajomym rodzi nową myśl — „chęć podróży, nic więcej, ale przyszła jak atak, urastała w namiętność i halucynację. Pragnienie jego stało się wizją, wyobraźnia, nie uspokojona jeszcze po godzinach pracy, tworzyła sobie wzór dla wszystkich cudów i straszliwości różnych krajów, które starał się sobie naraz przedstawić".

Wyobrażony krajobraz jest bagnisty, gęsty, wilgotny, „bujny i potworny", pełny „tłustej, napęczniałej, awanturniczo kwitnącej roślinności", pływających kwiatów, dziwnych ptaków. Jeszcze: „lśniące świeczki czyhającego tygrysa — i czuł, że serce bije mu z przerażenia i zagadkowego pożądania". Ale już po chwili „to, co go tak późno i nagle opadło, zostało natychmiast zahamowane i sprostowane przez rozum i od młodu stosowaną samodyscyplinę".

Opera zaczyna się w podobnej chwili. Jej pierwsze zdanie brzmi: *„My mind beats on"*. „Moje myśli gonią"... To zdanie Aschenbach powtarza w otwierającym monologu wielokrotnie, do znudzenia; jakby chciał się przez nie wyrwać z letargu, z kręgu przespanych marzeń i pragnień. Myśli gonią, jedna za drugą, ale słowo nie przychodzi, sen nie przynosi ukojenia. Wszystko rozdarte, wypalone, głodne. Aschenbach wydaje się stać nad przepaścią (*„at a loss, at an end"* — jak czytamy w libretcie Myfanwy Piper). W szczelinie między śmiercią a życiem.

IV. Śniony obraz coś przypomina. Johann Jakob Bachofen pisze, że wśród bujnej i płodnej roślinności, na bagnach, wśród wiecznie zielonej i kwitnącej natury, szuka się Dionizosa. A przecież do zwierzęcego orszaku tego boga należy między innymi tygrys. (W *Królu Rogerze* Szymanowskiego i Iwaszkiewicza Roksana śpiewała o „zmęczonej, sytej krwi" panterze). Śmiercionośne napięcie między Apollem a Dionizosem w opowiadaniu Manna czuć od początku. W operze odsłania się powoli, stopniowo. Pierwszy ujawnia się Apollo.

W siódmej scenie I aktu („*The Games of Apollo*") — już po pierwszym odurzeniu Tadziem i nieudanej próbie ucieczki z Wenecji — Aschenbach siedzi na plaży. Śni? Słychać śpiew chóru (o niebie, spokoju, o Elizjum), głos Apolla („Ten, kto kocha piękno / oddaje mi cześć"). Młodzi chłopcy, gimnastykując się, formują piramidę. Tadzio staje na jej szczycie.

Znów, na prośbę Apolla, słychać śpiew chóru (najpierw o Hiacyncie — kochanku Apolla — którego zabił zazdrosny Zefir, potem o naukach Sokratesa o pięknie), głos Apolla („Miłość zrodzona z piękna / jest szaleństwem zrodzonym z boga / bliższa bogom / niż rozum"). Tadzio wygrywa wszystkie sportowe konkurencje (w opisie zapasów, zaraz przed okrzykiem zwycięstwa, pojawia się porównanie Tadzia do pantery...). Wreszcie Aschenbach wykrzykuje do samego siebie głęboko ukrytą prawdę. „I — love you". „Kocham cię"... Kurtyna zapada, koniec pierwszej odsłony.

Dionizos objawia się później, w trzynastej scenie II aktu („The Dream") — już po wybuchu epidemii i nieudanym wypowiedzeniu prawdy o zarazie matce Tadzia. Aschenbach znów śni. „Nie! Kochaj piękno, rozum, formę" — śpiewa Apollo. „Dalej! Uderz w bębny" — dopowiada Dionizos. (W II akcie Króla Rogera, przed bachiczną orgią, Pasterz krzyczy: „W strun uderzcie srebrny dzwon, tamburynów wartki rytm!"). Bogowie kłócą się — o chaos i rozum, o tajemnicę i piękno. Apollo odchodzi pokonany. Dionizos i jego wierni rozpoczynają dziki taniec.

Aschenbach, krzycząc przez sen: „Aa-oo!" (brzmiące jak echo nawoływań weneckich gondolierów, jak odwrócone echo melodii młodego żeglarza z Wagnerowskiego Tristana), łączy się z orszakiem czcicieli mrocznego boga. Wreszcie, już na jawie, śpiewa: „Let the gods do what they will with me". „Niech bogowie zrobią ze mną co chcą".

Czy wie, że już za chwilę umrze? („Ten, którego oczy ujrzały piękno, / Odtąd wydany jest śmierci", pisał hrabia von Platen). Czy wie, że dionizyjski godowy taniec jest zawsze uściskiem śmierci? Że Wenecja jest śmiercią? („Osobliwa ta łódź — czytamy u Manna o weneckiej gondoli — i niesamowicie czarna, jak bywają tylko trumny — przypomina [...] bardziej jeszcze samą śmierć, mary, posępny obrzęd i ostatnią, milczącą podróż". „Mysterious gondola" — śpiewa Aschenbach przy głuchym akompaniamencie niskich smyczków — „jakże czarna, jak czarna, czarna trumna, jak obraz śmierci, jak ostatnia milcząca podróż").

V. U Manna sen ma bardziej niepokojący, gwałtowny, silnie zmysłowy charakter: „[...] głuchy grzmot, przeraźliwy wrzask radości i wyraźne wycie przewlekłej głoski «u» — wszystko przeplecione, zagłuszone groźną słodyczą głęboko gruchającej, haniebnie uporczywej gry fletu, która w bezwstydnie namiętny sposób czarowała wnętrzności". (Roksana: „Słyszysz! Jeno cichy fletni śpiew, jak dalekie echo łka"...). A potem szaleńcy zbiegający po zboczach gór — kobiety z brzękającymi bębenkami i syczącymi wężami, mężczyźni z rogami na głowie i bębnami, chłopcy ujeżdżający kozły. I wszechogarniający, dziki krzyk.

Aschenbach nawet we śnie się boi (Roger Szymanowskiego także lęka się Pasterza). Nawet we śnie chciałby uciec. „Ale wrzawa, wycie [...] rosło, brało górę, nabrzmiewało porywającym obłędem. Zapachy dręczyły zmysły, gryzący odór kozłów, wyziewy dyszących ciał i woń jakby gnijących wód, [...] woń ran i panującej choroby". Zarażone ślepym pożądaniem serce i rozum już nie potrafią się bronić: „z nimi, w nich, był teraz on, śniący i należący do obcego boga. Ba, oni byli nim samym, [...] gdy na zmierzwionym mchu zaczęła się szalona orgia na ofiarę bogom. I dusza jego kosztowała nierządu i rozpasania zatraty".

Britten w scenie dionizyjskiego snu osiąga stan nasycenia, zmysłowości słów i obrazów Manna. Przede wszystkim sięga po skrajności: w wyborze głosów (Dionizos to bas-baryton, Apollo — męski kontratenor), w budowie melodii (nieruchoma linia Dionizosa przeciwstawiona wijącej, niespokojnej frazie Apolla — będącej cytatem z delfickiego hymnu z II w. przed Chrystusem), w wyborze harmonii (E-dur *versus* A-dur) czy instrumentalnego tła.

Wreszcie, po cichym i samotnym wyznaniu Apolla („*I go, I go now*" — z opadającą melodią, milknąc), muzyka rośnie do niespotykanego dotychczas wybuchu. Dla Brittena, jak zapamiętał Colin Graham — reżyser prapremierowej inscenizacji *Śmierci w Wenecji* z czerwca 1973 roku podczas Aldeburgh Festival — muzyka w operze ma odsłaniać to, co dzieje się w ludzkiej duszy. A teraz dusza idzie na zatracenie. W otchłań.

Nie ma neoklasycznych nawiasów, dystansu, chłodu. Jest czysta energia wulkanu, szalony wybuch radości, który przyprawia o drżenie. Echo dzikich rytmów Pucciniego z *Turandot*. Silne i wiecznotrwałe przejście z A-dur do E-dur — z przestrzeni Apolla w ręce Dionizosa (Pasterz-Dionizos Szymanowskiego również śpiewa w E-dur). Taniec, który — jak we frenetycznym *Święcie wiosny* Strawińskiego czy wirze polirytmii *Króla Rogera* — porwie i nas. Jest wreszcie cudowna polifonia Brittenowskich tematów konstruujących ten wenecki świat, choćby motyw marzeń — marzeń, które teraz stają się rzeczywistością („*It is true, it is all true. I can fall no further... Let the gods do what they will with me*").

VI. Pierwsze zdanie opery („*My mind beats on*") — i spleciony z nim motyw muzyczny (zwany motywem wyobraźni) — rzuca światło i cień na wszystko, co dalej. Z tych ledwie kilku nut Britten stwarza całą gamę tematów. Jak Wagner, wyprowadzając pojedyncze frazy z jednego źródła. Wagner — ten sam, który właśnie w Wenecji stworzył jeden z najpiękniejszych dramatów muzycznych wszech czasów: *Tristana i Izoldę*. I który właśnie w Wenecji zakończył ziemskie życie. „Oddał ducha"...

Kilka nut... Dokładnie cztery. Dźwięk, sekunda wielka w górę, sekunda mała w dół i znów sekunda wielka w górę. Wszystko w obrębie małej tercji. Wszystko bliskie, ciemne, gęste, nasycone. Britten w *Śmierci w Wenecji* tymi kilkoma nutami otwiera nieskończoność. Po nich — z nich! — słyszymy między innymi motyw zguby, symboliczny dla wielu utworów Brittena, związany tu z tajemniczymi postaciami-maskami wykonywanymi przez jednego śpiewaka — postaciami Wędrowca, Podstarzałego Eleganta, Gondoliera, Fryzjera, Głównego Grajka (a także Dionizosa!); motyw Wenecji, z podniebną frazą *La Serenissima* (tak cudownie wpisaną w *quasi*-walczyk podczas otwarcia „*Ouverture: Venice*"); motyw natury; artysty; tęsknoty...

Wreszcie motyw Tadzia — o strukturze kryształu (opadające, jak z porwanego paciorka, szklane dźwięki wibrafonu), prześwietlony najżarliwszą erotyką, hipnozą zachwytu, bezdechem. Motyw bliski późniejszej muzyce Apolla, zanurzony w tonacji A-dur, o pentatonicznym ruchu melodii, gamelanowych źródłach, z fletowym kontrapunktem — jakby echem zaśpiewu z *Curlew River* (to nie pierwsze i nie ostatnie podobieństwa tych dwóch dzieł). Motyw, który, w odróżnieniu od Tadzia, nie milczy. Który jak nóż nacina skórę tej genialnej muzyki, rozcina jej przestrzeń. Naszą przestrzeń.

Cała muzyka *Śmierci w Wenecji* jest jak woda — nieuspokojona, falująca, owładnięta ruchem wiecznego powrotu, ciągłych odpływów i przypływów; łącząca w jednym źródle wszystkie myśli, wnikająca w każde szczeliny, drażniąca (bo wilgotna, niezatarta), drążąca, nieprzemijająca. A więc muzyka i woda, i Wenecja. Wenecja i muzyka, i śmierć.

Josif Brodski w *Znaku wodnym* — cudownym eseju o Wenecji — nazywa muzykę i wodę bliźniaczymi siostrami. Jeszcze Nietzsche (*Ecce homo*): „Gdy szukam synonimu muzyki, znajduję jedynie słowo «Wenecja»". I jeszcze: „Nie umiem czynić różnicy między łzami i muzyką". Można by tak długo. W nieskończoność.

VII. Koniec. Tak, Britten, pisząc *Śmierć w Wenecji*, miał przeczucie bliskiego końca. Odwlekał operację serca, by zdążyć zapisać to, co drążyło jego uszy, rozum i serce. A kiedy jeszcze raz sięgnął po pióro, przywołał łabędzi śpiew Wenecji. I śmierci. Ostatnia część pisanego w Wenecji (!) w 1975 roku *III Kwartetu* — *La Serenissima* — to *passacaglia*. Siostra *chaconne*, tańca śmierci... Oto wirują przed nami obrazy *Śmierci w Wenecji*, choćby motywy zarazy i tęsknoty, a ostatni fragment przywołuje to, co w operze brzmi na końcu I aktu, po słowach: „Kocham cię". A później już tylko cisza (pauza z fermatą) dopełniona słowami: „*dying away*"...

Koniec. Scena siedemnasta („*The Departure*"), finał. Aschenbach, z upudrowaną maską zamiast twarzy, skosztował truskawek, które jak owoce z rajskiego drzewa wiadomości dobrego i złego przynoszą spustoszenie. I chaos. „*Chaos, chaos and sickness*"... „Co, jeśli wszyscy umarli i tylko my obaj pozostaliśmy żywi?" — pyta. On i Tadziu. Utopia miłości nierozerwalnie łączy życie ze śmiercią, pragnienie z niespełnieniem. I każe stać w ciemności, nad przepaścią. Skoczyć?

Aschenbach, Mann, Britten w poszukiwaniu światła wracają jeszcze raz do dialogu Sokratesa i Fajdrosa (Britten głównie przy akompaniamencie fortepianu i harfy). Ale bogowie już zdecydowali. „I teraz, Fajdrosie, odchodzę, ty zostań tu i dopiero, gdy mnie już nie będziesz widział, odejdź i ty". Fortepian, który zawsze towarzyszy Aschenbachowi podczas wewnętrznych monologów, teraz milczy. Jest cicho. Przeraźliwie cicho.

Aschenbach jest znów na plaży. Niskie smyczki i perkusja brzmią tak, jakby chciały powiedzieć, że to już koniec, i jedynie flet podniebnym lotem wprowadza wiązkę światła. Tadziu bawi się z przyjaciółmi. Nagle jeden z chłopców zaczyna z nim walczyć, przewraca go i wciska mu głowę w piasek. Aschenbach chce wstać. Krzyczy („Ah, no!"). Opadające *glissando* nie pozostawia wątpliwości, że śmierć jest blisko. Jeszcze chór — jakby z nieba, anielski — przywołuje imię tego, który jest podobny Ganimedesowi i Erosowi, Apollowi i Dionizosowi.

„Tadziu!" — śpiewa, umierając, Aschenbach. Śpiewa i patrzy na odchodzące w dal Piękno. Polifonia myśli i motywów (wibrafon, smyczki, flet) brzmi zadziwiająco pogodnie.

TOMASZ CYZ

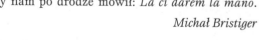

C. K. WILLIAMS

KAMIEŃ

Dziewczyna, niekochana przeze mnie, a potem, kiedy chciała odejść,
    kochana,
ta dziewczyna, tamtej niedzieli, kiedy do niej wpadłem, leżała w łóżku,
    w nocnej koszuli
(dopiero później zrozumiałem, że przed chwilą ktoś z nią był),

ta dziewczyna, kiedy moja ręka dotknęła pod koszulą jej brzucha,
zaczęła zmieniać swój brzuch w kamień — nie wiedziałem, że tak
    może być,
ona, ta ludzka istota, to potrafiła — a potem, kiedy już jej brzuch był
    skamieniały,

zaczęła zmieniać całą resztę swego ciała w coś jeszcze twardszego,
    twardego jak stal,
albo bardziej; a może zmieniła całą siebie, przedtem tak miękką,
w jakiś nieznany minerał, występujący tylko na innych, oddalonych
    planetach,

planetach z chemicznymi burzami, z ogromnymi, zlodowaciałymi oceanami
    amoniaku,
a ja miałem tylko udawać — brałem to poważnie, nie byłem dzieckiem —
że wcale nie jestem jednym z tych dziobatych, kartoflowatych księżyców,
    o niepewnych orbitach,

i nagle znów byłem na ulicy, była niedziela, choć nie przypominam sobie
    dzwonów —
i gdzie ona jest teraz, droga skamielina, drogi odłamek, gdzie teraz jesteś
w nocnej koszuli, w łóżku, stal i kamień? Kochana stal, kochany kamień.

ARCHETYPY

Często, jeszcze zanim nasze palce spotkały się we śnie, w półśnie, zanim się
  splotły,
często nawet jeszcze wewnątrz mojego snu, ten łagodny, czuły dotyk
  przynosił mi ukojenie,
lecz tego ranka twoja ręka leżała na mojej inaczej niż zwykle, niezgrabnie,
tak, że wydała mi się dziwnie obca, daleka — przedmiot,
którego wagi, objętości i kształtu nigdy przedtem nie dostrzegłem; napięta,
zwarta skóra, twarde płaszczyzny mięśni, subtelna, skomplikowana
struktura, delikatna elegancja kości, układających się w równą linię, jak
  kolumny świątyni.

Twoje palce zaczęły się poruszać szybko i nieregularnie, kurcząc się i
  rozluźniając,
jakby twoja dłoń próbowała schwytać jakąś pierzastą, trzepotliwą istotę,
żeby w końcu zdecydowanym gestem ją odrzucić; uniesiona na dłoniach i
  kolanach,
z włosami opadającymi na twarz znieruchomiałaś, aż do momentu,
gdy z gardłowym westchnieniem, prawie chrapnięciem, opadłaś na łóżko
i leżałaś spokojnie, z dłońmi ciasno przywartymi do piersi, z głową
odwróconą ode mnie, dla mnie niedostępną w tej wyzywającej pozycji,
  którą coś kazało ci przybrać.

Czekałem z nadzieją, że się obudzisz, odwrócisz do mnie, obejmiesz, lecz
  ty byłaś nadal zatopiona sama w sobie,
i znów zrozumiałem, jak bardzo jesteśmy wszyscy odseparowani, nawet
  nasze pasje,
które wydają się ucieleśniać jednoczenie się poza czasem, mają moc
  zabliźniania tylko niegroźnych podziałów,
natomiast naszym najbardziej uporczywym, najstarszym lękom, każdy z
  nas musi stawić czoła sam.
Oddychałaś spokojnie teraz, więc przytulony do ciebie, nabrałem otuchy,
a ty, jakby nic się nie stało, otworzyłaś oczy, uśmiechnęłaś się do mnie
i wymamrotałaś — wzdrygnąłem się na dźwięk twego głosu
  — „śpij kochany".

C. K. WILLIAMS
tłum. MAJA WODECKA

ZYGMUNT MYCIELSKI

NIBY-DZIENNIK, MARZEC 1981 [*]

Warszawa, 6 marca 1981

Wychowany w atmosferze krakowskiej szkoły historycznej (z przełomu XIX na XX wiek) widziałem przyczyny upadku Polski nie tylko w stosunku sił naszego państwa do sił Rosji, Prus i Austrii, ale i w naszych własnych wadach i cechach ustrojowych, działających przez cały XVII i XVIII wiek. Tak samo i dziś, nie mogę wszystkiego zwalać na importowany z Rosji ustrój, ale stan kraju widzę także jako wynik niedołęstwa i kryminalnej mentalności takiej partii, jaką ten kraj wydał, na pohybel narodu, który zwymiotował ten porządek w sierpniu 1980. Nasze miejsce, otoczenie wianuszkiem demokracji ludowych, jest niedobre, ale niedołęstwo gospodarcze przekracza to, co się w tej dziedzinie dzieje w Czechosłowacji, NRD i na Węgrzech czy w Jugosławii. Było u nas sporo szlachciów, którzy czytali różne dziwne książki z najrozmaitszych dziedzin, a folwarki się waliły, na źle uprawionych polach rosły chwasty, a okoliczni handlarze z żydowskich miasteczek pożyczali właścicielowi na weksle po 100 i 1000 złotych do chwili, gdy zbankrutowany „wylatywał z majątku". Dużo takich przykładów widziałem, czasami trwało to długo — gdy było dużo folwarków i morgów na sprzedaż. Michałowscy z Dobrzechowa sprzedawali najpierw majątki, potem folwarki, a wreszcie morgi naokoło folwarku i domku, w którym mieszkali po spaleniu w 1915 roku pałacu, stojącego w pięknym parku. Kilkanaście lat potem reforma rolna zniszczyła i najlepiej prowadzone majątki, aż wreszcie partia

[*] Dziękujemy pp. Barbarze i Janowi Stęszewskim, opracowującym ostatni tom *Niby-dziennika* Zygmunta Mycielskiego, za łaskawe udostępnienie nam do druku jego fragmentu 16 I–24 III 1981. W „Zeszytach Literackich" 2007 nr 2 (98) ogłosiliśmy fragment 16 I–4 III 1981. W „Zeszytach Literackich" 1997 nr 3 (59) opublikowaliśmy fragmenty *Niby-dziennika* z zeszytu 3 IX 1969–5 II 1971 i 1 II 1978 oraz z zeszytu 19 VII 1980–14 II 1980. Trzy tomy dziennika Mycielskiego ukazały się nakładem wyd. Iskry w oprac. Zofii Mycielskiej-Golik.

zniszczyła cały kraj, obciążając go miliardami dolarowych długów. Takim rezultatem gospodarczym poszczycić się może tylko Rosja, ale latyfundium rosyjskie, od Władywostoku po Elbę, wytrzymuje stokroć więcej i trwać może dłużej niż priwiślański kraj i jego niecierpliwi mieszkańcy. Nasza wspaniała klasa robotnicza to nowa beczka prochu, potężniejsza niż wychowankowie szkoły rycerskiej, podchorążowie 1830 roku i wymykający się do leśnych partyzantek szlacheccy synowie. Łatwiej tu o Króla Ducha niż o dobrego gospodarza. Takiego jak Eugeniusz Kwiatkowski[1], Lubecki[2] czy Tyzenhaus[3].

Mój wyjazd, projektowany na 19 marca, napawa mnie przerażeniem w miarę, jak się zbliża ta data. Wyobraźnia podsuwa mi obrazy zablokowania, w jakimś Paryżu czy Vaduz — nie wytrzymałbym perspektywy niemożności powrotu tu, bycia tu, gdyby na (trzykrotne!) pytanie Michnika: „czy myślisz, że Rosja będzie interweniować?" odpowiedź miała być twierdząca: tak, i to rychło. Na razie myślę, że Rosja ma dużo czasu, według recepty „niech się Polacy we własnym sosie gotują". Gdyby jednak partia przestała panować nad POZORAMI panowania nad sytuacją tu, to Rosja wkroczy nagle i niespodziewanie — i pozostanie nam wtedy tylko modlitwa-suplikacja: „Od nagłej i niespodziewanej śmierci zachowaj nas, Panie". Polacy żarliwie się modlą, gdy jest źle. Teraz, z papieżem na czele, modlitwy będą miały temperaturę słoneczną. — Boże, zmiłuj się nad nami. — Ale cóż, skoro ja nie widzę Bożego miłosierdzia, widzę tylko ludzką niemoc, ślepotę, bezradność i małość; tylko nieliczne egzemplarze dźwigają się z niej, każdy według sił, które znajduje, którymi zaopatrzyła go NATURA (?)! — A poza tym, przypuszczać można, że Rosja znajdzie szczególną jakąś formę interwencji, ingerencji może. Czy możliwe to jednak będzie bez opanowania „wszelkimi możliwymi środkami" (*par tous les moyens*) kilkuset tysięcy, a może i paru milionów ludzi tu? Czy wystarczy zamknąć parę tysięcy ludzi? Czy, czy?...

Polacy liczą jednak zawsze na „jakoś to będzie" — bo i rzeczywiście trudno jest stąd ruszyć 35 milionów ludzi, nawet, jeżeli jest to kraj o granicach „na kółkach" (od Dniepru po Elbę?!). Przetrwanie jest jakąś cechą czy cnotą bierną — ale inaczej bierną niż bierność rosyjska, ich bierność wobec własnej władzy. Jesteśmy tu jak jakaś europejska ZAWALIDROGA, pomiędzy Rosją a Niemcami. Czymś niewygodnym, a niemożliwym — jak dotąd — do usunięcia. Jesteśmy, istniejemy. *Voilà tout...*

Odczytując *Podróż włoską* Goethego, zdumiewa mnie jego pogoda, prawdziwa apolińskość. Jego Rzym i Neapol to samo słońce, obfitość, ludzie na swoim miejscu, a on w tym świecie szczęśliwy. Cienia buntu w tym świecie, który już zaraz potem wkroczył w 1789 rok. Szczęście człowieka Północy, który się dorwał do Morza Śródziemnego, do Italii, gdzie widzi raj, pomnożony żywym jeszcze geniuszem jego mieszkańców.

Warszawa, 10 marca 1981
[...] Listy proskrypcyjne. Według dobrze przygotowanych takich list, ile można wywieźć ludzi, wagonów, pociągów. Robiłem takie rachunki w 1945 roku, gdy tu przyjeżdżałem. Po 36 latach wracam do tych rachunków; licząc tylko po 40 osób w wagonie, w pociągu można „lekko" wywieźć 2000 osób. W ciągu dnia 20 000. W ciągu 100 dni 200 000, a w rzeczywistości dużo więcej: pół miliona. Ile trzeba (dziś) wywieźć Polaków, żeby „uspokoić" Polskę? Bardzo dużo? „Wcale nie tak dużo"?! Okropne rachunki. Brzuch mnie z tego boli. „Panie, weźmij sługę twego", wzdycham — ale o innych, o wszystkich innych, jak myśleć?? Niech się ten Pan Bóg zlituje już raz wreszcie. Nad nami. Nad światem. W Oświęcimiu, Treblince, na całym archipelagu — ale też i wszędzie, gdzie ludzie giną z przemocy, głodu i wojny. Od wieków, od czasu gdy pierwszą suplikację człowiek odniósł do Boga, trwa modlitwa i trwa przemoc, głód, wojna. Z wnętrza krateru mamże wyjechać na jakieś zielone łąki, czy do paradnych hoteli — przebierać w karcie z panią Beck[4] i Aurikiem[5] — szukać jakie wino zamówić?!

ZYGMUNT MYCIELSKI

PRZYPISY
[1] Eugeniusz Kwiatkowski (1888–1974), inżynier chemik, polityk, działacz gospodarczy, autor planu i koordynator budowy Centralnego Okręgu Przemysłowego, a po II wojnie światowej pełnomocnik rządu do odbudowy Wybrzeża.
[2] Ksawery Drucki-Lubecki (1779–1846), książę, polityk, działacz gospodarczy, twórca planu industrializacji Królestwa Polskiego.
[3] Antoni Tyzenhaus (1733–1785), podskarbi nadworny litewski, starosta grodzieński przyjaciel Stanisława Augusta Poniatowskiego.
[4] Pani Beck, żona kompozytora szwajcarskiego Conrada Becka, członka jury konkursu.
[5] Georges Auric (1899–1983), kompozytor francuski, laureat Konkursu Kompozytorskiego im. księcia Monaco w Monte Carlo, potem jeden z jurorów konkursu.

podali do druku i oprac.
Barbara i Jan Stęszewscy

TOMAS VENCLOVA

O OSTATNICH TRZECH MIESIĄCACH BRODSKIEGO W ZWIĄZKU RADZIECKIM

*Od ponad czterdziestu lat prowadzę dziennik, piszę niemal codziennie.
Robiłem to w Związku Radzieckim, co było przedsięwzięciem ryzykownym; dziennik starannie ukrywałem, nikomu na szczęście nie wpadł
w oko, w 1977 roku udało mi się go wywieźć z ZSRR. Wiele zapisów
w dzienniku jest związanych z Josifem Brodskim, którego znałem od lata
1966 roku do jego śmierci. Ogłaszam tu fragment z okresu od marca
do czerwca 1972 roku: od czasu, kiedy Brodski jeszcze nie wiedział o czekającym go wyjeździe na Zachód (chociaż myślał o nim), do dnia opuszczenia Leningradu.*

*Dziennik pisałem po litewsku, chociaż liczne rozmowy zapisane zostały w tym języku, w którym się odbywały. Przekładu [na rosyjski — red.]
dokonałem sam, przy czym dążyłem do pełnej wierności. Publikuję tylko
to, co bezpośrednio wiąże się z Brodskim i jego najbliższym otoczeniem.
Opuszczone zostały także te fragmenty, na których druk jest moim zdaniem jeszcze za wcześnie. Opuszczenia zaznaczyłem wielokropkami w nawiasach kwadratowych.*

*Tekst dziennika znajduje się w: Tomas Venclova Papers, Beinecke
Rare Book and Manuscript Library, Yale University.*

16 III 1972. O trzeciej po południu znalazłem się w Leningradzie.
Poszliśmy razem z Erą [Korobową] na *Matkę Joannę* (ten film był kiedyś
zakazany przez władze miejskie, więc nikt go tu nie widział i teraz na
pokazie w domu kultury imienia Kirowa zebrała się cała miejska inteligencja). Spotkałem Josifa, Carol Anschutz, Szmakowa, Cechnowicerów.
[...]

Koło domu imienia Kirowa stanęło wesołe miasteczko — po prostu kawałeczek Ameryki. Ja: „A nuż Związek zacznie się powoli przekształcać w Stany Zjednoczone?". Josif: „Tak długo czekać się nie godzę".

18 [III 1972]. Dwie wystawy — sztuki ludowej z czasów Piotra I i ikon nowogródzkich. [...]

Wieczorem trochę oblewanie [mojego] zbioru, a trochę po prostu popijawa — Josif, Czertkow, Romas [Katilius], Carol. Wszyscy sobie żartowali, zaznajamiając Carol z rosyjską terminologią alkoholową: zapisała pół zeszytu synonimów — „*derbałyznut'*, *nabuzdyriat'sia*, *nadrat'sia*, *soobrazit'*".

Josif: „Maramzin przyniósł moje własne wiersze napisane przed aresztowaniem — *Pieśni szczęśliwej zimy*. Wcześniej nie mogłem na nie patrzeć, a teraz widzę, że są w porządku".

I dzisiaj przyszedł z wielką paką wierszy. Dwa wiersze [*Szkic* i *Odyseusz do Telemacha*] przepisuję. Pierwszy — jakby z dopiero co widzianej wystawy. Drugi z pewnością należy do dziesiątki najlepszych wierszy Josifa: przypomina Kawafisa, ale go przewyższa. Nawet ironia wobec Greków — jakby ironia Greka, Kawafisa. [...]

Można przypuszczać, że w *Telemachu* jest coś autobiograficznego. Ale w ogóle wiersze Josifa trudno interpretować. Jest jeszcze wiersz *Pewnemu tyranowi* — podejrzewałem, że to W.[ładimir] I.[ljicz], Era — że Hitler, ale J.[osif] powiedział, że tyran jest abstrakcyjny. *Pogrzeb Bobo* — o Achmatowej (?). [...]

19 [III 1972]. Jedliśmy obiad z Josifem w restauracji Leningrad. Z okna widać tam ogromną Newę i krążownik [„Aurora"]. J. był dość wesoły, deklamował limeryki i rysował, pytał o Czesława Miłosza („myślałem dotychczas, że najlepszy polski poeta — Herbert").

„A *Symfonii listopadowej* [Oskara Miłosza] ciągle jeszcze nie przetłumaczyłem, chociaż bardzo bym chciał; ale to dla mnie trudne, bo tam zupełnie nie ma myśli — tylko plastyczność".

Mówił, że byłoby dobrze, gdyby napisał traktat *Philosophy of endurance* (o tym, jak żyć w świecie totalitarnym).

W sprawie *Bobo* pomyliłem się („Bobo — to absolutne nic").

Sporo mówiliśmy o micie Telegonosa [Telegonos — syn Odyseusza i Kirke] — i chyba niepotrzebnie, bo dla Josifa to bardzo osobisty mit.

A wszystko skończyło się tym, że Josif wyjawił *top secret* [coś ściśle tajnego]: [...] [Mówiliśmy o pomyśle ożenienia się z kobietą z Zachodu]. Skutki dość oczywiste — wyjazd *more or less forever* [mniej więcej na zawsze].

Nie wiem, czy mu się to uda i czy koniec końców będzie tego chciał. [...]

NB. Jeszcze coś z tej rozmowy. „Pewien tyran" może się przydarzyć „gdziekolwiek na wschód od Greenwich". *Listy do rzymskiego przyjaciela* — w wielu miejscach po prostu przekłady Marcjalisa. „W moich wierszach nie ma ironii. Jest tylko *rage* [gniew, wściekłość]. Nienawidzę ironii — jest sposobem na zagłuszenie poczucia winy".

26 [III 1972]. [...] Wczoraj byliśmy u Miszy Milczika: w jego mieszkaniu na Wyborgskiej Stronie zebrało się dwanaście osób, w tym Josif. Słuchaliśmy wierszy — *Pamięci T. B.* i kilku nowych, które już znam. Najpoważniejszym wydała mi się tym razem *Martwa natura*. Powiedziałem to Josifowi. „Tak, to chyba najlepszy wiersz, jaki napisałem".

Sporo mówił: wszystko, co było ciekawe, zapisuję.

N.: „Co włączyłbyś do swoich dzieł wybranych?". J.: „Przede wszystkim długie wiersze. Sprzed 1963 roku prawie wszystko — bzdety. Włączyłbym *Poskaczesz...* jako przykład wiersza wczesnego, *Wielką elegię, I.[zaaka] i Abr.[ahama], Stance do Augusty, Żegnaj panno Weroniko, Śpiewanie bez muzyki, Martwą naturę".* N.: „*Pamięci T. S. Eliota?".* J.: „No tak". Ja: „*A Odyseusz do Telemacha?".* J.: „Tak. I jeszcze *Eneasza i Dydonę.* I *Romans bożonarodzeniowy".*

J.: „Wiersz to właściwie to samo co proza; są wprawdzie różnice, ale wiersz się pisze, a nie recytuje. I jednak jamb, albo inny schemat metryczny narzuca pewien krąg intonacji. A moje wiersze należałoby czytać z absolutnie białą intonacją, bez zabarwienia. Niestety ja tego nie umiem".

O swoim wierszu *Pamięci T. B.*: „Zupełnie nie ma w nim uczuć. Czyli w tak zadanej sytuacji adekwatna reakcja jest niemożliwa. Adekwatną reakcję zastępuje znak. Więc tak jak w malarstwie: w nogach figury malowano czaszkę. Później już nie czaszkę, a jakiś symbol. Malarz jeszcze rozumie, że to czaszka, ale widz już nie".

(Ten wiersz został poświęcony Tani Borowkowej — utonęła tuż obok swojej łódki, ale nie poszła na dno. Nie było jasne, czy to samobójstwo, czy zawał serca, czy może jeszcze coś innego. Zresztą fakty można zrozumieć i z samego wiersza).

Ktoś: „Właściwie ty pierwszy wyrwałeś się z rosyjskiej tradycji poetyckiej. Między nią a tradycją zachodnią — zawsze była przepaść". J.: „To nie całkiem tak. Rzeczywiście poetyka rosyjska hamuje rozwój myśli, w Rosji jest nastawienie na małe arcydzieła. Ale rosyjska poezja zaczęła się od Kantemira. On był z grubsza biorąc dialektyczny, przedstawiał różne punkty widzenia, na końcu własny. Podobne konstrukcje umieli jeszcze budować Boratyński i Cwietajewa. Rosyjska populacja poetycka jest ogromna, i coś nieco osiągnęliśmy. Ale na Zachodzie też są emocjonaliści i jest ich więcej niż potrzeba".

Znowu J.: „Tak w ogóle poeta nie powinien być obiektem obserwacji — powinien rozjeżdżać audytorium jak czołg. Ale od ludzi mniej więcej w moim wieku, którzy mają taki sam *experience* [doświadczenie], którzy żyli podobnie jak ja i myśleli na podobne tematy, nie oczekuję prostego milczenia w zachwycie. Mówię na przykład: koń ma łeb jak flaga. Mogą mi na to odpowiedzieć: durniu, przecież jest bezwietrzna pogoda. Albo: och, coś w tym jest. Ale nie powinni milczeć".

Kiedy zaczęliśmy mówić o Eliocie, J. porównał go niespodziewanie do [litewskiego poety] Liudasa Giry: „obaj chcieli władzy poza poezją — Gira poszedł służyć w policji, Eliot zaczął pisać artykuły i stworzył wyjątkowo wątpliwą teorię elity".

Potem jechaliśmy do domu tramwajem. J. chwalił mój wiersz — *Zimnym uściskiem przywitał mnie zmierzch*, który bez mojej wiedzy przetłumaczył mu dosłownie Romas. Ja: „Obrazy geometryczne w rodzaju cyrkla o zmieniającym się promieniu skradłem tobie". J.: „A ja Donne'owi".

Tramwaj do Litiejnego wlókł się długo. Zdążyliśmy porozmawiać nawet o Betaki [poeta leningradzki, który w tym czasie szykował się do emigracji]. [...] Zapamiętałem jeszcze dwa zdania: „Społeczeństwo jest coś winne poecie, ale nikt nie jest winien personalnie"; drugie zdanie dotyczy niedawnych wierszy: „W strofach o Posejdonie, — póki tam traciliśmy czas, rozciągnął przestrzeń — chodzi o czas mityczny". „Według Eliadego?". „Tak".

27 [III 1972]. [...] Czytałem *Mastierstwo Gogola* [książkę Andrieja Biełego] i znowu się dziwiłem, jak bliski jest Brodskiemu „typ genialności" Biełego; słowa niosą — i cały czas próbuje się doprecyzowywać, rozszerzać każdą aluzję. I przenikliwość czasem nie gorsza niż u Josifa.

Przepisałem *Martwą naturę* i przeraziłem się, bo to wiersz samobójczy. [...]

U Czertkowa. Był jeszcze Bobyszew. [...]

Bobyszew: „Byliśmy u Samojłowa we czterech — Josif, Rejn, Tola [Najman] i ja. Akurat w tamtej chwili rozumieliśmy się lepiej niż kiedykolwiek — potem, jak to zwykle bywa, zaczęliśmy się rozchodzić w rozmaitych kierunkach (pokazał rękoma, jak to zwykle bywa)". Samojłow przeczytał wiersz o Aliku Rywinie — „Nikt nie wspomni już poety, jakby wcale nie było go". Nabijaliśmy się z niego jednym głosem: jeśli coś b y ł o, to przecież znaczy, że j e s t. Samojłow nas nie zrozumiał — pewnie dlatego, że wyszło, że to jego, Samojłowa, nie ma".

Czertkow: „Czuję, że istnieję jak gdyby przemytem: według prawa powinienem był dawno zgnić, a proszę, żyję".

28 [III 1972]. [...] J.: „Po raz pierwszy znalazłem się w barze dla zagraniczniaków: potem spałem niecałą godzinę, a potem obudziło mnie jakichś dwóch typków, którzy przyszli z życzeniami od Audena. I nawet od Bretona. Z pewnością pedały".

29 [III 1972]. U Josifa; była też Carol. J. pokazał dopiero co napisany wiersz *Srietienije*[1]. Cztery dni temu dopiero zabierał się do pisania. Ten wiersz pachnie trochę późnym Pasternakiem, chociaż jest chyba lepszy. Jak mówił J., „to o spotkaniu Starego Testamentu z Nowym". Długa i dość poważna rozmowa. Mówiłem, jak rozumiem *Martwą naturę*: żyjemy już p o ogólnoświatowej katastrofie, możliwe, że nawet po Sądzie Ostatecznym, po tamtej stronie, znaleźliśmy się w pustce, którą trzeba wypełniać przynajmniej słowami, skoro nie jest dane nam nic lepszego. Wybór istnieje tylko między różnymi rodzajami śmierci: „śmierć jako *r e d* [czerwone]", „śmierć jako *d e a d* [martwe]" i tak dalej. Może to swego rodzaju czyściec. J. zgodził się w stu procentach: „to szczególnie dotyczy *Bobo*".

Ja: „Nie wydaje ci się, że w wierszach możesz mówić jednocześnie rzeczy wzajemnie sprzeczne?". J.: „Nie. W jednym wierszu, w tym samym czasie — nie".

Przeglądaliśmy niedawne przekłady J. z Wilbura: ironia oryginału chyba uroczystsza, u J. — bardziej powszednia (zgodził się i z tym). Spieraliśmy się o Archilocha z Paros (Afrodyta albo Neobule?) i o epitety homerowskie. Dostałem od niego w prezencie Sylvię Plath.

Zasłyszane tego wieczoru od J.:

„Czertkowa polubiłem, kiedy powiedział mi po pijaku: «Stary, stanowczo nie rozumiem, o czym ty piszesz»".

„Gdybym układał antologię prozy rosyjskiej, weszłyby tam *Córka kapitana*, *Pamiętnik wariata*, *Notatki z podziemia*, *Opowiadania sewastopolskie*, coś z Płatonowa i *Zaproszenie na egzekucję*. Zoszczenko i Bułhakow niepotrzebni. *Petersburg* Biełego — znakomita rzecz, ale nie lubię autorów jednej książki. Książki dla literatury może nawet nie tyle istotne, ile istotna sama praca".

„Melville dał literaturze amerykańskiej zbiór postaci na sto lat do przodu. Na przykład Starbuck — to Gavin Stevens (bohater Faulknera) i wielu innych".

30 [III 1972]. *Ecriture* [sposób pisania] Josifa — zdaje się, prozaiczność; utworzenie normy z peryfrazy, inwersji i przenośni. Wybór wynika z tematu, czasu, tradycji, i to wybór najlepszy. Wszystko inne — styl, który sam wybiera człowieka, i z którym spierać się niepodobna.

Boję się o J., o jego niemal katastroficzny styl życia.

Dzisiaj wracam do Wilna. [...]

31 [III 1972]. W Wilnie. [...]

Z Natalią [Trauberg] czytaliśmy *Martwą naturę*: oboje stwierdziliśmy,

---

[1] Święto prawosławne, odpowiednik katolickiego Święta Chrztu Pańskiego — przyp. Autora.

że to *Ziemia jałowa* [Eliota], tylko krótsza i lepsza. Koniec rozumiemy różnie: ona — bardziej „optymistycznie" („typowe medytacje jezuickie"), ja — jako wyraz „agnostycyzmu heroicznego" (J. raczej po mojej stronie).

4 IV [1972]. [...] Josif widuje się z astronomem Kozyriewem i jest nim oczarowany.

Coraz większa samotność, kompleksy J. Potrzeba akceptacji („ten fragment — czy nie jest świetny?"), jakby nie wierzył, że umie pisać.

NB. Chciałby napisać cykl wierszy-ikon, jak *Srietienije*, obejmujący cały żywot Chrystusa.

29 [IV 1972]. [...] [28 autor przyjechał do Moskwy].

I jeszcze — Era spotkała Rejna. Widział wczoraj Jewtuszenkę, który dopiero co wrócił z Ameryki (celnicy rozebrali go do naga i przeszukali jak Woroszylskiego). Jewt. oświadczył: „Sprawy Brodskiego w porządku — będzie mógł wyjechać".

Trzeba się cieszyć za Josifa — tu jest bliski śmierci. Ale jaka pustka pojawi się po jego wyjeździe!

W ogóle — w tym kraju niedługo nie zostanie nikt, kto tworzy „sól ziemi". I wtedy katorga stanie się całkiem beznadziejna.

1 V [1972]. Dzwoniłem do Brodskiego [z Moskwy] do Leningradu. Kiedy usłyszał moje napomknięcia, zachichotał: „Nie mam żadnych spraw, więc one nie mogą być w porządku. Siedzę i uczciwie zarabiam na miskę przekładami z rabbi Tagore'a — wyjątkowe gówno". Rejn, oczywiście, mógł przesadzić. Jewtuszenko też. A może chodzi o coś innego.

7 [V 1972]. [...] Przyszedł Rejn z żoną — znowu mówił, że Josif wyjeżdża. [...]

15 [V 1972]. [...] Przedzwoniłem do Josifa — jak mi się po tej „konspiracyjnej" rozmowie wydało, rzeczywiście wyjeżdża.

17 [V 1972]. [...] U Ludy Sergejew. Niedawno — trzy tygodnie temu — odwiedził ją Brodski [...]. [Omawiali możliwości wyjazdu i ewentualne przeszkody]. Na dodatek — nostalgia, może i niezdolność adaptacji: mało prawdopodobne, żeby powtórzył *casus* Nabokova (Nabokov jednak nauczył się angielskiego we wczesnym dzieciństwie). Inne obyczaje: u nas o wszystkim decyduje przyjaźń jak w obozie koncentracyjnym — ludzie dzielą się ostatnim papieroskiem. Na Zachodzie z pewnością tego nie ma. A jednak, gdyby on lub ktokolwiek inny zapytał o zdanie, nie pozostałoby mi nic innego, jak zacytować znane opowiadanie Jerome'a. Czyli bierz ukochaną ślicznotkę, a nie obrzydliwą staruchę i nie słuchaj niczyich rad.

19 [V 1972]. Spotkaliśmy Profferów — Karla i Ellendeę. Wreszcie wszystko się wyjaśniło.

Pierwszego maja, kiedy dzwoniłem do Josifa, jeszcze nic nie wiedział. A dziewiątego [naprawdę chyba dwunastego] maja wezwali go do OWIR-u [urząd wydający paszporty — Tłum.] i pytali: „Ma pan przecież zaproszenie z Izraela. Dlaczego pan nie składa podania?". Obawiając się prowokacji, J. z godzinę nie mówił nic konkretnego, a potem wypalił: „Myślałem, że to nie ma sensu". „Dlaczego nie ma? Niech pan wypełni formularz, do końca miesiąca damy panu czas na pakowanie".

Oczywiście J. nie pojedzie do Izraela: najpierw z Wiednia do Anglii, stamtąd do Ann Arbor, gdzie Profferowie wydają pismo poświęcone literaturze rosyjskiej (widziałem dwa numery). Zostanie „poetą uniwersyteckim".

Ellendea: „Nostalgia — to przecież taki wspaniały temat".

[...] Tak w ogóle wszystko wygląda optymalnie: Josif dostanie amerykańskie obywatelstwo, będzie mógł zaprosić rodziców, może nawet uda się samemu przyjechać. E.[llendea]: „Tak czy inaczej, spotkacie się kiedyś w Polsce".

W Leningradzie, jak mówią Profferowie — cyrk i żałoba. Wiele osób, przede wszystkim rodzice, próbuje zatrzymać Josifa, chociaż władza dała mu wyraźnie do zrozumienia, że czekają go kłopoty, jeśli zostanie. [...]

Z państwa uchodzi powietrze, jak z opony z otwartym wentylem.

Zadzwoniłem do Josifa. [Josif:] „Nastrój żaden — pustka i tyle". Weźmie ze sobą tylko maszynę do pisania.

Jadę do Leningradu.

20 [V 1972]. Dzień z Josifem.

Kilka godzin chodziliśmy po nabrzeżu Newy, między Litiejnym i Smolnym, wzdłuż ogrodzeń, po pustkowiu, patrząc to na „Bolszoj dom", to na Kresty [leningradzkie więzienie — Tłum.], które Josif nazywa „więzieniem w stylu mauretańskim". Siedzieliśmy pod mostem, paliliśmy. Mówiliśmy o sprawach, o których milczę nawet w tym dzienniku — dotyczą zbyt wielu ludzi [...]. [Chodziło o grupę przyjaciół Josifa, która mogłaby wyjechać do USA i stworzyć tam „kolonię"].

Wszystko to razem wygląda już na pożegnanie. Zostało kilka dni — pewnie J. będzie wydalony przed wizytą Nixona w Leningradzie.

Od Al.[eksandra] Iw.[anowicza] [ojca Josifa] słyszałem, że [...] J. napisał podanie do Rady Najwyższej [w sprawie naruszenia jego praw obywatelskich] i zaraz potem dostał zaproszenie do pojawienia się w OWIR-ze.

Teraz pisze list do K.[osygina] — prosi, żeby mu pozwolono zrealizować umowy, skończyć tłumaczenia Norwida i metafizyków angielskich. „Chociaż nie jestem już obywatelem radzieckim, pozostaję rosyjskim literatem". Nie ma sensu oczekiwać, że coś z tego listu wyniknie, ale pryncypialne znaczenie on ma.

„W OWIR-ze — *politesse* [uprzejmości], w związku pisarzy opinię wydali mi w pięć minut, biegali, skacząc po kilka stopni. A ja jednak myślałem, że coś dla nich znaczę". „No, wiesz, coś dla nich znaczyć — słaby powód do dumy". „Masz rację".

„Nawiasem mówiąc, napisałem piosenkę do melodii z Piaf:

Podam, podam, podam,
Podam dokumenty w OWIR,
K madam, k madam, k madam
Otprawlius' ja k Gołdzie Meir.

Nie jestem Conradem ani Nabokovem, czeka mnie los lektora, może wydawcy. Niewykluczone, że napiszę *Boską komedię* — ale po żydowsku, od prawej do lewej, czyli kończąc piekłem".

„Tak czy owak, pobyt tam to dla mnie — nowe zadanie duchowe". „Napisałeś coś po *Srietieniju*?". „Nie, następna rzecz to będzie *Symfonia z Nowego Świata*, jak u Dworzaka" (śmiech).

Zaszliśmy na trójkątne podwórze niedaleko od Litiejnego, gdzie Josif pokazał mi okno w najwęższym miejscu, wychodzące wprost na ślepą ścianę. „Tu pisałem *Izaaka i Abrahama*, to był dobry czas. Podwórze ma wspaniały kształt, w ogóle obwód podwórza — to rzecz najważniejsza".

Spotkaliśmy Uflanda (J. bardzo go lubi, szczególnie strofy „*My swietiła zamienim tiemniłami, serdcu naszemu boleje miłymi*"[1]). Dziwne, ale on jeszcze nic nie wiedział. Przeszliśmy obok afisza „Uroczystości Puszkinowskie" wywieszonego na drzwiach związku pisarzy. J.: „To już, proszę, beze mnie".

Potem długo siedzieliśmy w ciemnym pokoju Josifa. Rozmowa jak zwykle zeszła na jego ulubionych autorów — Sylwię Plath, Plutzika (*Horatio*), Dylana Thomasa („opowiadanie o Bożym Narodzeniu w Walii — jest jak poezja, próbowałem tłumaczyć je wierszem"). Saint-John Perse'a J. uważa za „zero"[2] — czytał go wprawdzie tylko po rosyjsku i po polsku. *Analecta* Pounda — „pełne dyletanctwo".

J.: „Czytałeś książkę Gorbaniewskiej?". „Tak, czytałem — na piętnaście wierszy jeden bardzo dobry". „Moim zdaniem więcej".

„Siergiejew — nie jest poetą, ale widać z jego ostatnich rzeczy, że on ż y j e, a nie zapada się w *nothingness* [nicość]. [...] N. — zły człowiek i przy tym bez talentu. Człowiek utalentowany nie może być zły". Ja: „A Błok?". „Wiesz, zawsze wydawało mi się, że jest nieudolny".

---

[1] „Gwiazdy świecące zamienimy na ciemność, milszą naszemu sercu" — przyp. Tłum.
[2] Brodski użył polskiego słowa „zero" — przyp. Tłum.

Koło czwartej przyszło parę osób — Josif rozdaje swoją bibliotekę (trafił mi się słownik slangu, dwa tomy Klujewa — to nowe odkrycie poetyckie i radość J. — i coś jeszcze). Wziąłem książki, pod warunkiem że będę je trzymać do powrotu J. W jego pokoju Ał. Iw. chce urządzić „salę pamięci". Ale J. jak zwykle, po królewsku rozdaje skarby innym. Potem z Czertkowem i Erą byliśmy w restauracyjce Wołchow, gdzie J. pił za *family reunion* [spotkanie rodzinne].

„Dwa tygodnie po wizycie N.[ixona] okaże się, co w ogóle będzie z wyjazdami".

Ja: „Nie chciałoby się zdechnąć, nie zobaczywszy świata". J.: „Tak, wszyscy mamy poczucie, że nas wy...li".

A jednak dzisiaj nastrój jest lepszy, nawet podniosły.

Wieczorem — u Romasa, który opowiadał, jak J. pisze. „To, że on od razu stuka w maszynę — to najpewniej legendy. Kiedy zaczynasz krytykować jakikolwiek jego wers, on długo go broni, a kilka dni później przynosi nową wersję wiersza. Czasami wers nawet zostaje, ale w jego okolicach pojawiają się zwykle co najmniej trzy nowe zwrotki". [...]

21 [V 1972]. Wyjazd z Romasem i J. do Uszkowa do Efima Etkinda. [...]

Spędzaliśmy czas na daczy, jedliśmy obiad, potem spacerowaliśmy i fotografowaliśmy się na wzgórzu, z którego prawie widać Finlandię. J.: „Tak oto jeszcze jeden pięknie zarżnięty dzień". Wrażenie, jakby każdy dzień był ostatnim.

Rozmawialiśmy o Łotmanie. J. jest oburzony jego ostatnią książką: „doszedł do tego, że «i niby sygnał lekki rym podzwania»[1] u Achmatowej interpretuje jako dzwoneczek maszyny do pisania, kiedy dochodzi się do końca linijki. W ogóle to wszystko przypomina magistra Ortuina Gratiusa" [bohater *Listów ciemnych mężów*]. Podejście nie z tej strony". Ja: „Myślę, że trzeba podchodzić z pięćdziesięciu różnych stron — i wtedy może coś się uda". J.: „No, może i racja". Ja.: „Uważasz, że można w ogóle odkryć mechanizm wiersza?". J.: „Oczywiście, ale tylko wtedy, kiedy badacz dorównuje poecie. Znam tylko dwa takie przypadki — Tynianow i teksty Achmatowej o Puszkinie. Eichenbaum zupełnie niczego nie rozumiał".

Okazało się, że rewizja u Łotmanów — skutek donosu [...]. Etkind: „Dobrze byłoby napisać książkę *Psychologia donosu*. Ja: *Psychologia i poetyka donosu*. J.: *Psychologia, poetyka i praktyka donosu*".

[...] Potem przeszliśmy na Chodasiewicza: Josif niezwykle lubi jego *Małpę*, szczególnie porównanie do Dariusza.

„Sponde'a już chyba nie przetłumaczę — i nie wiem, kto mógłby to za mnie zrobić. Ale angielskich metafizyków z pewnością skończę t a m".

---

[1] Tłum. Adam Pomorski.

Nie brakowało i żartów. J.: „A oto dom, który zbudował zek"[1]. Ktoś opowiedział historię jakiegoś W. G., który prosił znajomego amerykańskiego stażystę: „John, zapisz się na spotkanie z Nixonem". — „A po co mi to?" — „Zapisz się, a ja pójdę zamiast ciebie". — „Po co?" — „Pójdę i powiem: wujek Nixon, niech mnie wujek usynowi i zabierze stąd do cholery".

Ja: „Nawiasem mówiąc, Josifie, rzucą się na ciebie różni lewacy z Cohn-Benditem na czele [...]". J.: „No cóż, otworzę drzwi, powiem: «A! Cohn!» i kopnę go w krocze [...]". Romas: „I automatycznie zostaniesz przywódcą maoistów".

Oczywiście wielu z nas (i sam Josif) podejrzewa, że jego wyjazd może w ogóle nie dojść do skutku: wezmą i powiedzą mu na lotnisku: „It's a practical joke" [to tylko żart]. Ulubione teraz zdanie J.: „Przekażcie: będzie w Stanach — niech zajrzy".

Cudownie, że jest całkiem spokojny i gotowy na wszystkie możliwe warianty.

Wróciliśmy pociągiem ze znawcą Asyrii Diakonowem, też miłym człowiekiem.

Co jeszcze zanotować? Rozmawialiśmy o Grochowiaku (J. chwalił jego [wiersz] Banko, który usłyszał ode mnie) i o Ionesco (J.: „To bodaj jedyny mądry człowiek na Zachodzie, szczególnie w porównaniu z nową lewicą"). Z Dworca Fińskiego szliśmy nocą, już bez Romasa, ale z Maszą [Etkind]. J.: „A tak w ogóle, po co mi ten wyjazd? Miałem pracę, pojawiły się pieniądze, do tego — o, biała noc...". Masza: „czyli topielica"[2].

Akurat przechodziliśmy obok „Wielkiego domu" (nawiasem mówiąc, po kilkunastu krokach przyczepiła się do nas jakaś pijana para albo udająca pijaną). J.: „Oto, czym kończy się mój pojedynek z tym domem". I jeszcze jego słowa: „Najbardziej upokarzające zajęcie — szukać w życiu człowieczym jakiegoś sensu". [...]

22 [V 1972]. [...] Byłem krótko u Josifa. Udało mu się uzyskać przedłużenie [terminu wyjazdu] do dziesiątego czerwca. Widziałem jego nowe przekłady Marvella: samemu J. najbardziej podoba się Faun [„Nimfa opłakująca śmierć swojego fauna" — w tytule błąd Brodskiego, fawn oznacza jelonka], mnie — Coy Mistress [„Nieśmiałej ukochanej"]. J.: „To przecież lekki gatunek". Ja: „Mniej więcej tak lekki jak Pchła — czyli wcale nie lekki". J.: „Może i tak".

Wieczorem — Czertkowie i Rejn. O Josifie nie rozmawialiśmy, jak gdybyśmy się zmówili. Za to Czertkow był w „bardzo dobrej formie" i opowiadał mnóstwo historii łagrowych, wspominając z dużym szacunkiem Litwinów.

---

[1] Gra słów „zek" (ros. więzień) i „Jack". Trawestacja znanego wiersza dla dzieci: „A oto dom, który zbudował Jack" — przyp. Tłum.

[2] Aluzja do opowiadania Mikołaja Gogola Noc majowa albo topielica — przyp. Autora.

23 [V 1972]. Daleko od centrum znalazłem A.[gnessę Czernową] z Andriusem [synem autora dziennika] [...]. Zawiozłem go do miasta; skoro o czwartej umówiliśmy się z Josifem na wyjazd do Peterhofu, trzeba było ich ze sobą poznać. Możliwe, że to błąd — niepotrzebnie przypominam Josifowi o jego własnych problemach. I tak był w paskudnym nastroju — z powodu wymeldowania i podobnych spraw. („Kiedy masz do czynienia z KGB, czujesz jednak, że to Europa; ale urząd meldunkowy i milicjanci — to już ponad ludzkie siły". Sąd Ostateczny najwidoczniej im niepotrzebny"). A jednak bawił się z Andriusem, nosił go na barana i wspaniale wyjaśniał, co to takiego fotografia i adapter. „Przyjemnie posłuchać rosyjskiego z ust takiego człowieczka".

Do Peterhofu nie pojechaliśmy. Zostawiliśmy Josifa w spokoju i z Erą zaprowadziliśmy Andriusa pod pomnik Kryłowa, potem pływaliśmy statkiem. [...]

24 [V 1972]. Dzisiaj urodziny Josifa — ostatnie w tym kraju.

Rano, na prośbę Al. Iw., przenieśliśmy z Erą i Lorą Stiepanową jego bibliotekę. Nie będzie już pokoju, w którym tyle się działo. Rzecz w tym, że inaczej bibliotekę mogliby rodzicom po prostu odebrać. Wszystko działo się zgodnie z życzeniem samego Josifa — ale kiedy przyszedł i zobaczył gołe ściany, góry książek, chaos, stracił opanowanie.

Już drugi dzień poczucie nieodwracalnego, idiotycznego błędu.

Mnóstwo kurzu, jak w *Martwej naturze.*

Josif szybko wyszedł. Godzinę później zadzwonił i zaprosił mnie na obiad. „Dostałem ostatnie honorarium — sto siedemdziesiąt rubli za przekład dla kina — więc zapraszam".

Jedliśmy we dwóch — i niemało wypili — w restauracji Universal. Rozmowy zupełnie prywatne, zapisywanie ich nie ma sensu. [...]

„Tak oto zacząłem swoje urodziny".

Potem Josif zaszedł do nas z Erą. Spał tylko kilka godzin — wczoraj w nocy miał jakieś przygody, a w domu nie mógł odpocząć z powodu głupiego remontu. Spał do czasu, kiedy około dziesiątej zaczęli dzwonić goście, którzy siedzieli u niego już od kilku godzin.

W autobusie. Era: „Co będziemy robić jutro?". J.: „No, teraz program minimum to dożyć następnego dnia". Po krótkim milczeniu: „Strasznie robi się na myśl, ilu kapusiów kręci się koło domu, nie mówiąc już o tych, którzy są w środku".

W środku było około trzydziestu osób, wśród nich Jeriomin, Ochapkin, Bitow (widziałem go po raz pierwszy [...]), oczywiście także Romas, Czertkow, Rejn, Masza Etkind. Dosiadłem się do towarzystwa trochę dalej od Josifa. On, nawiasem mówiąc, od razu siadł przed telewizorem i zaczął oglądać jakiś mecz. A po hałasach i toastach, koło drugiej w nocy, kilkoro z nas wyszło na spacer po Leningradzie — Masza, Romas, Era, Josif i ja.

Dopiero dzisiaj usłyszałem o wydarzeniach kowieńskich (Romas — kilka dni temu). [14 maja w Kownie uczeń Kalanta dokonał samospalenia. Po śmierci władze uznały go za psychicznie chorego. Jego pogrzeb przerodził się w demonstrację i rozruchy]. Chociaż wiadomości są ogólnikowe, wydaje się, że sprawa jest poważna. Zresztą przecież nie ma nic poważniejszego od śmierci.

Romas: „Staliśmy się drugim narodem [wybranym] tego kraju. Po Żydach".

J.: „Sekcja oczywiście pokazała, że jest psychicznie chory".

Prawda, to już pokolenie, z którym nie mamy kontaktu.

O wyjeździe Josifa. J.[asza] W.[inkowiecki]: „Jednak trafili nas w najczulsze miejsce". Ktoś rzucił smutnawo, półżartem: „Puszkina wzywają do III Oddziału[1] i mówią, że przyszło do niego zaproszenie z Etiopii".

Mówiliśmy trochę o Klujewie. J.: „Jest bardzo podobny do późnego Mandelsztama".

J.: „Rejn ma nie *ostroty*, a *monstroty*[2]. Jeszcze jedno ciekawe słowo: *monstranstwo*[3]. „*Aida* została napisana na otwarcie Kanału Sueskiego, na zamknięcie trzeba by napisać *Hades*"[4].

25 [V 1972]. Era przejrzała całe swoje archiwum prac Josifa i zrobiła konkordancje. [...]

Wieczorem rozmawiałem z J. przez telefon — był na koncercie Wołkońskiego. „Koncert całkiem niezły, ale wyszedłem po pierwszej części, bo w drugiej był Beethoven".

„Tom, w swoim czasie posłuchałem się ciebie i trochę podleczyłem. Teraz twoja kolej". Z moim zdrowiem rzeczywiście dzieje się coś dziwnego — może to serce nawala.

Nawiasem mówiąc, J. sporo mówił o dwóch osobach, które lubi — Mice Gołyszewie i Semienience („poetą jest średnim, ale człowiekiem najmilszym"). [...]

26 [V 1972]. Josif przyszedł już bez dowodu — z wizą wyjazdową. „Kiedy mi ją wydali, powiedziałem «dziękuję». Oni na to — «nie ma za co». «Rzeczywiście nie ma za co» — odpowiedziałem".

Obiad jedliśmy u nas — we troje z Erą.

Wyjaśnił się wiersz *Pocztówka z miasta K.* [Królewca]. Josif wyznaczył mi kiedyś zadanie — zrozumieć, co w tym wierszu oznaczają „proroctwa rzeki". „Fale na wodzie rozbijają odbicie domu, który niebawem

---

[1] III Oddział Kancelarii Własnej Jego Cesarskiej Wysokości stworzonej przez Mikołaja I odpowiadał za bezpieczeństwo państwa — przyp. Tłum.

[2] Gra słów *ostroty* (dowcipy) i *monstr* (monstrum), kpina z monstrualnych dowcipów Rejna — przyp. Tłum.

[3] Słowo wymyślone: od *prostranstwo* (przestrzeń) — przyp. Tłum.

[4] Gra słów: Hades ros. *Aid* [niewykluczone, że chodzi także o Żyda] — przyp. Autora.

zostanie zburzony". Ja: „A ja myślałem, że woda przypomina o prawie Archimedesa — w wierszu zostało przeformułowane". J.: „Niewątpliwie, można i tak".

J.: „*Pogorzelisko* Klujewa — wspaniały poemat, chociaż nie wiadomo dlaczego". „Ostatnio zaczął mi się podobać Shelley, jest jak Lermontow". Ja.: „A Lermontow jest aż taki dobry?". „Przeczytaj *Walerik*, to się przekonasz. To jest ogień. Gdybym mógł, wydałbym kieszonkowe wydanie Lermontowa — weszłoby tam ze sto wierszy, *Laik klasztorny, Demon*; byłoby cudownie. W ogóle w ostatnim czasie ciągnie mnie w stronę romantyzmu. Nawiasem mówiąc, Niekrasow to też wspaniały poeta".

W spisie Ery J. znalazł „*Uwy, nie monument*" i jeszcze jeden wiersz; zapomniał o nich (chyba nigdzie indziej się nie zachowały) i bardzo się ucieszył, kiedy je zobaczył.

27 [V 1972]. Wilno. [...]

2 VI [1972]. Przyleciałem do Leningradu.

Widziałem Josifa, byli u niego Kuszner i Maramzin. Obiad znowu jedliśmy w Wołchowie. Josif w bardzo złym stanie — na granicy załamania nerwowego.

Dopiero co wrócił z Moskwy, gdzie biegał po ambasadach i urzędach. W ambasadzie Holandii wymienił sto rubli na sto osiem dolarów. „Schody przypominały tylne wejście każdego moskiewskiego domu; potem korytarz, jak w mieszkaniu komunalnym i okienko. Ktoś, komu wymienili mniej, niż chciał, rozbił szybę, dlatego okienko zakrywa kawałek dykty. Po drugiej stronie siedzi rosyjska dama i od czasu do czasu podnosi ten kawałek dykty. Obok rozmowy rodaków. Chciało się wyjść i wyrzygać od tego wszystkiego". [...]

Mówiliśmy o Kownie.

Kilka dowcipów J., które zapisuję: „*Habeas coitus act*" [w nazwie prawa „*Habeas corpus act*" słowo „*corpus*" (ciało) zamienione zostało na „*coitus*" (spółkowanie)]. „*Domus mea domus tolerantiae est*" [„Dom mój domem publicznym jest"][1].

Не пугайся с немцем встречи —
Вот урок немецкой речи.

Восклицая „гутен таг",
коммунист поджег рейхстаг.

Птичка выпала из брюк —
Мальчик, спрячь ее цурюк.

---

[1] Gra słów łac. *toleriantiae*, ros. *tierpimost'*. *Domami tierpimosti* nazywano domy publiczne — przyp. Tłum.

„Господа" звучит „геноссен",
А компартия — „гешлоссен".

Повара не прячут тайн:
Немец — перец, русский — швайн.

Razem dziesięć takich dwuwierszy: nie wszystkie J. sobie przypomniał, niejasna jest ich kolejność, ostatni brzmi tak:

Череп катится по плахе,
восклицая „дойче шпрахе".

Wspólnymi siłami zebraliśmy (przede wszystkim M.[aramzin]) prawie wszystkie utwory J.: wyszło około pięćdziesięciu tysięcy wersów. Były i kurioza — J. przyznał się do wiersza *Ten przepiękny świat, ta rozkoszna uczta*, którego autorem jest w rzeczywistości Najman. Kiedy tyle się napisze, nietrudno o pomyłkę, tym bardziej że stylistyka jest tam dość brodskiańska.

J.: „Listę Don Juana też ułożyłem: mniej więcej osiemdziesiąt dam".

Rozmowa z matką J. Marią Mojsiejewną. Historie, które opowiada: J. nauczył się czytać, mając cztery lata, kiedy chcieli go sprawdzić, przyniósł książkę *Tako rzecze Zaratustra* i zaczął z niej czytać. Męczył ją wiecznie, wypytywał o gwiazdy, o to, jak się nazywają. Pewnego razu, jako pięciolatek, pływając z nią łódką po Wołdze, zapytał: „Przecież odpłynęliśmy już daleko, to kiedy zatoniemy?".

3 [VI 1972]. Ostatni dzień z Josifem.

Fotograf Liowa Poliakow zaprowadził nas do cerkwi na ulicy Pestla. Bywało, że w czasie wojny J. z matką leżeli w podziemiach tej cerkwi, kiedy Leningrad był ostrzeliwany. Widać ją z balkonu Brodskich, kiedy chodziłem do Josifa, zawsze sprawdzałem czas na zegarze z jej wieży.

Liowa też wyjeżdża i — jak mówi Josif — „zachowuje się tak, jakby już stamtąd przyjechał". Ma parę ulubionych powiedzonek: „Tak tu, jak i tam zabić mnie może tylko jedno — śmierć". „Człowiek radziecki z bombą — zły człowiek radziecki; człowiek radziecki bez bomby — dobry człowiek radziecki".

Dzisiaj miał nadzieję zawieźć J. do Komarowa — ale J. już tam był przed trzema dniami. Więc skończyło się na fotografowaniu przed cerkwią.

Potem zostaliśmy sami. Przez podwórza, żeby pozbyć się ewentualnego „ogona", poszliśmy nad Newę. Spiesząc się, wskoczyliśmy na stateczek odpływający z przystani koło Letniego Sadu i koło Miedzianego Jeźdźca znowu znaleźliśmy się na lądzie. [...]

„Tam nie będę mitem. Będę po prostu pisać wiersze, i to na dobre wychodzi. Chociaż chciałbym dostać posadę — niechby i bezpłatną — kon-

114

sultanta poetyckiego przy Bibliotece Kongresu, żeby dokuczyć tutejszej bandzie".

„Nadieżda Jakowlewna [Mandelsztam] powiedziała mi: «Cóż, Cwietajewa najlepsze rzeczy napisała na emigracji». Lubię Nadieżdę — nie za jej zasługi czy mądrość, ale za to, że jest człowiekiem naszego z tobą pokolenia".

W odpowiedzi na niektóre moje żale: „Człowiek powinien czasem czuć do siebie nienawiść i pogardę — tak dochodzimy do człowieczeństwa. Zresztą tak je też tracimy. Ale zawsze trzeba pamiętać, że etap, na którym [...] się już znaleźliśmy, jest absolutnie niedostępny dla większości". Ja: „To jak słowa Teokryta u Kawafisa". J.: „Oczywiście".

„Okazało się, że napisałem pięćdziesiąt tysięcy wersów. Dobrych — myślę, że od dwóch do czterech tysięcy. W ubiegłym roku nie mogłem wydusić z siebie więcej niż trzech czy czterech wierszy".

[...]

Płynęliśmy wzdłuż najpiękniejszego leningradzkiego nabrzeża. „Tego nigdzie nie zobaczę. W Europie miasta są racjonalne; a to zbudowano na rzece, przez którą właściwie nie da się nawet przerzucić mostu". Ja.: „A jednak jest jeszcze podobne nadbrzeże". J.: „We Florencji. Zgadłem?". Rzeczywiście zgadł, co miałem na myśli.

Ni stąd, ni zowąd zeszło nam na Antonioniego. J.: *„Zabriskie Point* to straszna taniocha: Ściągnął scenę z Botticellego i myśli zaraz, że sam jest Botticellim. A tu jeszcze te wybuchy". Ale *Powiększenie* mu pasuje.

„Umiesz prowadzić samochód? Pytam, bo mamy podobną konstrukcję psychiczną — roztargnienie i tak dalej". Ja.: „Jesteś roztargniony, kiedy piszesz?". J.: „No nie". Ja.: „No właśnie, samochód to mniej więcej to samo. Może to szokująca analogia?". J.: „Nie, nie jest szokująca".

W końcu doszliśmy do urzędu pocztowego na Newskim; J. zamówił rozmowę z Wiedniem [...]. I obaj poczuliśmy, że już czas.

Dałem mu butelkę malunininkasa [mocnego litewskiego alkoholu], żeby wypili ją z Audenem. [...]

A potem pokazaliśmy sobie znak „V" [zwycięstwa], dwa palce, i to było wszystko.

4 [VI 1972]. Ustaliliśmy, że nie będę go odprowadzać — „żeby uniknąć niepotrzebnych wzruszających sytuacji". Na lotnisko pojechała tylko Era.

Teraz, kiedy piszę te słowa, leci.

W i e c z o r e m. Era wróciła koło południa. Poszliśmy z nią do rodziców Josifa.

Odprowadzało go w sumie siedemnaście osób. Czertkowie, Ochapkin, Jasza Gordin, Romas, Poliakow, Maramzin... Rodziców i Mariny nie było.

Celnicy nie puścili rękopisów Josifa — „fizycznie nie zdążymy ich przejrzeć", powiadają. Romas przywiózł je do domu na Litiejnym. Tam na krótko zebrali się wszyscy odprowadzający.

J. żartował i trzymał się dobrze, ale po kontroli celnej, kiedy wyszedł na pięć minut, żeby się pożegnać, był całkiem biały. Pokazał „V" — tylko Era go zrozumiała i odpowiedziała.

O piątej poszliśmy we dwoje na polski film *Epidemia*. Kiedy się kończył, J. lądował w Wiedniu; leci przez Budapeszt i tam na lotnisku czeka cztery godziny. Po powrocie zadzwoniliśmy do jego rodziców: tak, dał już znać, że jest na miejscu.

A może to wszystko nie jest jeszcze odcięte na wieki. Kto wie, gdzie będzie ten kraj i my sami za kilka lat. Istnieje „prawo natury", które zbliża kraje i kontynenty, i możliwe, że władza radziecka nie poradzi sobie z nim.

TOMAS VENCLOVA
tłum. Anna Mirkes-Radziwon, Marek Radziwon

ANDRZEJ WAJDA / PIOTR KŁOCZOWSKI

ROZMOWA O CZAPSKIM*

ANDRZEJ WAJDA: Pan jako kurator tej wystawy i autor *Rozmów z Józefem Czapskim*[1] musi być szczęśliwy równie, jak ja, który szczyciłem się przyjaźnią Józefa Czapskiego, że ta wielka *Żółta chmura* — plakat wystawy — wisi na Zachęcie w Warszawie i pokazuje twórczość malarską Józefa Czapskiego. To jego zwycięstwo artystyczne. No, ale powiedzmy sobie szczerze: Czy to jest cały Czapski?

PIOTR KŁOCZOWSKI: Nie, to nie jest cały Czapski. Cały Czapski to jest też jego biografia, wyzwania, przed którymi stawał, którym potrafił fantastycznie sprostać. Jedną z wielu rzeczy, którym sprostał, jest samotność i własna wizja artysty. Ale również potrafił sprostać historii w jej najbardziej trudnych, bolesnych momentach. Akurat tak się złożyło w jego życiu, że był uczestnikiem, świadkiem takich momentów w historii, które określiły historię Polski drugiej połowy XX wieku, więc to jest niezwykłe.

A. W.: Jak to jest? Albo malarz oddaje w swoim malarstwie historię swojego kraju, albo obok spełnienia się w czystym malarstwie musi uprawiać też pisarstwo, gdzie wypełnia swoje obowiązki wobec społeczeństwa.

P. K.: I Czapski był pisarzem. Jego dwa wielkie świadectwa o przełomowych momentach w historii Polski: *Na nieludzkiej ziemi* i *Wspomnienia starobielskie* są wielkimi świadectwami historyka, świadka i pisarza. Trzeba przyznać, że on potrafił fantastycznie oddzielić te dwie powinności: powinność świadka, kronikarza, człowieka, który musi zaświadczyć

---

* Rozmowa nagrana na wystawie obrazów Józefa Czapskiego „Wokół kolekcji Aeschlimanna" w Galerii Narodowej Zachęta, marzec 2007, pochodzi z filmu *Żółta chmura*. *O Józefie Czapskim rozmawiają: Andrzej Wajda i Piotr Kłoczowski*. Komentarz Andrzeja Wajdy do wystawy obrazów Czapskiego patrz „ZL" 2007 nr 3 (99). Galeria obrazów Czapskiego: www.zeszytyliterackie.pl

[1] *Józef Czapski. Świat w moich oczach*. Rozmowy przeprowadził Piotr Kłoczowski. Ząbki–Paryż, Apostolicum–Editions du Dialogue, 2001.

o tym, co się stało, od powinności związanych z procesem twórczym. Jego dzienniki, jego eseje o malarstwie są wyrazem wspaniałej pracy pisarza, sprostania innemu wymiarowi rzeczywistości. Najczęściej mieszamy te dwie role, gubimy ich swoistość.

A. W.: A równocześnie jest coś pięknego w tym, że jego wystawa malarska jest w Zachęcie, w miejscu, gdzie pod hasłem *Artibus* wisiał Matejki *Grunwald*; to było siedlisko sztuki patriotycznej w latach dwudziestych i trzydziestych, kiedy Czapski organizował z przyjaciółmi swój wyjazd do Paryża.

P. K.: To było wtedy nie do pomyślenia. Dzisiaj Czapski by się z tego śmiał fantastycznie. Byłby szczęśliwy.

A. W.: A może patrzy na nas. Musimy o tym porozmawiać.

Panie Piotrze drogi, niech Pan powie, jak to jest: przecież Józef Czapski, wybierając się do Paryża, chciał, żeby malarstwo polskie nareszcie uwolniło się od tych Matejkowskich Grunwaldów, żeby szło naprzeciw światła, myślenia o malowaniu, a nie o temacie, który się maluje. Jedzie do Paryża. Pankiewicz jest jego mentorem, nauczycielem. Ma nadzwyczajną świadomość tego, czym jest malarstwo. A potem całe jego życie toczy się inaczej — jest wojna, podział Europy. I zaczyna na emigracji, w Paryżu znowu malować, właściwie jako pięćdziesięcioletni mężczyzna, jakby zaczynając wszystko od nowa. Przecież ten obraz, tu na wystawie pierwszy, *Lustra* z trzydziestego siódmego roku i jego pierwsze obrazy powojenne — w którym roku powstały? Kiedy zaczął znowu malować?

P. K.: Pierwszą wystawę miał w grudniu pięćdziesiątego pierwszego roku, czyli prawie dziesięć lat w ogóle nie wystawiał. Nie malował od trzydziestego dziewiątego roku.

A. W.: Niech Pan powie łaskawie, co to było te dziesięć lat?

P. K.: No właśnie, co to było te dziesięć lat? *Autoportret w lustrach* jest dobrym punktem wyjścia wystawy. Jest rok trzydziesty siódmy. To piękny obraz; Czapski, odbijający się w lustrach, schodzący ze schodów Hotelu Europejskiego, zobaczony we wspaniałym skrócie. To jest moment, kiedy on wydaje książkę o Pankiewiczu, bardzo nowatorską, bo zbudowaną z rozmów z Pankiewiczem, prowadzonych w Luwrze, przed obrazami — wtedy w ogóle nikt tego tak nie robił. Dopiero w latach osiemdziesiątych zaczął się upowszechniać ten gatunek — rozmowy, więc to jest rewelacyjne.

A. W.: Gdy pierwszy raz byłem w Paryżu i wszedłem do Luwru, wiedziałem, gdzie co jest, bo szedłem śladem rozmowy Czapskiego z Pankiewiczem.

P. K.: Rozmawiając z Pankiewiczem w Luwrze, Czapski nie ma jeszcze czterdziestu lat, czyli na dzisiejsze oceny wieku jest młodym człowiekiem; gdy ma czterdzieści kilka lat, wybucha wojna; wrzesień trzydziesty dziewiąty rok, zostaje powołany — i tu jest ten moment kluczowy, bo jest powołany do wojska młody malarz, który wydał niedawno wspaniałą książkę, jest w świetnym momencie twórczości, mieszka w Józefowie z Ludwikiem Heringiem, który potem — po wojnie — okaże się ważną postacią w Teatrze na Tarczyńskiej, mentorem młodego Białoszewskiego. To nawet zabawne, bo jak Białoszewski, po pięćdziesiątym szóstym roku, jechał pierwszy raz po wojnie do Paryża, dostał od Ludwika Heringa list polecający do Czapskiego. Tak że tu się też spotykają różne ważne postaci dla polskiej kultury powojennej.

Ale wróćmy do tego momentu XX wieku kluczowego dla całej Europy i Polski: do paktu Ribbentrop–Mołotow. Czapski nagle, przez przypadek i przez los jest w środku wydarzeń: jest internowany przez Rosjan jesienią trzydziestego dziewiątego roku, dostaje się do obozu w Kozielsku, później w Ostaszkowie. Wiosną czterdziestego roku, czyli po przebyciu zimy w obozie dla internowanych oficerów polskich w Starobielsku, wywożą wszystkich z obozu; zostaje tylko siedemdziesiąt parę osób. Nie wiedzą, dlaczego zostali i zazdroszczą tamtym, którzy wyjechali, mają ich za szczęśliwców, którzy zapewne zostali uwolnieni... Dopiero latem czterdziestego pierwszego roku, już po wybuchu wojny, kiedy Niemcy zaatakowały Rosję, Czapski jest zwolniony z tego obozu i spotyka się z Andersem, którego znał jeszcze z dwudziestego roku. Anders mówi mu tak: „Słuchaj, organizujemy armię, zbieramy wszystkich ludzi z obozów, no, ale około dwudziestu tysięcy brakuje. W takim razie mianuję cię — będziesz szefem takiego biura, które zacznie spisywać wszystkich brakujących".

A. W.: Ten okres prześledziłem, dlatego że zrobiłem w Paryżu film — nagrałem taką długą rozmowę z Józefem Czapskim, który opowiedział całą tę historię. Akurat nie ma tego w moim filmie o Katyniu, ale jakby dobrze rozumiem to kłamstwo katyńskie, którego my tu byliśmy świadkami w Generalnej Guberni głównie potem, po czterdziestym piątym roku. Czapski szedł tymi drogami w ZSRR, idąc od jednego zarządu obozu do drugiego, okłamywany nieustannie i w końcu zameldował generałowi Andersowi, że on nie może znaleźć tych oficerów. Pamiętam, że jak Józef Czapski to do mnie powiedział, to zdrętwiałem. Mówił: „Ja byłem tak pewien, że oni żyją, że w ogóle do głowy mi nie przyszło... Myślałem, że ja nie mogę ich znaleźć, bo nie umiem szukać. A generał na mnie spojrzał i powiedział: «Ja wiedziałem, że oni nie żyją». Ja się oburzyłem; jak to jest możliwe, jak to — nie żyją, dlaczego nie żyją? My tylko nie możemy ich znaleźć".

P. K.: W tym momencie Czapski, świadczy to wspaniale o nim jako o człowieku, jest kronikarzem. Jego pierwsze opisy, potem to będą *Wspomnienia starobielskie*, są niezwykle dokładnym notowaniem faktów, które zaszły. To rodzaj kroniki. On jest takim Tukidydesem tragicznego momentu w historii Polski przez niezwykle skrupulatne utrwalanie zdarzeń. Wydawało się, że to artysta malarz, a nagle on się okazuje niespodziewanie odpowiedzialnym człowiekiem, który wie, że pomyłka co do dnia zwolnienia czy rejestru jest po prostu kwestią życia lub śmierci. I robi to fantastycznie — robi te wszystkie notatki, które potem mu się uda wywieźć z Rosji i już w Iranie, czyli na Bliskim Wschodzie, kiedy po wyjściu z Rosji jest tam formowana armia, on siedzi w szpitalu i zaczyna pisać, bo wie, że to, co trzeba zrobić od razu, to spisać świadectwo. To jest fantastyczne.

A. W.: Niech Pan, Piotrze, spojrzy, jak to jest: nie można być w Polsce artystą, który się zajmuje malowaniem żółtej chmury. Żółtą chmurę to malują tam, gdzie jest wolność, tam, gdzie żyją szczęśliwi ludzie, którzy patrzą na chmury. U nas taki, co patrzy na chmury, to głupi, co on tam może zobaczyć? Ma czas, leni się. Ale prawdziwi artyści z lenistwa malują najpiękniejsze rzeczy. Polski artysta nie ma tak dobrze.

P. K.: Mnie się wydaje, że on wiedział, że jest czas świadectwa, na pewno, wtedy w Rosji...

A. W.: I może najważniejsze: on nie uważał, że ponieważ jest malarzem i nie może malować, bo się w tak okropnych warunkach znajduje, to znaczy, że zwalnia się od wszystkiego innego. To było piękne. Ale widzi Pan, dlatego ta zbrodnia katyńska była zrobiona na inteligencji, to o nią chodziło głównie; chodziło o to, żeby zlikwidować tę ogromną grupę, która stanowiła o jakimś poziomie myślenia tego kraju, tak intelektualnie wyniszczonego.

P. K.: Ja myślę, że to zobowiązanie Czapskiego obejmowało głównie ludzi; to znaczy, on wiedział, że cudem ocalał, miał świadomość, że ocalał i że musi zrobić skrupulatne świadectwo, dokładnie licząc każdą osobę, bo to jest powinnością wobec tych ludzi, z którymi był w obozie. Rzeczywiście, już wtedy prowadził dzienniki — w Rosji, internowany w obozie, trochę rysował; takie małe rysunki jak znaczki pocztowe... Portrety współwięźniów.

A. W.: Jest jego autoportret...

P. K.: Najważniejsza rzecz to było świadectwo. I potem jeździ po zarządach gułagów, rozmawia z Mirkułowem i rozmawia z generałem Reichmannem, który był prawą ręką Berii, czyli dotarł najwyżej jak można. I chyba Reichmann mu w oczy mówi — jest takie niedopowiedzenie w *Na nieludzkiej ziemi*: — *My zdziełali z nimi bolszej oszybku*, czyli: Myśmy zrobili wielki błąd. I to jest wszystko, czego się dowiedział i co odnotowuje Czapski.

A. W.: A jak chciał się dowiedzieć, gdzie współwięźniowie pojechali, to słyszał w odpowiedzi: „Lepiej, żeby pan tego nie wiedział".

P. K.: To było opowiedziane zupełnie prywatnie. On przecież opisuje całą tę drogę. Jest też taki epizod wspaniały w Taszkiencie w czterdziestym drugim roku, tuż przed wyjściem armii z Rosji. Czapski spotyka się z Anną Achmatową i Lidią Czukowską, które są wtedy wysłane z oblężonego Leningradu na południe, i opisując to na Bliskim Wschodzie, i potem wydając w książce-świadectwie *Na nieludzkiej ziemi*, nie może wzmiankować ani Achmatowej, ani Czukowskiej. Posługuje się inicjałami, dlatego że nie chce im zaszkodzić, bo one zostały w Rosji. Spotkaniu z Czapskim Achmatowa poświęci później piękny wiersz.

A. W.: Ale niech Pan patrzy z kolei, jak Zachód przyjął to świadectwo... W którym roku była napisana *Na nieludzkiej ziemi*?

P. K.: Wydał pierwszy raz po polsku w czterdziestym dziewiątym roku u Giedroycia w Instytucie Literackim. Tłumaczenie było zrobione od razu, ale książka nie została rozprowadzona, to dzisiaj wiadomo. To znaczy, wydawca wydał, ale bez dystrybucji i przy wielkim ataku wtedy szalenie prosowieckiej inteligencji zachodniej, francuskiej głównie, francuskich komunistów szczególnie.

A. W.: Praktycznie rzecz biorąc, dopiero w siedemdziesiątych latach pojawiła się ta książka, która była fundamentalna.

P. K.: Trzeba przypomnieć, że są dwa wielkie świadectwa ludzi, którzy byli świadkami. Dwóch Polaków, to znaczy Józef Czapski, który wydaje w czterdziestym dziewiątym roku to świadectwo, i w tym samym czasie w Londynie pracuje nad swoim *Innym światem* Gustaw Herling-Grudziński, wydaje to w pięćdziesiątym trzecim roku. Ale trzeba było dopiero Rosjanina — Sołżenicyna w siedemdziesiątym czwartym roku — żeby Zachód w ogóle pojął, że taka była rzeczywistość Rosji. Zresztą Sołżenicyn znał relację Czapskiego i w siedemdziesiątym czwartym roku, jak był wydalony z Rosji i miał pierwszą konferencję prasową w Zurychu, zaprosił na nią tylko dwóch Polaków: Giedroycia i Czapskiego, którzy przylecieli do Zurychu, i oddał on im hołd, bo ten wielki Rosjanin, któremu zawdzięczamy wielkie świadectwo o gułagach i o tej stronie Rosji bolszewickiej, miał świadomość, że to świadectwo Polaków było niezwykłe, ale trzeba było czekać dziesiątki lat, żeby docenił je Zachód. I dzisiaj zresztą jest to nadal niewygodna prawda o Rosji. Czapski, będąc wielkim świadkiem Katynia — który był jednak rezultatem paktu Ribbentrop–Mołotow, czyli jednego z najbardziej złowrogich paktów w XX wieku, początkującego podział Europy i całej sytuacji, w jakiej żyliśmy przez pół wieku — był też, można powiedzieć, świadkiem jakiejś rzeczy, która określiła rzeczywistość polityczną Europy w drugiej połowie XX wieku. Jeżeli można mówić, że człowiek sprostał takiemu wyzwaniu, to on sprostał.

A. W.: Ale niech Pan patrzy, że nie tylko sprostał wyzwaniu. W momencie, kiedy znalazł się w wolnym kraju — we Francji, która ukształtowała to malarstwo, które kochał najbardziej — nagle porzucił obozy, porzucił Katynie, porzucił wszystko i wrócił do malowania. Jaki to trzeba mieć charakter, żeby po tylu latach... Jest prawdą to, co mówią o malarzach, że jeśli ukształtowali swój temat i swoją technikę, nawet jeżeli przerwą uprawianie malarstwa, na starość mogą do niego wrócić. Ten obraz, przedstawiający Czapskiego na schodach w Hotelu Europejskim, odbity w lustrach, i dalsze jego malarstwo... On po tej przerwie w malowaniu był znowu tym fantastycznym chłopcem, o którym ja się uczyłem u Hanny Rudzkiej-Cybisowej, jego najbliższej przyjaciółki. Ona opowiadała, że on w tej grupie kapistów, którzy wyjechali razem do Paryża, odgrywał rolę kogoś młodego, takiej energii. I po pięćdziesiątym roku życia, po tym wszystkim, cośmy o nim opowiedzieli, nagle żółta chmura wypływa, że tak powiem, znowu jako temat, którym on żyje, a tamta ciemna przeszłość wszystka oddala się, ginie. Może dlatego, że została zapisana, że ten dług wobec przeszłości został spłacony tym, co Czapski napisał. Może to mu pozwoliło jeszcze raz zacząć życie od nowa.

P. K.: Na pewno nie było w nim nic z kombatanctwa. On rzeczywiście potrafił się rozstać z przeszłością, wiedział, że jego świadectwo jest wielkie. Zresztą, w jakiś sposób uczestniczył w tym; bo jednak tkwił w środowisku intelektualnym stworzonym przez Giedroycia i będącym niezwykle ważnym miejscem na mapie Europy podzielonej oraz w życiu umysłowym elity opozycji Polski niesuwerennej. On miał poczucie przynależności do małej grupy tworzącej na emigracji rodzaj Rzeczypospolitej Jagiellońskiej na wygnaniu; miał poczucie misji obywatelskiej, historycznej, miejsca ważnego. Natomiast pasjonowało go oko, malarstwo. To był naprawdę malarz i wiedział, że teraz historia daje mu przez moment oddech. Wrócił do pejzażu, do martwej natury, do całej tej kultury malarskiej, która była mu bliska. To malarstwo zajaśniało z całą mocą na wystawie w Zachęcie. Ale ten jego powrót do malarstwa dokonuje się w Paryżu lat pięćdziesiątych, w Maisons-Laffitte pod Paryżem, czasami na wakacjach w różnych miejscach Francji. Tam ćwiczy oko i maluje w momencie, kiedy destyluje się jego rozumienie malarstwa, którego patronem był Bonnard, wcześniej Cézanne, ich widzenie natury, transponowanie tej natury na kolor...

Pierwszą wystawę ma w Genewie w pięćdziesiątym pierwszym roku, zimą. W latach pięćdziesiątych–sześćdziesiątych dobija się z powrotem do tego malarstwa, które uzyska swój wspaniały, suwerenny wyraz dopiero w latach siedemdziesiątych–osiemdziesiątych. Pan widział go pierwszy raz po wojnie i w ogóle pierwszy raz w pięćdziesiątym siódmym roku.

A. W.: Tak, widziałem go na wystawie malarstwa i muszę Panu powiedzieć, że nigdy tego nie zapomnę. On wiedział, kim ja jestem, bo zrobiłem już wtedy i *Kanał*, i *Popiół i diament*, ale nie to było ważne. Ważne było to, że on... Nie pamiętam, co to była za wystawa, ale dobrze pamiętam, jak Czapski podchodził do tych obrazów, jak on oglądał je. Bo potem byłem z nim na wystawie Bacona. To było fantastyczne. Przecież Bacon i Czapski to są dwa różne światy. I jak on oglądał te obrazy... Jak on o Kieferze mówił... U Kiefera to wszystko jest takie szare, ołowiane, co to może kolorystę obchodzić... Czapski miał takie wielkie serce do każdej prawdziwej sztuki. Jak on potrafił docenić tych malarzy, jak potrafił patrzeć z całym takim zapamiętaniem, tak jak gdyby sam przenosił się na płótno, wcielał w nie, jakby chciał zrozumieć, jakby chciał się dowiedzieć, co ten malarz, co ten drugi ma jemu i tylko jemu do powiedzenia! To było najwspanialsze. I myślę, że coś dziecinnego, co w nim zostało, w takim starym człowieku, to było takie ujmujące; myśleliśmy, że bolesna jest starość, ale równocześnie widząc Czapskiego, że jeżeli ona jest taka... jakby powrót do dzieciństwa, ale w sensie takiej nieudolności... Nie, odwrotnie — on miał duszę dziecka, a ciało starego człowieka.

P. K.: No i stale to oko, oko malarza, to znaczy kogoś, kto naprawdę zachwyci się widokiem świata, fragmentu świata.

A. W.: I ta żółta chmura... Myślę, że to jest to, co pozostanie po nim niezależnie od tych bardzo smutnych i bardzo przejmujących relacji o trudniejszych i najgorszych sprawach Polski. Nie malował ich, dlatego że je przeżył, opisał, oddał część swojego życia temu. I jeżeli jesteśmy wolnymi ludźmi, to Czapski ma w tym wielki swój udział. Ale żółta chmura przed nami...

ANDRZEJ WAJDA, PIOTR KŁOCZOWSKI
podał do druku Andrzej Wajda
oprac. B. T.

JAN ZIELIŃSKI

LAS KSIĄG ROZMAITYCH

Osobliwa to postać ten włoski armator i wydawca, później specjalista od ekonometrii Umberto Silva. W gomułkowskiej Polsce próbował robić interesy na wielką skalę. Miłoszowi przypominał postać z Dostojewskiego, Jeleńskiemu — wileńskiego szlagona. Lubił zapraszać do wytwornych hoteli i luksusowych restauracji, mniej lubił płacić uposażenia i honoraria autorskie. Miał ambitne plany wydawnicze, realizacja okazała się znacznie skromniejsza. Zatrudnił Aleksandra Wata w roli dyrektora literackiego odpowiedzialnego w szczególności za kolekcję polską i rosyjską, aczkolwiek publikowana obecnie lista propozycji wydawniczych świadczy o tym, że zakres planowanej współpracy był znacznie szerszy. Współpraca Wata z Silvą trwała prawie dwa lata (1960–61).

W krótkim wstępie do tekstu Silvy *Pożegnanie z Aleksandrem Watem* (opublikowanego w tomie zbiorowym *W antykwariacie anielskich ekstrawagancji*, Lublin 2002) Luigi Marinelli pisze, że Wat miał „zdolność kojarzenia z teraźniejszością głęboko nowatorskich tendencji, które naznaczyły kulturę europejską okresu międzywojennego". Silva w swym wspomnieniu wraca do pewnej nocy spędzonej na rozmowie z Watem w hotelu Delle Palme w Nervi koło Genui, gdy rozmawiali „o sposobie rozumienia związków między kulturą i polityką", sięgając do „własnych przeżyć i doświadczeń".

Świadectwem tego głębokiego rozumienia splotu kultury z polityką są publikowane obecnie w postaci faksymiliów koncepcje wydawnicze, jakie Aleksander Wat przygotował dla Umberta Silvy. Chodzi o dwie domeny: rosyjską i ogólną (choć i w niej trafiają się teksty rosyjskie, na przykład napisane w tym języku powieści Nabokova). Lista ogólna jest czytelna i właściwie nie wymaga komentarza, może poza słowem uznania dla szerokości horyzontów autora wyboru. Osobiście ze szczególnym zadowoleniem odnalazłem na niej pisma Rilkego i *Hadriana VII* Rolfe'a

(Baron Corvo). Drugą listę, jako pisaną po francusku dla włoskiego wydawcy o książkach rosyjskich, warto nieco uporządkować gwoli przejrzystości i zrozumiałości. I tu uderza rozrzut proponowanych tekstów.

Notatka dotycząca serii rosyjskiej zaczyna się informacją na temat ram chronologicznych: „Seria rosyjska winna ujawnić dzieła (zwłaszcza sprzed roku 1928), które rzucają nowe i nieoczekiwane światło na rzeczywistość radziecką. Ponadto kilka dzieł, zapomnianych lub nieznanych, o wysokiej wartości literackiej".

Książki miały być poszukiwane za pomocą różnych kanałów, od ambasady ZSRR po księgarnie emigracyjne, tymczasem można by się posłużyć przekładami francuskimi bądź polskimi. Wat zalecał też przejrzenie bibliografii rosyjskiego wydawnictwa emigracyjnego oraz bibliografii włoskich przekładów Leskowa i Dostojewskiego.

Bez wahania rekomendował do przełożenia następujące pozycje: *Korzeń życia* Priszwina, *Opowiadania odeskie* i *Armię Konną* Babla, wybór opowiadań Paustowskiego i *Zawiść* Jurija Oleszy (pisarza, nawiasem mówiąc, pochodzenia polskiego). Proponował rozważyć następujące utwory: *Złodzieja* Leskowa oraz kolejne dzieła Priszwina i Paustowskiego. Przygotował szczegółowy wybór z dzienników, listów i esejów Błoka, uzupełniony ewentualnie esejem Gorkiego o Błoku — wszystko w układzie gatunkowym; jako wariant drugi podsuwał tę samą edycję w układzie chronologicznym z użyciem w roli epigrafów kilkunastu najbardziej charakterystycznych wierszy Błoka, od *Nieznajomej* po *Scytów* i *Dwunastu*. Chciał też wydać *W mieście rodzinnym* Wiktora Niekrasowa, a z dawniejszej, przedrewolucyjnej literatury rosyjskiej: *Pielgrzyma urzeczonego* Leskowa, nowy wybór z *Dziennika pisarza* Dostojewskiego, *Opadnięte liście* Rozanowa, *Małego biesa* Sołoguba, *Ostatnią wiadomość* Mamina-Sibiriaka (powieść o staroobrzędowcach za Uralem), antologię poetów źle w Związku Radzieckim widzianych (Gumilowa, Cwietajewej, Achmatowej, Chodasiewicza, Mandelsztama, Pasternaka, Biełego, Kaminskiego, Chlebnikowa). Chciał ponadto wydać powieść Biełego (*Kocio Letajew*), Zamiatina — *My* i wybór opowiadań, Erenburga — *Rwacza* i *W przechodniej uliczce*, Fiedina *Miasta i lata*, *Transwaal* i *Braci*, Gorkiego *Szpiega*. Z pism Wsiewołoda Iwanowa wybrał tom nowel *Święte świętych* oraz powieść *Powrót Buddy*. Ponadto: *Nad rzeką Socią* Leonida Leonowa, *Koniec chazy* Wieniamina Kawierina, *Küchlę* i *Śmierć Wazyr Muchtara* Jurija Tynianowa, *Nagi rok*, *Biełokonskoje*, *Iwan-da-Maria* i *Śmierć komandarma* Pilniaka. Listę zamykają: *Razin Stiepan* Czapygina, *Rzeka posępna* Szyszkowa, *Głód* Siemionowa, *Siostry* Wieriesajewa oraz *Gorące dni Sewastopola* Siergiejewa-Censkiego.

Plan to był ambitny i bezkompromisowy. Gdyby został w całości zrealizowany, Włosi otrzymaliby oryginalną bibliotekę literatury rosyjskiej, ze szczególnym uwzględnieniem dorobku lat dwudziestych, ale też z niezłą podbudową XIX-wieczną. Bibliotekę w wielu miejscach wykraczającą poza kanony (bo nie ma jednego kanonu tej literatury), czasem nawet chciałoby się rzec: kapryśną. Używając metafory nawiązującej do nazwiska genueńskiego wydawcy, byłby to las ksiąg rozmaitych, owszem, plewiony, ale pod kątem własnych, zdecydowanych wyborów polskiego leśnika, las, który żyje i szumi.

JAN ZIELIŃSKI

Livres à libr...

) Verifier lesquels de ces livres sont deja publie en Italie (si possible aussi contractes par les autres editions) .

) les rayer de la liste. Acquerir tous les autres livres .

G.Moore. The Brook Kerith (Penguin ?)

Yoyce Ca~ry . The African witch (Londres)

Philip Prokosch. (Amer.,habitant l'Italie) The seven whofled .

 " " The Asiatics .

 " " un roman hist. sujet italien (?)

 " " Les iles heureux (?) - sujet arabe

James Thompson. City of dreadful Night (?)

Richard Wright. Tous les romans .

Orwell. Keep The Aspidistra flying .

Durell. Justine et les autres roman .

Gertrud Stein. Le Journal de Toclas .

 "   Americans .

 "   Paris - France .

Nab~~ov . les romans russes et anglais (suaf "Lolita") (?)

Les ouevres de Henri Miller .

S.Spender~~ son roman sur le Congres de la Culture .

Thomas Wolfe. Nouvelles et essais .

 "   ~~Timexsnxxiver~~

Becket. Nouvelles et toutes pour rien. (?)

 "   Mallo~y . (?)

Les ouevres d'A. Artaud .

 " de Michaux

 " de Genet

Le dernier roman de Butor

Les romans de Pierre Jean Jouve .

Robida. "XX siecle" (roman d'anticipation - 1880 ?)

Baron Corvo. Hadrian Vll. Autres romans (?)

Broch. Der Tod Vergils .

Rilke. Les oeuvres en prose (encore libre)

mtr tadsltr de vari

Lettres de Kafka . *Mandadon*

Lettresde Dostoiewski (la selection, publies recemment en France) .

Adorno. L'homme pretotplarien (1934 ?)

Claude Levy - Strauss. Les tristes Tropiques .

Ruth Benedict. The pattern of culture .

M.Cioran. Syllogismes de l'amertume

"   Precis de decomposition .

Berdiaiev. Dostoievski . *Einaudi*

Vl.Jankelevitch. L'austerité de la vie morale (Flammarion)

St. Lupasco. Le principe d'antagonisme .

Huizinga.   Homoludens . *Einaudi*

R.Caillois. Le livre sur les jeux (quel titre ?) *Les Jeux et les hommes*

Bachelard. · La terre et les reveries du repos .

T.S.Eliot.   Les essais

prof.Leriache . Souvenirs de ma vie morte .

A.Valentin.   El Greco .

de Rougemont. L'amour courtois

Mersey, La muraille _____

Encyel de la *in 2 t.*

Encyel: litt

Dictionnaire it - fr. et fr. ital

— anglais

Pour la collection russe

1. La collection russe doit reveler les ouvrages (surtout d'avant 1928) qui jetent un jour nouvel et inattendu sur le fait sovietique. Aussi bien quelques ouvrages de haute valeur liit.- oublies ou meconnus .

2. Verifier lequels des livres mentiones ci-dessous etaient publies en Italie .

3. Chercher ces livres a l'ambassada sovietique, dans une librairie d'emigres (a Rome, a Paris ?), aussi par l'interme diaire de la "Kultura". Pour le moment on peut les rem – placer par les tradictions/francai et polonais.

4. Consulter la bibliographie des Editions Tchekow (emigres, USA) consulter une bibliographie des oeuvres de Dosto – iewski et de Leskow mis en Italien .

5. A publier (sans hesitation)
   Prichwine. Gegne-chegne. (en pleuse la kanne à vie lugueur ?)
   J.Babel. Les contes d'Odessa
   "   Cavalerie rouge (ci-dessus)
   K.Paustowski. Une selection des nouvelles.
   I.Olecha. L'envie . (trad.franc.Fayard, Plon)

6. Prendre en consideration .
   L.Leskev. Le voleur . (Amb)
   L'oeuvre de Priehvine. (Amb.)
   "   " Paustowsk⁴ (Amb.)

128

3.

A.Biely. Kotik Letaïew

Eug.Zamiatine. Nous autres (tr.fr.Gallimard)

    "   Nouvelles (Mamaï, La caverne,Ce qui importe etc) - une selection .

IL Ehrenburg. Rapace (tr.fr.Gallimard)

    "   La ruelle de Moscou (tr.fr.Gallimard .
                            Les Revues)

K.Fedine. Les cites et les Annees. (tr.fr.Gallimard)

    "   Transvaal, Les moujiks (Ed.Montaigne)

    "   Les freres. (Amb.)

M.Gorki. L'espion. (tr.fr. Librairie des annales po - litiques et litteraires .

Vs.Ivanov. Sacro-saint (?) - Taina tain - nouvelles

    "   Le retour de Boudda .

L.Leonov. La riviere Sot (Presses Universitairee)

B.Kaverine. La fin de khasa .

Thunianov. Kiouchla (Amb.)

    "   La mort de Vasir-Mouchtara (Amb)

B.Pilniak. L'annee nue (tr.fr.Gallimard)

    "   Bielokonskoe (Fayard)

    "   Iwan da Maria

    "   Smiert komandarma (La mort du komandarme)

A.Tchapyguine. Stienka Razine . (tr.fr.Payart)

Chichkov. Ougrioum rieka (La fleuve Sinistre) Amb.

S.Semenov. La faim (fr.fr.Ed.Momtaigne)

W.Weresaiev. Siestry . (Les soeurs)

Serguelev - Tsensky. Sevastopolskaja strada. - Les tribulations de Sevastppol. (Amb.)

7/9

Nekrasov. W nacheme gorodie (Dans notre ville)   Amb)

La litt.russe d'avant la Revolution :

Leskov. Le pelerin ensorceille.

Une nouvelle selection de "Journal d'ecrivain" de Dostoiewski.

Rosanov. Oupavchie lisstia. (Les feuilles tombees) - rechercher le livre.

E.Sollogoub. Mielki bies.   "

Mamine - Sibiriak. (Roman sur les "raskolniki" de Si - berie.

————

Une anthologie des poetes maudits en URSS.

(Goumilov, M.Tzvetaieva, A.Uhmatova, Chodasiewitch, Mandelstam, Pasternak, Bely, A.Kaminsky, Khlebnikov.)

ALEXANDR BLOK

Journal, correspondance, essais (choix)

Variante I

Preface (Lo Gatto ?)

? 1."Avtobiografia", p.202-11 (?)

2. Journal, carnets ("Iz dniewników i zapisej") p.377-511

Omissions : notes de 1901, 1902 (p.373-377); 1906 - 29.Xll
(p.389); (+?p.381-385); 1907 - 24.1 (p.385);
1908 - 12.111 (389); 2.V (p.390- 392) , 25.Vl (p.
392), 4.Vll (p.392) 17,18.Vlll (p.393), 28.Vlll
(p.394); 1911 29.Xll (p.429-30), 1912 - 26.XI
(p.433-4) 28.V (p.438) 1913 - 20.1V (p.452-3),
2.V - (p.456-7), 9.Xll (p.459), 1914 - 13.Vlll ,
6.X (p.464), 1915 - (p.465-9) ; 1916 - 10.III .
(p.470-2), 6.Vl,7.Vl (p.474), 1918 - 20.III, 25.1V
(p.500-1) .

Interpoler a la p.408 - "Wirballen" (p.135-6)

3. Correspondence . N° N° 14,15,16 (?), 19,22,31 (?),32,35,41,44,45,47,
58,59 (?),60,61,64,67,78,85,87,88,90,91,92,94,95,9°
99,100,101,104,105,,114,117,,124(?),126,130,131,132
134,138,140,141,144,146,147,163 (?),166,170 (?),17:
174,177,178,180,182,183,185,186,187,190,191,192 .

4. Essais : ? a) "Narod"i intelligenzia" (p.85) ?
 ? b) Stichia i kultura   " 92 (?)
   c) Intelligenzia i rewoluzia (p.218)
   d) Ispovied jazycznika - (p.243)
   e) Sograzdanie   - (p.254)
   f) Russkie dandy - (p.258)
   g) Ni sny,ni jaw - (p.356)

5. Commentaires
    ? L'essai de Gorki sur Blok
           Table de matiere .

Variante 2

Les mêmes textes disposés selon l'ordre
chronologique. Comme épigraphes – çi et là –
une dizaine (?) des pences les plus significatifs
pour le volume (Par exemple: en commençant de la
„Nieznakomka" jusqu'à „Skify" et „Dvenatcat")

MARIAN BIZAN

MOJA MUZYKA.
Z ZAPISKÓW PAMIĘCI (XI)

Jednym z bardziej skomplikowanych muzycznych zamierzeń Instytutu Polskiego w Wiedniu było doprowadzenie do prawykonania w Austrii *Kwintetu fortepianowego* Juliusza Zarębskiego wiedeńskimi, miejscowymi muzykami. Trzeba było dla tej idei pozyskać muzyka entuzjastę pomysłu, który by całą rzecz „pilotował". Osobą taką była pianistka Elżbieta Wiedner-Zając, wykształcona w Polsce, Ameryce i Wiedniu, pedagog wiedeńskiej Hochschule für Musik und darstellende Kunst. Lutosławski po wysłuchaniu radiowej transmisji *Symphonie concertante* Karola Szymanowskiego z Iceland Symphony Orchestra Reykjavik napisał do niej: „Gratuluję serdecznie i mam nadzieję usłyszeć Panią w przyszłości również *live*". To Elżbieta Wiedner-Zając grała na estradzie Musikvereinu Mozartowskie opus 2 Fryderyka Chopina.

Od decyzji do realizacji dość długa droga: brakowało nut i zespołu. Dzięki rozmaitym zabiegom udało się w końcu nabyć polskie wydanie *Kwintetu*, a zespołem, który podjął się wykonania, był radiowy kwartet smyczkowy (ORF-Kläringquartett) w składzie: Anne Marie Ortner-Kläring, Juliane Pehm, Christiane Guster i Alexandra Bachtiar. Jak widać z tego zestawienia, zespół był „dziewczyński". Centralnym punktem wieczoru był oczywiście Zarębski, ale austriacki radiowy kwintet instrumentów dętych, przydany zespołowi smyczkowemu, wykonał na wieczorze nadto Ludwiga Spohra *Grand Nonett F-dur* (1831), a także rzecz najnowszą — Gerda Kühra *Für Bläserquintett* (1990).

Sala Bösendorfera trzęsła się tego jesiennego wieczoru 1992 roku od owacji, ale mnie do pełnej satysfakcji brakowało jednego, co zresztą zdawała się podzielać także Elżbieta Wiedner-Zając, wykonawczyni partii fortepianu: *Kwintet* w austriackim wykonaniu okazał się — zwłaszcza w *Allegro* — może nieco nazbyt jasny, mało posępny. Tam, gdzie oczekiwałem mroczności i szaleństwa, było za wiele salonowej perfekcyjnej elegancji, a i opętańczy pęd *Scherza* jakoś nie podrywał do biegu. Za to taneczne rytmy w *Finale*. *Presto* wypadły znakomicie. Czy *Kwintet* zadomowił się w Austrii — czas pokaże. Chciałbym, żeby tak było.

O jeszcze jednej kompozycji Zarębskiego nie mogę tu nie wspomnieć bez emocji — o *Grande Polonaise Fis-dur*. Nie zastanawiam się nad tym, czy, co i ile pożyczył od Chopina i Liszta, któremu zresztą poloneza dedykował. Nie tropię polonezowych zależności. Nie przykładam do niego pedantycznych miar i wag. W kompozycji Zarębskiego polonez jako romantyczny gatunek muzyczny doszedł może do doskonałości, ale i do swego — jak sądzę — kresu zarazem. Grano go w Instytucie Polskim, w ambasadzie Rzeczypospolitej, w sali Bösendorfera i zawsze przyjmowany był z aplauzem. A grała zarówno Ewa Bukojemska, uczennica Ludwika Stefańskiego, Nadii Boulanger i Vlado Perlemutera, jak i wspomniana tu już Elżbieta Wiedner-Zając. Do dziś pamiętam, jakie poruszenie wywoływały we mnie zawsze pierwsze dźwięki wprowadzenia do utworu, zapowiadające ów przejmujący poemat koncertowy. I tak już pozostało.

W centrum innego koncertu kameralnego Instytutu znaleźć się miał *Kwartet smyczkowy F-dur*, zwany *Amerykańskim*, moja ulubiona, na równi z symfonią *Z Nowego Świata*, kompozycja Dvořáka. Od początku myślałem o czeskim lub słowackim wykonaniu dzieła i w tym kierunku zmierzały zabiegi organizacyjne. Okazało się, że były łatwiejsze, niż sądziłem: współdziałanie z Wydziałem Kulturalnym ambasady słowackiej w Wiedniu doprowadziło do koncertu, jaki w Instytucie na Am Gestade odbył się w 1994 roku. Z Bratysławy przyjechał na występ kwartet smyczkowy Moyzesa w składzie: Stanislav Mucha, František Török, Alexander Lakatoš i Ján Slávik. Patronem smyczkowego zespołu jest Alexander Moyzes, znany słowacki kompozytor i wykładowca uczelni muzycznych, zmarły w 1984 roku.

Chciałem, aby wieczór muzyczny był polsko-słowacki, stąd też starania o to, by drugim punktem programu był na przykład któryś z kwartetów Grażyny Bacewicz lub może kwartet Lutosławskiego z 1964 roku. To okazało się jednak niewykonalne — koncert kończył jeden z kwartetów smyczkowych Alfreda Schnittke, artysty niezwykle płodnego (zmarłego w Hamburgu w 1998 roku), wykształconego w Wiedniu i w Moskwie, profesora moskiewskiego konserwatorium, twórcy symfonii, koncertów, utworów kameralnych, oper, muzyki filmowej etc., znanego i cenionego w świecie. Jako ciekawostkę chciałbym tu przytoczyć fakt bliskiej współpracy kompozytora z Gidonem Kremerem, który niekiedy, wykonując koncert Beethovena, gra kadencje napisane przez Alfreda Schnittke. Istnieje nagranie płytowe koncertu sprzed dwudziestu pięciu lat, na którym te niezwykłe kadencje (a są tacy, co uważają je za ekstrawaganckie) zostały zarejestrowane.

I chociaż dość rzadko słyszana w Wiedniu muzyka Alfreda Schnittke była w wykonaniu Słowaków ewenementem, to dla mnie liczył się przede wszystkim Dvořák. Przypomniała się retransmisja telewizyjna symfonii *Z Nowego Świata* grana przez prażan pod dyrekcją Rafała Kubelika: i tu, i tam symbioza czeskich i amerykańskich motywów była splotem nierozerwalnym. Nie wiem, czy bostońskie prawykonanie kwartetu w 1894 roku zostało równie gorąco przyjęte przez słuchaczy, jak symfonia zagrana rok wcześniej w Nowym Jorku. Kiedy siedziałem na sali podczas wiedeńskiego koncertu, przemknęła mi przez głowę myśl, że tak jak w symfonii rożek, flety, oboje i klarnety odprawiają swoje cudowne misteria, tak w owym niezwykłym kwartecie robią to altówka, skrzypce i wiolonczela. A dźwięki te Dvořák usłyszał i zapisał w Spillville, w osadzie czeskich emigrantów w stanie Iowa.

Słowacki koncert w Instytucie Polskim odbywał się w wypełnionej po brzegi międzynarodową publicznością sali — Austriacy i Polacy, Słowacy i Czesi prześcigali się w komplementach dla muzyków z Bratysławy.

Niestety, nikt nie zagrał w Instytucie sonaty fortepianowej Mozarta A-dur, jedenastej (KV 331), z owym *Andante grazioso*, które trwa niecały kwadrans, a w którym przebłyskuje wieczność. Przed 1939 rokiem wystukiwałem jego początek na domowym fortepianie. Słuchałem tej części sonaty po raz pierwszy dziesiątki lat temu, nie pamiętam, kto ją grał. Nie wiem też, czy to było dobre wykonanie. Uwiodły mnie jednak owe wariacje z sonaty na zawsze. Ich melancholijny nastrój trwa i trwa, robi się smutno, sennie i nagle — jakby smagnięcie biczem — taneczny, wesoły, zawadiacki rytm i tempo.

Usłyszeliśmy za to na Am Gestade inne arcydzieło — *Fantazję c-moll* (KV 475). Grała ją Ewa Bukojemska. To też tylko niecały kwadrans muzyki. Powstała w maju 1785 roku. Nazywana bywa „wielką". Paumgartner uważa, że sięga dojrzałych dzieł Beethovena i nowoczesnej pianistyki. Pisze: „Odnajdujemy tu odcień tragizmu, gorącą namiętność, pełne rezygnacji niepojęte emocje uczuciowe spotęgowane do nieprawdopodobnej intensywności". Na końcu analizy badacza pada owo oczekiwane przez nas w tym kontekście słowo: *Eroica*.

Kiedy wybrzmiała przejmująco zagrana *Fantazja* Mozarta, dla kontrastu usłyszeliśmy opus 76 Brahmsa, *Klavierstücke* — cztery *Capriccia* i cztery *Intermezza*. Są pewną zagadką opisywaną przez monografistów przenosiny Brahmsa w 1862 roku do Wiednia. Ów, jak pisał Hanslick, mędrzec, Niemiec z Północy („*der Norddeutsche*"), protestant, zaprzeczenie światowca w stolicy walca? *Klavierstücke* powstały po pierwszej podróży Brahmsa w 1878 roku do Włoch, o której donosił Hanslickowi, „W Italii rozlega się tyle melodii, unoszą się w tylu miejscach, że zachodzi obawa, aby ich nie podeptać". Wcześniejsze niż włoska podróż jest pierwsze, najpiękniejsze bodaj *Capriccio* ofiarowane Klarze Schumann.

Kunsztowny jest też finał cyklu. Może to jedna z tych melodii unoszących się w powietrzu, pochwycona i na zawsze zamknięta w nutowym zapisie. Nie sposób pisać o wszystkich koncertach w Instytucie (było ich w latach 1991–95 kilkadziesiąt), ale o jednym recitalu fortepianowym chciałbym jeszcze wspomnieć, o koncercie Elżbiety Wiedner-Zając. Ułożony był z myślą o ładunku dramatycznym zawartym w tonacjach fis (dur i moll): nokturn i polonez Chopina oraz wspomniany tu już polonez Zarębskiego. Dramatyzm owego wieczoru z 1994 roku kulminował wszakże przede wszystkim w *Sonacie es-moll* Paderewskiego. Niektórzy cenią Paderewskiego głównie za jego małe formy — *Humoreski, Tańce polskie, Melodie, Miscellanea*, upatrując w nich największą doskonałość pianistycznego warsztatu i emocjonalnego wyrazu. *Sonata es-moll*, bodaj ostatnia polska sonata romantyczna, zawsze jednak wywołuje aplauz u słuchaczy. Pociej pisał o „kontrastach, napięciach, zmianach i zaskoczeniach" w niej zawartych i wskazywał na poprzedników gatunku — Chopina, Liszta, Brahmsa. Ewa Wiedner-Zając grała w sali Bösendorfera. W tej samej sali grał niegdyś Paderewski. Czy miał może w repertuarze również swoją sonatę?

MARIAN BIZAN

JULIUSZ KURKIEWICZ

ROUSSEAU, TOŁSTOJ, COETZEE

J. M. Coetzee, „Chłopięce lata. Sceny z prowincjonalnego życia", „Młodość". Tłum. Michał Kłobukowski, Kraków, Znak, 2007, s. 188 + 200.

I. RPA, pierwsze lata po II wojnie. Cień bomby atomowej, czas zimnowojennych niepokojów. W prowincjonalnym Worcester, niedaleko od Kapsztadu, mieszka afrykanerska rodzina jakich wiele. Ojciec, matka, dwóch synów.

W roku 1948 Malan ogłasza doktrynę apartheidu, która zyskuje status ideologii państwowej. Dorośli nie są na tyle spostrzegawczy, by w porę zauważyć, że na ich oczach konsekwentnie i nieubłaganie rodzi się nieludzki system segregacji rasowej — już nie w głowach ideologów, ale w postaci dziesiątek konkretnych ustaw i rozporządzeń. Ale są na tyle przyzwoici, by nie popierać burskich nacjonalistów. Dystans do ich polityki jest zresztą bardziej dystansem kulturowym niż świadomym politycznym wyborem — to dystans miasta do wsi, ludzi wykształconych do prostaków z farmy. W tym domu mówi się po angielsku (z niedobrym akcentem), dając wyraz towarzyskiemu snobizmowi i politycznym poglądom. Kilkunastoletni John, starszy syn, jest wychowywany na Anglika. Gdy rozchodzą się pogłoski o możliwości stworzenia wyłącznie burskich klas z wykładowym afrykanerskim, planuje ucieczkę ze szkoły. Kilka lat później kurs polityczny jeszcze bardziej się zaostrza. John, który w międzyczasie skończył studia, rzeczywiście ucieka, już nie ze szkoły, ale z kraju. Wyjeżdża do Londynu. Pracuje jako programista komputerowy, marzeniami o literaturze wypełniając wszystkie chwile wolne od męki biurowej rutyny.

137

Ciekawe? Niby opowieść z egzotycznego świata, ale właściwie dobrze znana. Atmosfera niepokoju, władza ideologii, polityczna opresja, emigracja. Polityka w XX wieku rzeczywiście stała się globalna. Nic nie odzwierciedla tego lepiej niż świat wyobraźni kilkunastolatka urodzonego w trakcie II wojny, zagospodarowany — bez względu na miejsce urodzenia — przez bohaterskich żołnierzy, przywódców światowych mocarstw i groźbę nuklearnej zagłady. Ale ten chłopiec, John, jest też inny: gdy zaczyna się antykomunistyczna histeria, on nadal, jakby nigdy nic, fascynuje się dokonaniami radzieckiego oręża, a nawet osobą surowego, lecz ojcowskiego feldmarszałka Stalina, „największego i najbardziej dalekowzrocznego stratega tej wojny". Budzi zdumienie rodziców i drwiny kolegów.

II. Chłopiec nazywa się John Coetzee. Potem stał się znany jako J. M. Coetzee — autor *Wieku żelaza*, *Hańby*, *Elizabeth Costello*, laureat literackiej Nagrody Nobla z 2003 roku. Książka to autobiograficzna dylogia: *Lata chłopięce*, *Młodość*. I to jest zaskoczenie. Coetzee uchodzi za pisarza szczególnie zaborczo chroniącego swe życie prywatne, o którym nie wiemy niemal nic. A jednocześnie jego autobiografię nietrudno posądzić o ekshibicjonizm. Więcej — na pierwszy rzut oka ona po prostu jest ekshibicjonistyczna. Suchy, sprawozdawczy styl, absolutna prawdomówność narratora ujawniającego rzeczywiste motywacje czynów z nieprzyjemną precyzją chirurga, bohater, którego trudno polubić — wszystkie typowe cechy literackiego świata J. M. Coetzee'ego zostają przeniesione w dziedzinę prozy autobiograficznej. Wrażenie jest piorunujące. Dowiadujemy się o okrucieństwie bohatera wobec najbliższych, poznajemy jego żałosne przygody erotyczne, jego pierwsze, niewydarzone próby poetyckie. I co mamy z tą wiedzą zrobić?

W tym momencie powinna zapalić się czerwona lampka. Bo czy to wszystko może być takie proste, jak się wydaje? Pisarz uprawia z czytelnikiem grę, z jednej strony zachęcając go do lektury naiwnej — na miarę kultury publicznej spowiedzi, w której żyjemy, czasów, w których interesujące jest tylko to, co szczególnie wstydliwe. Z drugiej — wysyła wiele sygnałów, które taką naiwną lekturę komplikują czy wręcz uniemożliwiają. Skrywa się za zasłoną trzeciej osoby, pozornie obiektywizując własne przeżycia, a w rzeczywistości — osłabiając histeryczność tego bezpośredniego wyznania. Obiektywizuje siebie samego — jako postać literacką. Wiadomo, że podobne książki czyta się głównie, jeśli nie wyłącznie, z uwagi na osobę autora, ale tu jego tożsamość zostaje zaznaczona mimochodem, tak jakby wcale nie była ważna (nazwisko „Coetzee" po raz pierwszy pada po stu kilkudziesięciu stronach). Zastanawiają natomiast rzucane na marginesie uwagi o niewiarygodności pamięci, a także o nieuchronnej fikcyjności wszelkiej literatury autobiograficznej. Dziennik — pisany przez bohatera w drugiej części książki — „nie jest nieszlachetną prawdą, ale stanowi fikcję, jedną z wielu możliwych fikcji, prawdziwą wyłącznie w takim sensie, w jakim prawdziwe może być dzieło sztuki, wierne sobie, swoim immanentnym celom". „Nie potrafi żyć bez dyskrecji" — brzmi inna zagadkowa uwaga na marginesie. Okazuje się więc, że w książkę wpisany jest podwójny ruch. Jeden jej nurt jest gorący — zza dążenia do epatowania burżuja prześwieca w nim temperament moralisty, drugi — lodowaty, estetyzujący, w którym elementy własnego życia zostają wykorzystane jako element gry tekstowej.

III. Pisząc te książki, Coetzee nie był sam. Wspierała go tradycja literacka biegnąca prostą linią od *Wyznań* Rousseau, przez Goethego i Trollope'a, skończywszy na autobiograficznych utworach pisarzy XX-wiecznych — ostatniej, nieukończonej powieści Camusa, *Słowach* Sartre'a czy niepokojącym cyklu autobiograficznym Thomasa Bernharda. Szczególnie eksponowane miejsce w tej tradycji zajmują Rosjanie — Tołstoj, którego twórczość otworzyła autobiograficzna trylogia (*Dzieciństwo. Lata chłopięce. Młodość*), i Gorki, którego cykl (*Dzieciństwo. Wśród ludzi. Moje uniwersytety*) symbolizował aspiracje do zajęcia opuszczonego przez Tołstoja miejsca. Zbieżność z Tołstojem — rzucająca się w oczy, choć niezauważona przez anglosaskich recenzentów — nie dotyczy jedynie tytułu książek. Podobieństwa obejmują typ bohatera, katalog zasadniczych doświadczeń składających się na pierwsze epoki życia, jednak przede wszystkim — typ autobiograficznej strategii, która okazuje się strategią obnażania i ukrywania, bezwzględnej szczerości i znaczących przemilczeń.

IV. Jeśli wierzyć biografistom Rousseau, pierwsza i, jak wynikało z deklaracji autora, najbardziej szczera ze wszystkich przyszłych autobiografii, była też najbardziej zakłamana. Zdaniem przeciwników Rousseau wszystko, co kompromitującego napisał o sobie autor *Emila*, miało stanowić jedynie alibi, rękojmię prawdomówności, dzięki której mógł w swej książce bezkarnie kłamać, wytaczając proces tym, których uważał za wrogów. Kradzież, kłamstwa, tchórzostwo, ekshibicjonizm, nałogowa masturbacja — Rousseau niczego nie oszczędził swoim czytelnikom, przy okazji słusznie zauważając, że „nie jest najtrudniejsze do opowiedzenia to, co jest zbrodnicze, ale to, co sprawia, że czujemy się śmieszni i zawstydzeni". Od sensacyjnych szczegółów *Wyznań* dla nas ważniejsze jest co innego — portretując samego siebie, Rousseau wyznaczył jednocześnie spektrum ról odgrywanych przez bohaterów nowego gatunku —

„bezwzględnie szczerej autobiografii". Dwa skrajne bieguny tego spektrum: bohater-potwór i bohater-ofiara, zostały w tym przypadku obsadzone nierównomiernie: choć Rousseau przyznaje, że od czasu do czasu bywał potworem, jednocześnie wszystko, co w jego zachowaniu może bulwersować, wydaje się usprawiedliwione jako rezultat typowego dla ofiary wypaczenia charakteru. Pisarz prezentuje się jako człowiek, który od chwili narodzin był niemal nieustannie prześladowany.

V. Autor *Śmierci Iwana Iljicza* z wielką psychologiczną wnikliwością przedstawił proces dorastania jako proces odkrywania własnych ograniczeń, o którym opowiadały wcześniej narracje mityczne i religijne, takie jak historia Siddharty. W książce Tołstoja bohater jest królem domu, który — w sensie metaforycznym i dosłownym — rusza w świat, by odkryć cierpienie, śmierć i niesprawiedliwość. Śmierć matki, odkrycie istnienia służby i w ogóle całego rozległego obszaru społecznych nierówności, doświadczenie oporu świata, mające początek w poczuciu bezsilności własnych wysiłków, daremności ambicji i niezaspokajalności popędów, stają się najważniejszymi przystankami w drodze do dorosłości, prowadzącymi do stopniowej abdykacji, która ma w powieści wydźwięk pozytywny — jest reintegracją ze światem.

Tołstoj był wielbicielem Rousseau, pod koniec życia stwierdził nawet, że nikt oprócz Chrystusa nie wywarł na niego większego wpływu. Jednak, mimo godnej francuskiego poprzednika pasji, z jaką Tołstoj obnaża świat *comme il faut* (czyli wykwintnych, choć pustych obyczajów), jego autobiografia jest o wiele bardziej ambiwalentna. Już w samym fakcie, że bohaterem nie jest nawet on sam, ale jego *alter ego*, młody hrabia Mikołaj Irtieniew (dość wiernie powtarzający zewnętrzne koleje jego życia), można dostrzec zrozumienie ograniczeń formuły „bezwzględnie szczerej autobiografii". „Pan ma zadziwiającą, rzadką zaletę — szczerość", mówi do bohatera jego przyjaciel Dymitr, ale zasada bezwzględnej szczerości obowiązująca między nimi wkrótce okazuje się pułapką, prowadząc do fabrykowania niepopełnionych grzechów. „Niekiedy w zapale szczerości dochodziliśmy do najbardziej haniebnych wyznań, przedstawiając — ku naszemu wstydowi — przypuszczenia i marzenia jako chęci i uczucia".

Mikołaj jest w równej mierze dzieckiem-ofiarą (głównie — wychowawczego rygoryzmu swej epoki), co egotycznym dzieckiem-potworem, świadomie manipulującym swoim obrazem w oczach innych. Odkrycie władzy, jaką ma nad innymi nasz obraz, nieraz nieskończenie odległy od rzeczywistości, było starannie skrywanym motorem autobiografii Rousseau, natomiast dla Tołstoja staje się zasadniczym tematem. Okres dzieciństwa i młodości zostaje przedstawiony jako czas próbnej gry, w którym dziecko przymierza po kolei rozmaite maski, sprawdzając ich skuteczność. Po śmierci matki Mikołaj czuje się wydrążony, ale udaje rozpacz, bo tego oczekuje się od sieroty; przed służącymi gra dobrego pana, dla którego nie liczą się różnice klasowe; przed arystokracją — zblazowanego dandysa, licząc na to, że w ten sposób zrobi większe wrażenie. Jest skłonny nawet odgrywać zakochanie, gdy uznaje, że nadszedł czas na miłość. Tołstoj odkrywa, że ta gra z publicznością jest dla aktora niebezpieczna, narażając go na ryzyko zdemaskowania i śmieszności, przede wszystkim jednak oferuje pozorną władzę nad innymi, w rzeczywistości czyniąc nas niewolnikiem cudzych spojrzeń.

Tołstoj nie jest tak radykalny, by przyznać, że maskarada nie ma końca, sugeruje, że kurtyna opada, gdy bohater odkrywa w sobie religijne jądro i płynące z niego moralne powołanie. W zakończeniu książki spisuje w końcu zasady życia i uzbrojony w nie rusza ku „następnej, bardziej szczęśliwej połowie młodości". Oczywiście, czytelnik ma w tym miejscu ochotę zapytać, czy ta nagła przemiana nie jest przypadkiem kolejną przebieranką.

VI. W książce Coetzee'ego demitologizacja dzieciństwa osiąga jedną ze swych współczesnych literackich kulminacji. „Mówią, że dzieciństwo to czas niewinnej radości, który należy przeżyć na łąkach wśród jaskrów i króliczków albo przy kominku, z głębokim przejęciem czytając bajki. Ta wizja dzieciństwa jest chłopcu zupełnie obca. Wszystko, co przeżywa w Worcester, i w domu, i w szkole, utwierdza go w przekonaniu, że dzieciństwo to jedynie czas zaciskania zębów i znoszenia przeciwieństw losu".

W bohaterze książki Coetzee'ego dziecko-ofiara i dziecko-potwór przenikają się nawzajem, stając się nieodróżnialne. Nadwrażliwy, delikatny, stroniący od sportu chłopiec jest wiecznym outsiderem, a jednocześnie egotykiem i domowym władcą tyranizującym nadopiekuńczą matkę. Stacje na drodze do dorosłości są te same: śmierć (u Coetzee'ego — śmierć ciotki, na której pogrzeb bohater boi się iść), odkrycie „innego" (miejsce pańszczyźnianych chłopów zajmuje czarnoskóra ludność RPA, a następnie, w Londynie, środowisko kolorowych emigrantów), porażka (Mikołaj zostaje wyrzucony z uniwersytetu, John nie odnosi sukcesu jako poeta). A jednak ma się wrażenie, że coś tu szwankuje. Bohater — podobnie jak u Tołstoja — przybiera kolejne maski, ale celowo wybiera te, które przysparzają mu raczej wrogów niż przyjaciół: maskę Anglika wśród Burów, stronnika Armii Czerwonej wśród zwolenników Ameryki. Religia zostaje zdemaskowana jako jeszcze jeden rekwizyt maskarady: przed protestanckimi kolegami John udaje, że jest katolikiem, wraz z kilkoma Żydami trafiając do najbardziej pogardzanej szkolnej kasty. Edukacja Johna jest nieskuteczna, kolejne doświadczenia niczego w bohaterze nie zmieniają, zostają jedynie odnotowywane „z zewnątrz", z zadziwiającym chłodem. Nie odnoszą żadnego skutku wychowawczego.

Przypuszczam, że mamy do czynienia z przypadkiem okopania się w dzieciństwie, celowej ucieczki przed dorosłością, obroną przed integracją ze światem. Skąd ona się bierze? Dlaczego bohater ukrywa się za najbardziej absurdalnymi maskami?

Tajemnicę zdaje się wyjaśniać wpleciona w książkę opowieść o farmie, miejscu, w którym bohater — zewnętrznie odrzucający Afrykanerów i ich kulturę — czuje się w rzeczywistości najbardziej „u siebie". Na farmie rozgrywają się sceny, „o których nie da się rozmawiać": zabijanie, obdzieranie ze skóry i sprawianie owiec. Te sceny stanowią fundament wyobraźni pisarza, przenikając się i zrastając ze scenami nieprzezwyciężalnych społecznych i rasowych konfliktów, z monotonią krajobrazu południowoafrykańskiej wsi. Razem tworzą uniwersalny obraz świata naznaczonego złem.

„Południowa Afryka jest krwawiącą w nim raną. Ile jeszcze musi minąć czasu, zanim ustanie to krwawienie? Jak długo będzie musiał zgrzytać zębami i cierpieć w milczeniu, zanim zdoła powiedzieć: dawniej mieszkałem w południowej Afryce?". Infantylizm bohatera stanowiący wyraz jego ambiwalentnej postawy wobec kultury burskiej jest równocześnie pochodną niemal manichejskiego fatalizmu. Jest odmową udziału w świecie, którego nie da się naprawić, niechęcią do uznania siebie za część rzeczywistości, z którą czuje głębokie pokrewieństwo.

A jednak bohater w końcu dorasta — uznaje siebie za Afrykanera, choć nie wie jeszcze, co to będzie dla niego oznaczać. W innych książkach powróci na farmę. To one — o wiele bardziej niż historie o dzieciństwie i młodości — opowiedzą o tym, co najbardziej osobiste. Raz jeszcze okazuje się, że nie ma bardziej bezwstydnego gatunku literackiego niż powieść.

JERZY JEDLICKI

ODSZCZEPIEŃCY

Anna Bikont i Joanna Szczęsna, „Lawina i kamienie: pisarze wobec komunizmu". Warszawa, Prószyński i S-ka, 2006, s. 584 + fot.

To pytanie powraca raz po raz i dręczy nas od pół wieku z górą. Jak to się stać mogło, że tak wielu ludzi wykształconych i utalentowanych — uczonych, pisarzy i artystów — w jakimś momencie życia i kariery oddało się w służbę doktryny, która była omamieniem i przesłoną zbrodniczych praktyk władzy totalnej? Jak to się stać mogło, że jeden po drugim pozwalał jej owładnąć swoim sumieniem, zniweczyć swój zmysł krytyczny i porazić talent? Nie jedyny to podobny przypadek w dziejach, ani też osobliwie polski, niemniej w naszym życiu umysłowym wywołał szczególnie wiele gorzkich refleksji, zdumienia, oskarżeń i samooskarżeń — może dlatego, że ideologiczny dogmatyzm i fundamentalizm zdawały się rażąco sprzeczny z dziedzictwem polskiej kultury.

Zniewolony umysł Miłosza (1953) można uznać za pierwszy i od razu potężny impuls dysputy, która trwa z przerwami od tej pory: zrazu na emigracji, a od czasu pojawienia się „drugiego obiegu" już w kraju. Temat „polscy pisarze wobec komunizmu" obrodził dziesiątkami, może setkami, artykułów i polemik prasowych, wywiadów, paszkwilów i drążących problem analiz. Są wśród nich wyznania samych inkryminowanych pisarzy bądź profesorów, nieraz sprowokowane dociekliwymi pytaniami interlokutora. Autorzy marksistowskich (o tyle, o ile) elukubracji, socrealistycznych fabuł lub wierszy na cześć Stalina sami bowiem starali się zrozumieć, co działo się wówczas w ich głowach. Szło im to niełatwo, bo lepiej i wyraźniej pamięta się zdarzenia aniżeli uczucia i myśli, które ulatniają się z chwilą, gdy gospodarz nie ma ochoty dłużej ich żywić.

Nie tu miejsce na streszczanie dyskusji na ten temat, nacechowanej gatunkową różnorodnością wypowiedzi. Niemała ich część należy do gatunku, jaki Michał Głowiński nazwał „krytyką prokuratorską". Polega ona na wytropieniu jeszcze jednej dworskiej ody popełnionej przez tego czy innego poetę płci dowolnej, zawstydzeniu go bądź jej, jeśli żyje, a wyszydzeniu jego lub jej niewinności, jeśli zdążył(-a) odejść z tego świata. Najlepiej sprzyja temu dowodzenie, że wstąpienie do partii lub przyjęcie jej języka musiało być spowodowane osobistym interesem, oczekiwaniem posady, mieszkania albo paszportu. Na takim tle tym piękniej błyszczy cnota autora pamfletu, dopóki ktoś (co się parokroć zdarzyło) nie wytropi jego z kolei ody lub wiernopoddańczej deklaracji.

Bóg z nimi. Bardziej niż lustracje i moralne osądy (cóż od nich łatwiejszego?) interesują mnie próby zrozumienia mentalnych procesów oraz impulsów, jakie wprawiły je w ruch. W tym zakresie nie znam niczego bardziej dociekliwego niż książka niedawno zmarłej Marii Hirszowicz *Pułapki zaangażowania: intelektualiści w służbie komunizmu* (Warszawa, Scholar, 2001). Autorka, dysponując — poza bogatą już literaturą przedmiotu i opublikowanymi relacjami — setką anonimowych wywiadów z byłymi partyjnymi intelektualistami i działaczami, poddała analizie procesy „automistyfikacji", czyli filtrów informacyjnych mających za zadanie chronić psychikę człowieka przed przyjęciem wiadomości, jakie mogłyby podważyć integralność jego wiary i światopoglądu. Są to złożone procesy psychologii poznania (*cognitive psychology*) i logiki zaangażowania, które trudno streścić w kilku słowach. Nazbyt często łudzimy się, że jesteśmy podmiotami w pełni racjonalnymi i samosterownymi: najczęściej ulegamy złudzeniom wtedy właśnie, gdy jesteśmy niezachwianie pewni swoich przeświadczeń o świecie i swojej nieomylnej prawości. „Najgroźniejsze są nieprawdy, którym towarzyszy dobra wiara" — pisze Hirszowicz.

Bikont i Szczęsna weszły więc na terytorium dość gęsto już zaludnione i zagospodarowane. Nie zabierają jednak głosu w teoretycznej debacie, stronią od rozważań ogólnych, trzymają się jednostkowych i dobrze poświadczonych faktów. Książka Hirszowiczowej ledwie została przez nie wzmiankowana raz jeden w przypisie. A przecież ich opowieść zmierza — zupełnie inną drogą — do podobnych wniosków.

Sześć głównych postaci *Lawiny i kamieni* to: Jerzy Andrzejewski, Tadeusz Borowski, Kazimierz Brandys, Tadeusz Konwicki, Adam Ważyk i Wiktor Woroszylski. Ich zbiegające się parę lat po wojnie i przez czas jakiś równolegle biegnące biografie mają pomóc zrozumieć ich motywy i pułapki zaangażowania, a następnie motywy i konsekwencje odczarowania, zerwania z partią i jej ideologią.

Pochylenie się nad dokumentami osobistymi, obfite korzystanie z dzienników, listów, wspomnień, rozmów budzi nieufność do uogólnień pokazując, jak różnią się od siebie indywidualne losy i charaktery, i jednocześnie — jak drugorzędne okazują się te różnice wobec tego samego dokonanego wyboru drogi. Nie sposób się tu doszukać socjologicznych czy biograficznych uwarunkowań decyzji partyjnego zaangażowania. Przed jej pokusą nie chronił wiek męski i nie chroniła młodość, nie chroniło dorastanie w tradycji lewicy ani w środowisku endecji, ani w żydowskim miasteczku, nie zamykała drogi pobożność ani bezbożność, nie ubezpieczało Auschwitz ani akowska partyzantka, ani znajomość Związku Radzieckiego, ani znajomość Zachodu. Jedyne, co zdawało się chronić, to głęboko wpojony sceptycyzm względem wszelkich prawd zdogmatyzowanych, humanistyczna kultura, nieufna ironia, wątpliwości traktowane nie jako inteligenckie obciążenie, które trzeba w sobie wypalić, lecz jako wiano na całe życie.

Pierwsza część *Lawiny i kamieni*, obejmująca czas do śmierci Stalina, jest dla jej bohaterów i ich towarzyszy drogi bezlitosna: autorki wyciągnęły im najbardziej zawstydzające deklaracje, cytaty i rymowanki, ale nie oszczędziły także wielu takich literatów, co byli opozycjonistami w intymnych swoich dziennikach, a do gazet posyłali, czego od nich żądano. Za kontrapunkt służą (w przypisach) dziennik i listy Zygmunta Mycielskiego, który w roku 1950, odmówiwszy ponownego kandydowania na prezesa Związku Kompozytorów Polskich, pisał do Andrzejewskiego: „Ja zabójstwa (i samobójstwa) pewnych wartości nie potrafię i nie chcę przeprowadzać. Konieczności historyczne niech wykonują inni".

Tadeusz Borowski nie miał szansy przejść ze swymi towarzyszami dalszych etapów ich drogi — czy byłaby wspólna? Jego gorączkowe, niespełna trzydziestoletnie życie urwało się w lipcową noc 1951 roku, gdy jego wiara w konieczności historyczne zdawała się niewzruszona. Czy zachwiała się? Nigdy zapewne nie będziemy wiedzieli na pewno, co się tej nocy stało i jak się stało. Opowieść Bikont i Szczęsnej w całości znamionują takt i dyskrecja: w życie prywatne swoich bohaterów nie wtrącają się, gdy nie jest to konieczne, niemniej dopisane przez nie okoliczności tej tragedii sugerują raczej, że było to samobójstwo spowodowane zapętleniem spraw osobistych.

Kilka następnych rozdziałów *Lawiny i kamieni* opatrzonych jest tytułami, które mówią same za siebie: „Zdzieranie katarakty", „Pękanie lodów", „Pięścią w mit", „Śmierć bogów", „Rozstrzelany socjalizm", „Zakazany rachunek pamięci". Jest to najbardziej dramatyczna i tym samym najciekawsza część książki: lata od 1954 do 1963, kiedy na pozornym monolicie konieczności historycznych pojawiły się rysy i inżynierowie dusz ludzkich — jak ich lubił nazywać Stalin — utracili pewność, że są ideową awangardą postępu. Teraz pojawi się myśl, że ta pewność była zniewoleniem, a zatem niepewność jest odzyskaniem wolności. Czas przed Październikiem i po nim jest dla tych pisarzy czasem chaotycznym, niespójnym, kiedy (jak Ważyk w *Poemacie dla dorosłych*) „o rozum płomienny upominają się partią" i chcą oczyścić dzieło, o którym wiedzą już, że jest od początku skażone. I kiedy wstydzą się swego zaczarowania, swoich entuzjastycznych pism sprzed paru zaledwie lat, są świadomi poniesionej klęski intelektualnej, ale nie chcą potępić czystych intencji.

Muszą mieć teraz mocne nerwy, bo będą atakowani z dwóch stron. Aparatczycy i twórcy wciąż wierni partii dostrzegą w nich histerię i gotowość do zdrady, niezłomni zaś wydrwią ich nawrócenie: „A jakże śmieszą ich buntownicze odkrycia! Oto dwa razy dwa jest cztery, nie zaś pięć" — szydzi Ludwik Flaszen w roku 1955.

Dwoistość tego czasu została przez autorki uchwycona bardzo plastycznie, ze zrozumieniem tego, co niewielu wówczas rozumiało — może Kisielewski, na pewno Lipski — że utracona wiara, zawiedzione nadzieje, cóż z tego, że naiwne, moralne upokorzenie — tworzą wybuchową mieszankę poczucia winy i gniewu. Takiego prochu brak było tym, co zawsze mieli rację i ocalili swoją wewnętrzną niepodległość, więc nie muszą się czuć odpowiedzialni. Nic dziwnego, że we wszystkich bodaj rewolucjach w historii czynną rolę odgrywali odszczepieńcy z poprzedniej formacji.

Odwilżowe publikacje zbuntowanych pisarzy — *Poemat dla dorosłych, Obrona Grenady* i *Matka Królów, Dziennik węgierski* Woroszylskiego, korektowe odbitki *Śmierci bogów, Ciemności kryją ziemię* — były kolejnymi przeżyciami polskiej inteligencji, odzyskującej własny głos. To ci autorzy i ich towarzysze drogi — Jacek Bocheński, Julian Stryjkowski, Witold Wirpsza, Roman Zimand i tylu innych „rewizjonistów" — byli pionierami destalinizacji kultury, jej uwalniania z uścisku totalitarnej obręczy. Zachowali, prawie wszyscy, tę wydatną rolę przez następne lata zdeklarowanego już oporu, od awantury wokół Listu 34 poczynając, aż po „Zapis" i wydawnictwa podziemne.

Konsekwentni antykomuniści, tacy jak Jerzy Giedroyc, Jan Józef Lipski, Jan Józef Szczepański czy (do czasu) Zbigniew Herbert, współdziałali z ekskomunistami bez obaw i zahamowań, radzi z odzyskanej wspólnoty celu i postawy. Dopiero u progu niepodległości nabrała wigoru mentalność lustratorów literackich, którzy własne życiorysowe meandry lub małoduszne milczenie starali się teraz zagadać bezwzględnością swoich demaskacji. Niemal cała literatura i sztuka lat powojennych stała się terenem ich łowów, wobec których ostało się niewielu niepokalanych.

Literatura żadnego z krajów, jakie przeszły eksperyment „demokracji ludowej", nie zachowała śnieżnobiałych szat, podobnie jak nie zachowały ich uniwersytety ani Kościół, ani naród. Ludzie z temperamentem i skłonnością do uczestniczenia w życiu publicznym bardziej z samej natury narażali się na popełnianie błędów moralnych i poznawczych niż ci, co się chronili w prywatność i odosobnienie. Po latach od tych pierwszych zażądano wyznania win, co czynili wielekroć i bez wezwania. Jak kiedyś jednak partyjna samokrytyka, tak w późniejszym czasie spowiedź publiczna okazywała się z reguły „nieszczera i niewystarczająca". Piętna kilku lat omamienia nie zdołało zmyć pół wieku codziennego hartu ducha, cywilnej odwagi i odzyskanego talentu, nie mówiąc o dziełach, które nie ulegną niepamięci.

Jak ostatnio mieliśmy okazję się przekonać, prokuratorska moralistyka nie najlepiej służy kulturze politycznej, cóż dopiero literaturze i sztuce. Jest narzędziem redukcji złożonej i wieloznacznej rzeczywistości psychicznej i międzyludzkiej do prostych, by nie rzec prostackich schematów, z samowolnie i dla własnej satysfakcji przywdziewanymi togami oskarżycieli i sędziów. *Lawina i kamienie*, książka pisana z empatią, lecz — jak sądzę — bez założonej z góry tezy, przez samą gęstość udokumentowanej i indywidualizującej opowieści pozwala unaocznić sobie, jak trudne i obciążone bywały wybory postaw w minionym szczęśliwie czasie.

Nie podobna pisać o tej książce nie wspomniawszy, że ona sama jest dziełem sztuki, mianowicie poligraficznej, za co uznanie należy się Lechowi i Edycie Majewskim, dbającym o oprawę wszystkich publikacji spółki autorskiej Bikont & Szczęsna. Inteligentnie sporządzona bibliografia (dla każdego rozdziału z osobna), indeks i fotografie z wielu rodzinnych archiwów zwiększają i pożytek, i przyjemność z lektury *Lawiny i kamieni*. Wiele osób — rozmówców, konsultantów, posiadaczy dokumentów i zdjęć, redaktorów, bibliotekarzy — przyczyniło się do ostatecznego kształtu książki. Na jej ostatniej karcie znajdują się skrupulatne podziękowania, a obwiedzione czarną ramką nazwiska aż dziewięciu osób (do momentu pisania tej recenzji jeszcze dwa do tej żałobnej listy doszły) przypominają nieubłagane żniwo czasu. Z szóstki głównych bohaterów książki jeden Tadeusz Konwicki jest wciąż pośród nas. Pokolenia urodzone przed rokiem 1939 przeżyły swój czas i odchodzą w historię. Odcisnęliśmy nasze ślady na polskich drogach i w ostatnim słowie prosimy o łagodny wymiar kary.

IRENA GRUDZIŃSKA-GROSS

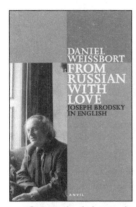

KSIĄŻKI O BRODSKIM

Lew Łosiew, „Iosif Brodskij, opyt literaturnoj biografii", Moskwa, Molodaja Gwardija, 2006.
Daniel Weissbort, „From Russian with Love, Joseph Brodsky in English", Londyn, Anvil Press Poetry, 2004.
Anatolij Najman, „Roman s samovarom", Nowy Jork, Nowyj Miedwied, b.d.

O zmarłych inaczej piszą ich rówieśnicy niż pokolenie wnuków. Gdy umarł Miłosz, wspominali go ludzie od niego młodsi. Śmierć Brodskiego najbardziej dotknęła jego współczesnych, szczególnie tych, którzy przeszli z nim jakąś część życiowej drogi i dzielili pasję do poezji. Autorzy trzech książek, o których będzie tu mowa, to właśnie jego „koledzy". Najważniejsza jest bez wątpienia biografia autorstwa Lwa Łosiewa, poety i krytyka. Interesująca jest także książka Daniela Weissborta, tłumacza niektórych wierszy Brodskiego. Trzecia książka to wspomnieniowy album o nowojorskiej restauracji, która powstała dzięki Brodskiemu i w której przechowuje się ślady jego obecności. Autorem jest także poeta — Anatolij Najman, były członek leningradzkiej „plejady", w skład której poza Brodskim wchodzili także Jewgienij Rejn i Dmitrij Bobyszew. Trzech poetów, trzy zupełnie różne świadectwa.

Iosif Brodskij, opyt literaturnoj biografii to pierwsza kompletna biografia rosyjskiego poety. Na ponad czterystu stronach zawiera, poza tekstem, obszernymi przypisami i bibliografią, stustronicową, niesłychanie dokładną kronikę życia i twórczości Brodskiego (autorstwa Walentyny Połuchiny i Łosiewa). Sam tekst biografii napisany jest wartko, fakty z życia przeplatają się z literackimi, chronologia z podejściem tematycznym. Wątki w poezji Brodskiego, jego zainteresowanie filozofią i religią, fascynacje literackie umieszczone są w kontekście doświadczenia życiowego. Łosiew niczego nie tłumaczy — nie zajmuje się psychologią. Pokazuje zależności, sugeruje powiązania, ale bez natarczywości czy metodologicznej pewności siebie. Pisząc na przykład o wykształceniu młodego Brodskiego, a raczej o jego autodydaktyzmie, zastanawia się nad sposobem rozumowania poety, nad jego posługiwaniem się językiem „naukowym". Jako przykład podaje opis śmierci w zakończeniu wiersza *Laguna*:

[...] W epoce tarcia i ciążenia
prędkość światła jest równa szybkości spojrzenia,
nawet w momencie, gdy światło nie świeci.
(tłum. K. Krzyżewska)

Fragment ten przypomina wiele innych ważnych momentów w poezji Brodskiego, na przykład opis Rosji z pierwszych wersów wiersza *Piąta rocznica*:

Gwiazda czy asteroid, spadając przez mrok nieba,
na ostrość wzrok nastroi i zamglić mu się nie da.
Spójrz na ów świat z tej strony. Chociaż spojrzenia niewart.

Tam chmurny las się kłoni jak klocków rząd w dominie.
Tam z punktu „A" przez stepy pociąg co sił w kominie
Dąży do punktu „B". Choć pewnie go ominie.
(tłum. S. Barańczak)

Wydaje mi się, że to zainteresowanie językiem nauki tłumaczyć może wiele innych cech poetyki Brodskiego, na przykład jego powracanie do pytań dotyczących przestrzeni i czasu, materialności przedmiotów i ciał, częste użycie sylogizmu czy innych form wnioskowania. Jedna z najważniejszych zasad jego sztuki — ucieczka od powtórzeń — jest także pochodną nauki, bo przecież nie odkrywa się na nowo ciągle tego samego. Analizując ten niby-naukowy sposób poetyckiego rozumowania, Łosiew nie zapomina, że jest on zawsze podszyty ironią. Ilustruje to cytatami z wiersza *Centaur I* logicznie przyrównującymi sofę do dziewczyny o imieniu Sofija. „Na poły piękne dziewczę, na poły sofa" pędzi na spotkanie, gdzie „w dwóch trzecich mężczyzna, a w jednej samochód / czeka na nią z warczeniem jałowych obrotów" (tłum. K. Krzyżewska). Brodski często doprowadza ten sposób widzenia do ironicznego i autoironicznego finału.

Lew Łosiew jest być może najlepszym z możliwych biografów Brodskiego. Zaprzyjaźnił się z nim jeszcze w Leningradzie, śledził jego rozwój poetycki od samego początku. Żył i uczył się w podobnych warunkach co

Brodski, należał do podobnych kółek literackich. Bo Łosiew też jest poetą, poetą znakomitym i jak Brodski znającym na pamięć zarówno klasyków rosyjskich, jak i autorów języka angielskiego. Zawodowo zajmuje się historią literatury, posiada więc aparat krytyczny (i czas), by ze znawstwem pochylić się nad dorobkiem Brodskiego. Część tego dorobku ma zapisaną w pamięci, o czym można się przekonać przy okazji różnych uroczystości poświęconych Brodskiemu, gdzie deklamuje jego wiersze. Ponieważ jest rosyjskim emigrantem w Ameryce, mógł objąć obie połowy twórczości Brodskiego, rosyjską i amerykańską, choć wyraźnie obchodzi go bardziej ta pierwsza. Ponadto rozumie dobrze walkę i zgryzoty człowieka, który występuje na obcym terenie i w obcym języku. Jest Brodskiemu ogromnie życzliwy, wydaje się, że bardzo się lubili. Potwierdzają to niektóre zdjęcia ilustrujące tę książkę. Widać na nich młodego Brodskiego z Łosiewem i jego żoną Niną czy Łosiewa w Sztokholmie w grupie przyjaciół zaproszonych przez Brodskiego na uroczystości przyznania mu Nagrody Nobla.

Książka Łosiewa łączy więc ogromne bogactwo faktów z opisem i analizą twórczości Brodskiego. Zupełnie inny jest dziennik Daniela Weissborta poświęcony jego pracy nad tłumaczeniami wierszy rosyjskiego poety. Weissbort, poeta piszący po angielsku, był zawsze ogromnie zainteresowany przekładami poetyckimi: wraz z Tedem Hughesem założyli znane pismo „Modern Poetry in Translation". To właśnie jego pasja translatorska i zafascynowanie literaturą rosyjską sprawiły, że zaczął przekładać na angielski wiersze Brodskiego. Spotkał go w roku 1972 w Londynie i dostał wtedy od niego tom wierszy z dedykacją *„Danielu Waisbortu"* (po rosyjsku) i *„i. e. From Russian with Love"*. Była to zabawa z tytułem popularnego wówczas „Bonda" z Ursulą Andress — już w parę miesięcy po przyjeździe na Zachód Brodski mierzył się z angielskim. Z tego właśnie powodu współpraca między autorem a tłumaczem nie ułożyła się dobrze i książka Weissborta mogłaby mieć za tytuł często powtarzaną w niej frazę: „kłopot z Brodskim". Rosyjski poeta nie poddawał się językowemu autorytetowi swoich tłumaczy, wszystkie przekłady traktował jako wersje wstępne, do dalszego przerabiania i poprawiania. To on był ostatecznym arbitrem. Weissbort był tym urażony, oskarżał Brodskiego nie tylko o niszczenie dobrych tłumaczeń, lecz także o plagiat, gdy jakiś fragment z jego wersji został zachowany. Unosił się, pisał obraźliwe listy, domagał się usunięcia swojego nazwiska spod przerobionego przez Brodskiego przekładu. Lecz w końcu zawsze wracał do Brodskiego, który trzymając się twardo swoich wariantów, starał się być w stosunku do swego tłumacza miły, a nawet czuły. Ostatni raz Weissbort widział Brodskiego na parę tygodni przed jego śmiercią, przez kilka godzin pracowali razem nad tłumaczeniem poematu Zabołockiego. Weissbort miał trudności ze znalezieniem do niego klucza, więc zwrócił się do Brodskiego. Porównanie

wersji wyjściowej z wersją końcową pokazuje, jak wielki był talent języ-
kowy i translatorski Josifa Brodskiego. Weissbort rozpoczął pisanie tej książki pod wpływem wstrząsu, jakim
była dla niego nagła śmierć rosyjskiego poety. Przekazuje wiele wzrusza-
jących scen, jak choćby krótką sekwencję rodzinną z malutką córką i żoną — Brodski domowy, serdeczny. Wraca do ich spotkań, do współpracy,
do konfliktów, zastanawia się nad swoimi reakcjami, przekonaniami.
Przede wszystkim porównuje rozmaite wersje tłumaczeń, przygląda się
specyficznemu angielskiemu Brodskiego, jego sposobom rymowania,
rytmowi jego wierszy. Z żalem, ale także z ogromną szczodrością przyznaje, że Brodski był lepszym tłumaczem. Wraca do swoich starych argu-
mentów: tak się nie pisze po angielsku, tak się nie rymuje, tak się nie
przerzuca części rozumowania z linijki do linijki. I odsuwa je na bok,
pokazując w wierszu za wierszem, że Brodski tłumaczy siebie na „Brodskiego" angielskiego dość ekstrawagancko, ale z energią i *brio*. Cytuje
słowa Teda Hughesa ze wstępu do wspólnie wydawanego pisma: w tłu-
maczeniach wierszy chcemy dotrzeć do autora i do tego, co ma on nam
naprawdę do powiedzenia. Chcemy, by nas zaskoczył, wolimy, by nas ob-
raził, niż ukołysał. „Gdy teraz czytam na głos — pisze Weissbort —
t e c h r o p o w a t e tłumaczenia wyprodukowane przez Brodskiego,
jestem mu wdzięczny (tak jak i Derek Walcott). Poprzez język angielski
słyszę własny głos Josifa, to znaczy jego r o s y j s k i głos. Nie należy
jednak zapominać, że dla tych, którzy nie słyszeli nigdy Josifa, brak
g ł a d k o ś c i może być przeszkodą" (s. 88).

Przez książkę przebija niepokój, autor dręczony jest wątpliwościami
i żalem. Inny jest nastrój albumu o rosyjskiej restauracji nowojorskiej
Russian Samovar. To rodzaj kroniki ze zdjęciami i reprodukcjami, z aneg-
dotycznym tekstem przedstawiającym historię restauracji, jej bywalców,
dzieła sztuki zdobiące jej ściany, rosyjski Nowy Jork. Na jednym z pierwszych zdjęć widać Lwa Łosiewa z rodziną, a pewno i Weissbort też gdzieś
jest, choć nie umiałabym go rozpoznać. Na każdym zdjęciu obecny jest
Roman Kaplan, leningradczyk, któremu udało się założyć tę restaurację
dzięki wkładom finansowym i pomocy Josifa Brodskiego i Michaiła
Barysznikowa. Ale są tu również znani pisarze amerykańscy, gwiazdy filmowe, pianiści, kompozytorzy, a także kilku Polaków. Autorem tekstu
jest Anatolij Najman, poeta, były sekretarz Anny Achmatowej, znany
z ironii i sarkazmu. *Roman s samovarom* jest książką przede wszystkim
nostalgiczną, opisem losów pokolenia urodzonego w latach trzydziestych–czterdziestych zeszłego roku, dziś żyjącego między Rosją a Ame-
ryką. Tematem jej jest kultura rosyjska, emigracja, a osobą, do której się
ciągle powraca, jest Brodski. Pisząc o trudnościach emigracji, Najman
przytacza opowieść o liście, jaki Brodski dostał od Miłosza zaraz po przy-

jeździe do Stanów Zjednoczonych. List ten miał ostrzegać, że dopiero emigracja pokazuje człowieka takim, jaki jest. (Z odnalezionego listu wiadomo, że był on raczej zachętą niż ostrzeżeniem). Najman cytuje Achmatową, która mu powiedziała: „Nie uważa pan, że nasz Josif to typowe półtora kota?". Opowiada o tym, jak Brodski podsunął mu sposób, w jaki mógłby płacić Kaplanowi za darmowe posiłki: „Wierszykami, wierszykami". Stąd, pisze Najman, tyle rymowanek w restauracyjnej księdze gości, tyle rysunków, tyle obrazów na ścianach (reprodukowane są w tym albumie). Opisując fotografię Bułata Okudżawy siedzącego przy stole razem z Mścisławem Rostropowiczem, Najman wspomina, że widział kiedyś zdjęcie, na którym Brodski, Barysznikow i Rostropowicz tańczą *Jezioro Łabędzie*. Cytuje tekst o Russian Samovar napisany przez Marka Stranda do przewodnika po Nowym Jorku. Tekst ten kończy się zdaniem: „Duch Brodskiego krąży gdzieś w pobliżu". Duch Brodskiego niewątpliwie unosi się także nad tą książką.

ZOFIA KRÓL

JUŻ WIDZIANE

Julia Hartwig, „Podziękowanie za gościnę. Moja Francja",
Gdańsk, słowo / obraz terytoria, 2006, s. 424 + il.

„Uczucie błogości i niewytłumaczalnego *déjà vu*, które raz po raz ogarnia mnie w Paryżu. Mieszkałam w tym mieście i bywałam w nim wielokrotnie w swoim życiu, ale to *déjà vu* nie odnosi się do tych wspomnień, jest o wiele dawniejsze". Dawniejsze? Ze względu na obie emigracje paryskie? Na tradycje polskiej kultury, która wyrzucona z własnego kraju, zadomawiała się w Paryżu? Na język francuski, którym posługiwali się od dawna polscy inteligenci? Nie tylko. Spróbujmy pojąć owo *déjà vu* najgłębiej. Bowiem książka Julii Hartwig *Podziękowanie za gościnę* to opowieść o Francji osobistej, Francji odczutej najsubtelniejszym nerwem poetyckiej intuicji, Francji ujrzanej właśnie w tym „dawniejszym", i bardzo prywatnym, *déjà vu*.

Podziękowanie za gościnę zostało pomyślane jako książka w „formie bardziej pojemnej". Dwa szkice *Początki* i *Trudna Francja* — a także króciutki, choć ważny, fragment *Na zakończenie* — zostały napisane specjalnie do tej książki, wzmacniają jej spójność i dopowiadają to, co w wierszach nie zawsze łatwe do uchwycenia, a w tym przypadku nader istotne dla uzyskania szerszego oglądu: konkretne fakty, przyczyny, ciągi zdarzeń i ich wnikliwe podsumowania. Dalej znane już czytelnikowi fragmenty francuskie dziennika *Zawsze powroty* i *Moja podróż przez Francję* — uporządkowane według klucza geograficznego wiersze napisane we Francji. Wreszcie szkice o poetach i tłumaczenia wierszy: Gérard de Nerval, Charles Baudelaire, Guillaume Apollinaire, Marcel Duchamp (jedyny nie poeta na tej liście), Max Jacob, Blaise Cendrars, Pierre Reverdy i Henri Michaux. Wszystko to układa się w opowieść o pewnej ważnej historii: Julia Hartwig i Francja. Ale w tej historii ma także swój — drugoplanowy, ale istotny — udział położony kilkaset kilometrów dalej na wschód kraj ojczysty poetki. Bowiem „jednak porzucamy wygody i zasobne biblioteki / [...] i wracamy tam gdzie innym wydaje się że żyć nie sposób". To końcowy fragment wiersza, od którego pochodzi tytuł całej książki — *Podziękowanie za gościnę*.

Autorka snuje swoją opowieść o Francji, zmieniając wciąż język przekazu, bywa staroświeckim literaturoznawcą, niedbałą podróżniczką, skrupulatną biografką, wnikliwą eseistką i — jednak przede wszystkim — subtelną poetką. I w żadnej z tych ról nie boi się prostych słów, które — choć w innych ustach mogłyby zabrzmieć ogólnikowo i naiwnie — tu, sprowadzone do swojego najgłębszego znaczenia, najprecyzyjniej opisują świat. Oto na przykład poezję amerykańską Julia Hartwig określa jako „szczerą". Choć jednocześnie wątpi w stosowanie tego słowa jako kryterium literackiego, „szczerość" okazuje się najlepszą nazwą dla opisywanej w tym fragmencie bezpretensjonalnej intymności, cechującej wiele utworów młodej poezji narodu amerykańskiego. Pod koniec tego samego akapitu poetka opowiada o wpływie Apollinaire'a i Nervala — bohaterów jej dwóch monografii — na swoje pisarstwo. Nie gubi się jednak w rozmaitych terminach „wpływologii", zamiast tego stwierdza przekonująco i prosto: „umacniali mnie w poetyckiej odwadze".

W *Podziękowaniu za gościnę* takie bliskie relacje panują pomiędzy autorką i wszystkimi jej bohaterami. Jeżeli analizuje biografię, to robi to jak przyjaciel, nie wyławia suchych szkieletów zdarzeń, ale umieszcza je taktownie w całej złożonej konstelacji życia, sugerując bez nacisku ich możliwe związki z równoległym torem twórczości. Jeżeli interpretuje dzieło, to nie jako krytyk, ale członek tego samego cechu, który rozumie nadzieje i trudy. Jeżeli w ogóle decyduje się opowiadać o jakiejś postaci, to tylko dlatego, że czuje łączącą ich — ponad różnym czasem ich życia — nić intuicji. I odwrotnie niż w wierszu *Spotkania* — w którym poeci spotykają się, „żywy poeta z żywym poetą", i zażenowani wzajemną znajomością wypowiedzianych w wierszach najintymniejszych spraw, mówią „w każdym razie nie o tym" — tu, oddzieleni wygodnym dystansem czasu, przywołani przez Jedną z nich, właśnie „o tym" mówią.

Owo prywatne *déjà vu* Julii Hartwig jest „dawniejsze" przecież także ze względu na tych przyjaciół z dawnego czasu, z którymi odczuwa szczególną więź. Także dziennik jest pełen takich minionych duchów. W Deauville „niewysoka fala, jakby pełzająca po dnie, ale rozległa, widoczna w całej swej rozległości, kunsztowna, rozdmuchana górą, w koronkach piany" przypomina jej inną — z obrazu Maneta. I poetka, wychodząc na plażę w Deauville, powtórzenia tamtej fali szuka. Kilka stron dalej zamieszczono kolorową reprodukcję obrazu, co ułatwia wejście w atmosferę tego wietrznego dnia nad morzem, dziewiątego marca 1986 roku. Prawie cztery miesiące później, dwadzieścia kilometrów na południowy zachód wzdłuż wybrzeża, w Cabourg, ta sama podróżna, szukająca wytrwale dawnych śladów na piasku, wpatruje się ze wzruszeniem w okna górnych pięter od strony morza, przez które prawie wiek wcześniej o poranku Marcel Proust podziwiał morskie światło. Z właściwą sobie świeżością spojrzenia poetka zauważa drzewa otaczające hotel i z opóźnioną o dziesięciolecia troską myśli o alergii słabowitego pisarza. Ten przyjaciel po fachu towarzyszy jej w podróży, odbywanej długo po jego śmierci.

„Geografia dotykalna, objawiona" — zaryzykuję tę tezę — jest ulubioną geografią Julii Hartwig. Wspomina o niej przy szczególnej okazji: oto podczas innego spaceru nad brzegami kanału La Manche uświadamia sobie „dotykalną" obecność — obecność rzeczywistą, poza samym skonwencjonalizowanym już słowem — północnego wiatru, a wraz z nim niedalekich brzegów Anglii. Ale „geografia dotykalna" to nie tylko przestrzeń zapisywanych w dzienniku spacerów i eseistycznych wypraw w przeszłość, to przede wszystkim przestrzeń poezji. Dlatego być może to także przestrzeń „objawiona". Dlatego być może te dwa przymiotniki — „dotykalna" i „objawiona" — mogą być wymienione jednym tchem.

„Kochaliśmy Francję" — przyznaje z właściwą sobie niewymuszoną prostotą autorka już w pierwszym zdaniu jednego z esejów. W jej wierszach Francja to właśnie ów „dotykalny" świat, ten, w którym — namacalnie, przestrzennie, blisko konkretu — się żyje, mieszka, czuje. I podróżuje.

„Podróżować znaczy żyć [...] podwójnie, potrójnie, wielokrotnie" — napisał Andrzej Stasiuk. W swojej *Podróży przez Francję* Julia Hartwig przemierza przestrzeń od znanej już nam dobrze z kart dziennika Północy („świt w Normandii", który „tarza się w trawie przez chwilę / wśród zapalonych żonkilów / pod nieruchomym spojrzeniem kota", i Bretania, „rozległy prostokąt Europy"), aż na Południe (wioska Sare przy granicy hiszpańskiej, gdzie „Na rynku pod żółtą markizą / podają cierpkie wino pirenejskie" i prowansalskie Arles).

Pomiędzy Północą a Południem — najważniejsze miejsce francuskich pobytów i powrotów poetki — Paryż. „Jest takie miasto gdzie wszystko jest moje / ale nic mi nie przynależy nawet własna tożsamość". „Znika bez śladu kiedy tylko stracę je z oczu" — to właściwość miejsc bardzo nam drogich. Przestrzeń „dotykalna" jest także przestrzenią ukochaną.

A jednak pojawia się gorzkie pytanie: „Po co tu wracać po latach"? „Nie próbuj powracać jeszcze raz / w miejsca gdzie twój czas już się zużył". Jaki jest sens powrotu? Powrotu do tego, co kiedyś już widziane? *Déjà vu.*

Otóż wydaje się, że *déjà vu* staje się tu niekiedy po prostu sensem i narzędziem poezji. Rejestracji ulotnych chwil życia. Oto wieczorem 17 stycznia 1986 roku na stacji metra Saint-Michel rozegrała się zabawna scena. Podchmielony Murzyn i gitarzysta zaczęli prześcigać się w tempie piosenki. Powstała piękna, podwójna melodia. Pod koniec dołączył saksofon z innej części peronu. Nadjechał z hukiem pociąg i na zawsze pogrzebał tę chwilę. Polska poetka zanotowała ją w swoim dzienniku. Spośród wszystkich chwil, które trwały w tym samym czasie na innych stacjach paryskiego metra zapewne ta tylko została ocalona.

Tamtego — wspomnianego już — dnia zmęczona podróżna obejrzała dostojny hotel, w którym mieszkał Marcel Proust, i zeszła na plażę. Tam zjadła przywiezione ze sobą skromne drugie śniadanie. „Zawsze byłam we Francji tylko gościem" — zaznaczy w zakończeniu książki. Tylko? Dla nas jest kimś, kto stamtąd przywozi zapis chwil uchwyconych w poetyckim *déjà vu.* To, co już widziane, ma jakąś szczególną moc.

LESZEK SZARUGA

ŚWIAT POETYCKI (XXXVII)

Przyznam, że na taki właśnie tom czekałem od dłuższego czasu. Spodziewałem się, że wyjdzie spod pióra kogoś młodego i zbuntowanego. Tymczasem jest dziełem autora w pełni dojrzałego i raczej chyba do buntu nieskłonnego, choć pozostającego wobec rzeczywistości w sceptycznym dystansie. Mam na myśli *Poemat odjazdu* Andrzeja Mandaliana (Warszawa, Sic!, 2007), kolejny „zbuntowany" tom po jego *Czarnym wietrze* z roku 1956. W tym buncie nie chodzi o odmowę, lecz o ostrość rozpoznań i przenikliwość diagnozy świata. I, jak to zwykle w poezji bywa, rzecz nie tyle w „polityczności", ile w swoistej empatii. Uderza tutaj zdolność stopienia we wspólnej narracji realistycznych rozpoznań z refleksją metafizyczną: to pierwsze zdaje się być domeną młodości właśnie, to drugie — owocem doświadczenia. Tom Mandaliana jest stopem obu żywiołów, a zarazem — z poetyckiego punktu widzenia — mamy tu do czynienia ze zdumiewającą redukcją środków wyrazu, ze swoistą ascezą wysłowienia.

Podobnie jak w przypadku poprzedniego tomu — *Strzęp całunu* — nie jest to zbiór wierszy, lecz rozpisany na wiersze poemat: tym razem nie epicki, lecz refleksyjny. Miejsce: warszawski Dworzec Centralny — traktowany tu zarówno realistycznie, jak i metaforycznie (*Centralny* — nadtytuł wpisanego w całość cyklu; kontrapunktem dlań jest cykl *Poczekalnia*). Czas: współczesność, boleśnie naznaczona historią. Pojawiające się tu postaci to przede wszystkim bohaterowie marginesu, jak Mańka Skoroświt czy tytułowa bezdomna z wiersza *Wędrująca z kotami*, pojawia się nawet Jasio Himilsbach tęskniący za dworcem Warszawa Główna. Od czasu do czasu robi się niebezpiecznie:

Idą.
Ławą.
Po schodach.
Krok w krok.
Od ściany do ściany.

Łany łbów ogolonych.
I po kolana — glany.

To świat zwyczajny, ale jego codzienność przeraża. Przeraża przede wszystkim świadomość tego, iż życie nie jest w stanie sprostać marzeniom: „dziś, pod tą suczą gwiazdą, pod księżycem obcym, / klęczę i płaczę świat ów, który mnie odumarł" (*Wszyscy moi umarli*). To świat (nie)spełnionych miłości, świat przypadkowych spotkań i rozstań, pełen mrocznych zakamarków. Przy czym wszystko jest tu pochwycone w nawias ironii — bo przecież, jak w wierszu *A więc to jest ten peron, z którego niebawem odjadę*, doświadczenie naznaczone jest świadomością przemijania, wiedzą o tym, iż to „bytów półtrwanie". Jest w tej narracji Mandaliana — oszczędnej, zaświadczającej o wyjątkowym słuchu językowym — spokój, całkowity brak dramatyzmu jak w słowach zamykających książkę:

uczyń cud swój, Panie Zastępów: zachowaj nas w pamięci
nie takimi, jacyśmy byli, lecz jakimi chcieliśmy być.

Nowy zbiór Krzysztofa Boczkowskiego — *Okna Dnia i Nocy* (Warszawa, Nowy Świat, 2007) — przynosi utwory, jak zwykle u tego autora, silnie zakorzenione w tradycji kultury, nasycone odwołaniami do dzieł

155

starych mistrzów poddawanych kolejnym próbom lektury i rozumienia, przy czym autor nie stroni od gier intertekstualnych, jak choćby w wierszu *Autoportret weimarski Albrechta Dürera* nawiązującym do utworu Aleksandra Wata *Przed weimarskim autoportretem Dürera*:

Aleksander Wat sądził że Albrecht idzie ku śmierci
— i od śmierci wraca — w autoportrecie odbity jak w lustrze
Ale to nie jest istotne — bo jest sobą

Nie zmieni tego nawet śmierć i zetlałe kości
kamiennego grobowca w Norymberdze. Jest sobą —
oddalony od pacholęctwa, starości, spazmów potencji
— jest w wieczności

Śmierć, jeden z królewskich tematów tej poezji, ściera się z pięknem — ono nadaje sens wszelkiej treści życia, jak w otwarciu wiersza *Ariel i Nieobecna*: „Rzeczy które nie mają piękna — umierają / jak umiera drzewo bez kory — / i treść wewnętrzna staje się próchnem". Piękno jest więc zaproszeniem do wieczności i choć „lira i słowo nie zwyciężają Śmierci" (*Mądrość serca Jarosława Iwaszkiewicza*), to przecież są one wyrazem ocalającej miłości stanowiącej drugi z królewskich tematów tej liryki.

Jest i temat trzeci: godność. W jego przestrzeń wprowadzają takie wiersze jak *Aleja modrzewiowa*, w którym mamy do czynienia z negatywem „opowieści gminnej" — tytułowa aleja zaświadcza o istnieniu kiedyś u jej końca dworu, po którym ślad zaginął: „Pani we krwi leżała na podłodze sypialni, a Panu w stajni / strzelili w tył głowy". Wszystko to zwyczajny bieg rzeczy, gdyż mamy do czynienia z „normalnym, jednym z wieczorów zimy i wiosny Roku Pańskiego 1945". Przyszłość nie maluje się odmiennie. Została opisana w *Olimpiadzie 2008*, utworze opatrzonym zwięzłym komentarzem: „W Tybecie nadal torturowani są więźniowie".

Nie jest więc tak, że Boczkowski w swej twórczości jedynie sztuce zawierza: kultura w jego wierszach poddawana jest próbie historii, przy czym jest to próba zawsze dramatyczna, gdyż właśnie historia, ogołocona z moralności, pozbawia nadziei, jak w ironicznej strofie kończącej całą książkę, decyduje o naszym życiu:

Nie umarłem, choć umarła moja Nadzieja, że zobaczę
szczęśliwą Polskę. Claudel przed śmiercią mówił:
„Nie widzę, nie słyszę, a żyję".
Ja, słyszę, widzę i żyję — choć nie mam Nadziei.
Widać, mam „dobre usposobienie" tak niezbędne w dzisiejszej Polsce.

Rytmy, albo wiersze na czas (Bydgoszcz, Bydgoski Dom Wydawniczy Margrafsen, 2007) to najnowszy tom szczecińskiego poety, a zarazem teo-

retyka literatury Piotra Michałowskiego. Autor kontynuuje tradycję poezji lingwistycznej. Książka jest starannie skonstruowana, gry słowne — jak choćby w cyklu sonetów *Koleje czasu* — wykoncypowane i demonstracyjnie wyeksponowane:

Świadomość opóźnienia nigdy nie uleczy
Tego, co jasne OCZY bezradnie otwiera,
By tam swą WISTOŚĆ krzyczeć, gdzie już nie ma RZECZY.

Pisanie, nazywanie, tworzenie form i gra z nimi to jeden z podstawowych tematów tej poezji, która manifestuje samą siebie, swą „poetyczność", „sztuczność". Stąd zresztą szczególnie wyrazista w pisanym oktawami poemacie *Szczelina czasu* skłonność do autotematyzmu:

Nie dałem obrotom
Wiersza swobody, a tradycji echem
Nurt poprawiając — sprowadziłem potop
Znaczeń rozmytych. Jednak musisz przyznać:
Wysiłek próżny, ale nie łatwizna!

Wiersz jest zadaniem; jego celem jest przede wszystkim formalna doskonałość — i choć poemat „sam nie wie, co naprawdę znaczy", to przecież jego pisanie (a właśnie pisanie poematu jest treścią tego utworu) jest zmaganiem się z materią języka. Przy tym, gdy czytać uważnie, okaże się, że pochwyceni jesteśmy w sieć „odsyłaczy": wyliczenie i zanalizowanie nawiązań czy aluzji, czasem polemicznych, do tekstów innych autorów, wymagałoby całej rozprawki (Michałowski jest autorem świetnego tomu pastiszów opatrzonych uczonymi komentarzami). Ta poezja jest na swój sposób bezinteresowną grą z poetycką tradycją, pozwalającą odnaleźć dla niej nowe punkty odniesienia: odsłania niejednoznaczność świata, uniemożliwiając, „by wiersz ułożył to co sam wypowie", choć przecież, paradoksalnie, tak się właśnie dzieje. Bez wątpienia jest więc ten tom swoistym manifestem suwerenności aktu poetyckiej kreacji: wolności samodyscypliny; najpełniejszy wyraz znajduje to w otwierającym tom *Modrzewiu (III)* bądź w finezyjnie rymowanych *Intermedium* i *Pełni*.

LESZEK SZARUGA

KRZYSZTOF R. APT

„ZESZYTY LITERACKIE". CHWILA WSPOMNIEŃ

O pierwszej w południe dzwonek do drzwi. Jakaś miła pani z Polski (w jaki sposób udało jej się dostać na moje piętro bez inwigilacji przez konsjerżkę?) z sensownym pytaniem, czy to redakcja „Zeszytów Literackich". Sensownym, bo mój prywatny adres, 37 Geoffroy St. Hilaire, 7005 Paris, widniał na wewnętrznej okładce jako adres redakcji. Niestety, nie miałem jej niczego do zaoferowania poza szklanką herbaty i egzemplarzami trzech pierwszych numerów „Zeszytów", które się dotąd ukazały. Trochę zdziwiona, że to tak wygląda redakcja „Zeszytów", ruszyła na wędrówkę po Paryżu.

Poza tą niespodziewaną, bo w stanie wojennym, wizytą z Polski nie miałem bezpośrednich kontaktów z czytelnikami z Polski. „Zeszytami" zajmowałem się, jako tak zwany *directeur de la publication*, przez pierwsze dwa lata ich istnienia. Nieskromnie mówiąc, byłem w tym okresie odpowiedzialny za wszystko poza ich treścią. Wszystko zaczęło się, gdy jesienią 1982 roku Basia Toruńczyk w jej tylko znany, ujmujący sposób zaproponowała, bym się zajął sprawą założenia „Zeszytów" i ich administrowaniem. Do tego potrzebna była struktura prawna. Umyśliliśmy, że najlepszym rozwiązaniem będzie założenie stowarzyszenia, które by wydawało „Zeszyty". Dyrektorem zgodziła się zostać Alina Margolis. Ja, jako skarbnik, wypłacałem od pewnego momentu marną pensję jedynej osobie na etacie stowarzyszenia: Basi. Trzecią osobą w zarządzie był Wojtek Karpiński. Jedyne zebranie władz miało miejsce po roku, gdy zdecydowaliśmy trochę podwyższyć pensje wszystkich pracowników.

By stworzyć fizycznie „Zeszyty", trzeba było zadbać o „kilka" drobiazgów jak: zarejestrowanie stowarzyszenia, otworzenie jego konta, otrzymanie numeru ISBN dla pisma, ustalenie, gdzie pismo składać (stanęło na firmie Gienka Smolara w Londynie), wybranie drukarni, ustalenie okładki (Basia wpadła na genialny pomysł, by poprosić Janka Lebensteina, twórcę sztychu dłoni z imponującym kciukiem, dumnie dzierżącej żagiew kultury) i szaty graficznej (Andrzej Majewski), wybór papieru (wybraliśmy strategicznie Buffon 80 g; w ten sposób 160-stronicowy numer ważył poniżej 250 g, co zredukowało do połowy koszty wysyłki), zebranie adresów i spisanie ich na mojej maszynie do pisania, zaprojektowanie, wydrukowanie i rozprowadzenie ulotki wśród Polonii.

Zapomniałem o jednym istotnym drobiazgu: znalezieniu pieniędzy na produkcję ulotki i pierwszego numeru. Z perspektywy czasu trudno sobie uzmysłowić, że „Zeszyty" powstały bez jakiegokolwiek zaplecza finansowego. Ogromnie nam pomogły polskie księgarnie w Paryżu i Chicago, które od razu się zgodziły na duży zakup pierwszego numeru, i pani Barbara Johnson, która hojnie sfinansowała część pierwszego numeru i cały drugi.

Niejasna sytuacja finansowa „Zeszytów" była ciągłym problemem. Każde nowe zgłoszenie prenumeraty ogromnie cieszyło. Czasami mogliśmy trochę zarobić na opublikowaniu drobnego ogłoszenia. Raz udało mi się znaleźć nieduże, ale za to regularne, dofinansowanie z niespodziewanego źródła: francuskiego Ministerstwa Kultury. By je dostać, wystarczyło (francuscy urzędnicy byli czasami doprawdy wzruszający) złożyć podanie i w każdym numerze publikować spis treści po francusku.

Materiały były wysyłane do składu do Londynu. Po jakimś czasie docierał na mój adres pakiet ze złożonym numerem. Korektą zajmowała się na początku Julia Juryś. Jak tylko otrzymałem z Londynu wersję gotową do druku, zawoziłem ją do drukarni pod Paryżem. Trzy tygodnie potem numer był gotowy.

Dystrybucja każdego nowego numeru trwała dwa dni. Wpierw jechałem swoim renault 5 dwa razy do drukarni: za jednym razem można było przewieźć najwyżej 600 egzemplarzy. Część z nich dowoziłem bezpośrednio do dwóch polskich księgarń w Paryżu. Resztę trzeba było przetransportować małą, typowo paryską, windą do mojego mieszkania na szóstym piętrze, gdzie zaadresowane koperty z naklejonymi znaczkami już czekały, często w towarzystwie Basi Toruńczyk i Wojtka Karpińskiego, na swoją zawartość.

Po przygotowaniu kopert do wysyłki „Zeszyty" wędrowały z powrotem do windy i do renault 5. Wysyłałem je z dwóch poczt: z jednej do Francji jako druki (bo taniej), z drugiej za granicę jako książki (bo taniej). W ten sposób koszty wysyłki darmowego egzemplarza dla polskiej stacji naukowej na Spitsbergenie (sugestia Andrzeja Mietkowskiego) i do abonentów w mojej dzielnicy pokrywały się.

Szmugiel „Zeszytów" do Polski odbywał się różnymi drogami. Najbardziej skuteczny w tej sprawie był bardzo oryginalny w swoich pomysłach Marian Kaleta z Malmö w Szwecji. Pamiętam, że raz przesłałem na jego sugestię dwadzieścia egzemplarzy do Rzymu, bo grupa polskich księży zgodziła się zabrać po egzemplarzu do kraju.

Adresy abonentów, by uniknąć ryzyka włamania, trzymałem w pracy na pobliskim uniwersytecie, Paris 7. Z tych samych powodów starałem się realizować jak najszybciej czeki za prenumeratę. Abonenci na szczęście mało mnie gnębili listami. Z wyjątkiem niejakiego Czesława Miłosza, który się gorzko żalił, że znajomi w Prowansji nie otrzymali egzemplarza „Zeszytów", które im zaprenumerował. Odpisałem w oficjalnym tonie, stawiając „dr" przed moim nazwiskiem, aby uwiarygodnić moją tezę, że to wina poczty.

W sprawach administracyjnych i organizacyjnych dawała mi Pani Redaktor całkowicie wolną rękę, co ogromnie upraszczało współpracę. Z kolei moja jedyna ingerencja w sprawy treści polegała na czytaniu „Zeszytów" w korekcie, co pozwalało na wyłowienie dodatkowej, skromnej, porcji literówek. To wszystko było jednak ogromnie czasochłonne. Na szczęście od, zdaje się, czwartego numeru zaczęła mi trochę pomagać za nędzne wynagrodzenie przemiła i sumienna Agata Czartoryska.

Z czasów mojej dwuletniej pracy dla „Zeszytów" (i podziemnej „Solidarności") mam lukę w naukowych publikacjach: oficjalna praca jako informatyka w Centre National de la Recherche Scientifique (CNRS) i praca w wolnych chwilach dla „Zeszytów" zamieniły się rolami. Po jakimś czasie zacząłem tracić kontakt z pracą naukową i zdałem sobie sprawę, że muszę podjąć drastyczną decyzję. W 1984 dostałem zaproszenie na wyjazd na rok jako *visiting scientist* do IBM Research Center w Stanach. Wyjechałem na początku października, przekazując opiekę nad „Zeszytami" Basi Chęcińskiej, która została *directeur de la publication* numeru 9. Od tamtego czasu do przeprowadzki „Zeszytów" do Polski w 1990 roku pozostała mi głównie symboliczna rola skarbnika stowarzyszenia.

W 1998, gdy internet zaczął się rozpowszechniać wśród informatyków i był jeszcze ciekawostką dla innych, zasugerowałem Basi, by wykorzystując moje kontakty z informatykami w Polsce, założyć stronę internetową „Zeszytów". Ówczesny dziekan, profesor Władysław Turski, uprzejmie się zgodził na moją dość dziwną prośbę, by udzielić „Zeszytom" gościny na łamach stron internetowych Wydziału Matematyki, Informatyki i Mechaniki Uniwersytetu Warszawskiego. Pierwszą stronę internetową „Zeszytów" stworzył i uaktualniał ówczesny student, a obecnie adiunkt na owym wydziale, Aleksy Schubert.

Reszta jest historią. Do której, mam nadzieję, przejdę z dumą jako osoba, która własnoręcznie nakleiła wszystkie znaczki na koperty z pierwszym numerem „Zeszytów".

KRZYSZTOF R. APT

BARBARA TORUŃCZYK

KRUCHA BEZCENNA RZECZ

Przy zakładaniu „Zeszytów Literackich" wzorem był mi Jerzy Giedroyc. Zwłaszcza Jerzy Giedroyc — wydawca pierwszego numeru „Kultury", redaktor miesięcznika z lat pięćdziesiątych, twórca Biblioteki „Kultury". Swoją pracę magisterską w roku 1974 napisałam na KUL-u, poświęcając ją młodym utalentowanym poetom warszawskim; dowodziłam w niej, że zanim zginęli w Powstaniu czy w akcjach wymierzonych przeciwko okupantowi, zdążyli „przydeptać gardło swojej pieśni" jako wychowankowie Konfederacji Narodu i wyznawcy skrajnie prawicowej ideologii czynu i krwi. Kontrprzykładami może najczęściej przeze mnie przywoływanymi w tej pracy byli Czesław Miłosz i Konstanty A. Jeleński.

Kiedy w latach osiemdziesiątych przebywałam w Stanach Zjednoczonych, zdążyłam zapoznać się w bibliotece rzadkich druków z pewnym pismem. Założyli je na emigracji, w Nowym Jorku, uchodźcy z III Rzeszy. Miało nazywać się „Solidarność", ale dla niemieckich antynazistów w Stanach Zjednoczonych w czasie II wojny światowej, takich jak Klaus Mann, syn Tomasza, młody i głośny już pisarz czekający na przyznanie mu obywatelstwa Stanów Zjednoczonych, aby wstąpić do amerykańskiej armii, i jego siostra Erika, już na froncie w alianckim mundurze (dostała go bez trudu jako „paszportowa" żona Audena) — najwłaściwszy okazał się tytuł „Decyzja".

Był to miesięcznik poświęcony światowej literaturze, architekturze, filmowi, sztuce nowoczesnej. Jego numer 1. ukazał się w styczniu 1941. Drukowali w nim: Wystan H. Auden, Jean Cocteau, Aldous Huxley, Christopher Isherwood, Henryk Mann, Bruno Walter, Franz Werfel, Stefan Zweig. Dyskutowano na temat: „Czy sądzisz, że intelektualista powinien wywierać wpływ na politykę? Jaka w związku z tym powinna być rola pisma kulturalnego?". Isherwood zamieścił recenzję z *Komu bije dzwon* Hemingwaya. Klaus Mann — z książki Eleonor Roosevelt *Moralne pod-*

stawy demokracji. Audena przedstawiono jako jednego z najbardziej interesujących poetów nowej generacji.

W numerze 2. pojawił się Tomasz Mann. Auden ogłosił wiersze oraz antologię greckiej poezji we własnym wyborze, m.in. wiersz Kawafisa *Czekając na barbarzyńców* w przekładzie Marguerite Yourcenar we współpracy z Audenem. Drukowano szkice o Joysie, Bergsonie, dyskutowano o wizjach świata powojennego z sympatią dla ruchu Paneuropy. Przedstawiono sylwetki Kawafisa i Golo Manna. W każdym numerze zamieszczano przegląd nowości filmowych, teatralnych, ze świata architektury i sztuk plastycznych.

W numerach następnych Klaus Mann zajął się Waltem Whitmanem, którym był zafascynowany, Auden drukował swoje nowe wiersze, ukazały się recenzje z książek Rauschninga i omówienie Kafki z okazji opublikowania w USA *Zamku* poprzedzonego wstępem przybyłego właśnie do Kalifornii Tomasza Manna; Klaus Mann recenzował także *Amerykę* i inne nowele Kafki. Curtiss, przyjaciel Klausa, pisywał o teatrze, przysyłając korespondencję z armii. Erika Mann nadsyłała z frontu korespondencję do stałej rubryki „Listy z wojny". W numerze 4. ukazało się zabawne sprostowanie: „Pierre Lazareff miał na myśli Jean-Paul Sartre'a, a nie André Sartre'a w marcowym numerze «Decision» [...]. Jean-Paul Sartre jest jednym z największych talentów młodej literatury. Znajduje się obecnie w szczególnie delikatnym położeniu i przyjaciele usiłują sprowadzić go do USA". Sprostowanie odnosiło się do tekstu *French Spirit versus Nazi Peace.* W „Decision" pisano o Wirginii Woolf i jej samobójczej śmierci. Zamieszczono antologię poezji latynoamerykańskiej. Auden pisał o Ortedze y Gassecie (ten jeden człowiek w latach dwudziestych przesądził o biegu kultury hiszpańskiej — oświadczy w roku 2006 Michał Bristiger). Pojawiały się nieznane nazwiska młodych obiecujących literatów, chociażby Carson McCullers. Drukowali Stephen Spender, Bertolt Brecht, André Gide, Georges Bernanos. Z Rosjan Ałdanow, z Polaków — Wittlin. Pismo istniało rok. Upadło z braku funduszy. Zaraz potem Klaus Mann otrzymał wreszcie obywatelstwo Stanów Zjednoczonych, przywdział amerykański mundur i poszedł na front.

Rok 1941 okazał się rokiem zwrotnym II wojny światowej — do wojny wkroczyły potęgi, które zdecydowały o jej przebiegu: III Rzesza zaatakowała ZSRR, Japonia — USA w Pearl Harbor. We wstępnym artykule programowym Klaus Mann zapytywał: „Jeszcze jedno pismo literackie?". Odpowiedź właśnie poznaliśmy.

Taka odpowiedź — odpowiedź na dyktaturę i wojnę uprawianiem filozofii i sztuki, uporczywością indywidualnego wysiłku twórczego, kultywowaniem niezależności i swobody intelektualnej — nie mieściła się w polskiej tradycji. Nawet Czapski żegnał się z rajem utraconym czystego malarstwa, kiedy tuż po wojnie wiązał się z „Kulturą". Jednak pierwszy numer tego pisma, łącznie z wymienionym artykułem Czapskiego, odtwarzał, jako ripostę na wojenne zniszczenia, mapę wielkiej kultury Europy z nazwiskami Paula Valéry, Benedetta Crocego, Federico Garcia Lorki na okładce. Tędy miała prowadzić droga do przyszłości. Również tytuł pisma został sformułowany odpowiednio do tego wezwania: „Kultura" (a nie „Polityka", jak widniało na winiecie pisma wydawanego przed II wojną przez Giedroycia w Warszawie).

Jeleński zdobył się na łamach „Kultury" na zdecydowany, mądry komentarz na temat rozstania Czapskiego ze światem sztuki i w te słowa wczytywałam się uważnie w różnych okresach życia, począwszy od chwili, kiedy zacytowałam je w swojej pracy magisterskiej o nieszczęsnych młodych poetach okupacyjnych.

W polskiej kulturze umysłowej tradycyjnie obowiązywała jednak „szlachetność, niestety", co Miłosz wytykał na łamach „Kultury" jeszcze w latach osiemdziesiątych w szkicu tak właśnie zatytułowanym. Pamiętajmy więc, że pierwszymi, którzy w Polsce odważnie i bez kompleksów upomnieli się o swobodę w sztuce w imię niezawisłości i intelektualnej rangi polskiej kultury, byli: Witold Gombrowicz, Czesław Miłosz, Konstanty A. Jeleński, Józef Czapski, Jerzy Stempowski, Gustaw Herling-Grudziński. Pióra „Kultury", jak się o nich zwykło myśleć, chociaż nie można wyłączyć z tej forpoczty wolności Zygmunta Mycielskiego, Aleksandra Wata, Jana Lebensteina, Zbigniewa Herberta, Sławomira Mrożka, Bohdana Paczowskiego i zapewne jeszcze wielu innych. Niemniej powtórzmy wniosek Miłosza: trzeba cenić Giedroycia i „Kulturę" — „dlatego, że jest": istniała, trwała długo, ukształtowała nas. Przedtem sama ta tradycja nie była u nas ani znana, ani ceniona.

Kiedy zaczynaliśmy wydawać w Paryżu w roku 1982 „Zeszyty Literackie", Jerzy Giedroyc miał lat 76. Nadal pełnił swoją misję polityczną. Był w tym jak zawsze niezastąpiony. Komentarze Redaktora były czytane na bieżąco. W tamtych gorących chwilach pierwszej „Solidarności", stanu wojny i potem roku 1989 Redaktor ani nie mógł, ani zapewne by nie chciał otworzyć swoich łamów dla przekładów Barańczaka z Brodskiego i Szekspira, pism Karpińskiego o Nietzschem, van Goghu, Hofmannsthalu — skoro już w roku 1980 nie znalazł możliwości ogłoszenia *Hymnu o perle* Miłosza i autor tuż przed otrzymaniem Nagrody Nobla zdołał wydać tę książkę po polsku w dalekim Michigan (USA).

W roku 1981 Giedroyc czuł się wciąż twórczy i aktywny, wychylony w przyszłość. Nie nadeszła jeszcze, stwierdza w *Rozmowach w Maisons-Laffitte, 1981* — wywiadzie, który z nim wtedy przeprowadziłam i dopiero niedawno wydałam nakładem Zeszytów Literackich — pora, ażeby publikować opracowania o twórczości „pisarzy zbójeckich", czyli podsumowywać i uzmysławiać ogromny dorobek polskiej emigracji, „jego" pisarzy — na co nalegałam. Chciał mieć wtedy ludzi pod swoją komendą, móc poruczyć specjalną misję, otaczając się nowymi i młodymi współpracownikami z kraju. Może miał rację. Rola komentatorów, wyciąganie wniosków z odebranej nauki przypada z reguły następnym pokoleniom. Wojciech Karpiński zajmował się twórczością „pisarzy zbójeckich" od roku 1969, wpierw w miarę możliwości na łamach prasy krajowej. Kiedy po raz pierwszy wkroczyłam do jego pokoju w pamiętnym mieszkaniu przy ulicy Narbutta w Warszawie, właśnie ogłosił olbrzymi artykuł o Gombrowiczu. Na półkach stały książki „pisarzy zbójeckich". W swojej pasji dla ich twórczości był osamotniony. Na emigracji poświęcił im kilka tomów w latach 1981–2000. Gdzie miały się ukazać?

Padło wreszcie to pytanie towarzyszące zazwyczaj książkom wznoszącym most ku przyszłości, szczególnie w Polsce. Ktoś z nas musiał je sobie zadać. W ten sposób doszło do założenia „Zeszytów Literackich".

W kwartalniku istniał od pierwszego numeru dział „Europa Środka". Drukowani tutaj pisarze odegrali ogromną rolę w wielkim zwrocie lat osiemdziesiątych i dziewięćdziesiątych. Brodski, Achmatowa, Cwietajewa, Nabokov, Isaiah Berlin, Michnik, Havel, Holan, Kundera, Venclova, Eliade, Cioran to nazwiska pojawiające się w tej rubryce i bodaj te właśnie postaci wywarły wówczas największy wpływ na nasze osobiste, ponadpolityczne rozumienie wolności, ulubiony temat Brodskiego i Nabokova, Cwietajewej i Havla. A także Gombrowicza, którego *inedita* i listy również drukowaliśmy, oraz Czapskiego, którego dziennikami rozpoczęliśmy naszą drogę edytorską. Książka Zagajewskiego *Solidarność i samotność*, nieprzyjęta do druku w Instytucie Literackim, otworzyła Bibliotekę Zeszytów Literackich w roku 1986; była duchowym manifestem intelektualisty i artysty czasu „Solidarności". W oficynie wydaliśmy wiersze Barańczaka, Brodskiego, Venclovy, Zagajewskiego, szkice więzienne Michnika, eseje Brodskiego i *Herb wygnania* Wojciecha Karpińskiego. Swoją twórczością wsparł nas od początku Czesław Miłosz, pisał dla nas Konstanty Jeleński, drukowaliśmy listy Stempowskiego, *inedita* Aleksandra Wata. Jan Kott, niemający gdzie umieszczać na emigracji swoich literackich i teatralnych studiów, współpracował z nami do swojej śmierci i nawet nie do końca zdradził, kiedy trafiła się okazja w wolnej już Polsce. Czyhaliśmy na każde słowo Leszka Kołakowskiego. Wywiad z nim przeprowadzony przez Wojciecha Karpińskiego, ogłoszony w drugim numerze „ZL", czytany dzisiaj, dobrze ukazuje horyzont problemów, jakimi wówczas żyliśmy, a które Kołakowski sprecyzował z uderzającą (i zwykłą sobie) jasnością i trafnością sądu.

Kiedy przenosiłam „Zeszyty Literackie" z Paryża do Warszawy, Jerzy Giedroyc miał lat 84. Wydawał „Kulturę" jeszcze 10 lat. Sam sobie postawił pomnik trwalszy niż ze spiżu. Są nim publikacje Instytutu Literackiego. Spory, które wywoływał, wygasły, niestety, wraz z jego śmiercią w roku 2000. Już nikt nie pobudza dyskusji o naszym życiu publicznym z porównywalną energią, pomysłowością i smakiem, a działalności wydawniczej — z równie nieomylnym wyczuciem talentu autora i rangi jego pisarstwa. Jak gdyby wraz ze śmiercią Redaktora w naszym życiu umysłowym zbrakło miary, kryteriów, umiejętności rozróżniania.

Dzisiaj stajemy wobec nowych wyzwań. Jerzy Giedroyc nie musiał stawiać sobie pytania, jak prowadzić elitarne pismo w czasach gospodarki rynkowej i masowej kultury, dyktatu gustów grottgerowskiego patriotyzmu propagowanego w publicznej telewizji, we wnętrzach z *Dynastii*. W czasach Polski niepodległej, rządzonej przez system partyjny, gdzie każda koalicja jest do przyjęcia, nawet sojusz byłych działaczy „Solidarności" wywodzących się z opozycji demokratycznej z radykalnymi niepodległościowymi tradycjonalistami i skrajnymi nacjonalistami. Gdzie minister edukacji usuwa książki Gombrowicza i Conrada z listy szkolnych lektur, szerzy nienawiść, posłuszeństwo, konformizm. Gdzie rządzi prawo zysku i prawo minimalizacji kosztów, zwłaszcza wydatków państwa na kulturę i zajmujące się nią pisma, z natury deficytowe. Gdzie nie ma mecenatu ani państwa, ani biznesu (z chwalebnymi wyjątkami) nad kulturą wysoką.

Często zadaję sobie pytanie, co by powiedział nam dzisiaj Jerzy Giedroyc.

Nasze pismo istnieje już ćwierć wieku. Nakład wynosi 6–8 tys. egzemplarzy. Tyle, ile wynosił nakład „Wiadomości Literackich" przed wojną i „Kultury" w najlepszym okresie. Takiego nakładu nie osiąga dzisiaj żadne pismo literackie w Europie porównywalne do naszego. Ukazuje się właśnie numer 100. kwartalnika (nie licząc trzech specjalnych numerów poza serią z twórczością Miłosza lub o nim). Boli mnie ordynarna arogancja wielkich mediów wobec kultury, ich niekompetencja. Czuję się bezsilna wobec wielkiej atrakcyjności i władzy tych mediów, mierzi mnie ich marność umysłowa, etyczna, artystyczna. W Polsce na ich popularność nie wymyślono szczepionki, a opinia publiczna, wynaturzona przez lata nędzy, szarości i socjalistycznego wyposzczenia gustów i umysłów, jest wobec nich całkowicie nieodporna, bezbronna.

— Niech Pani pamięta, że literatura nie powstawała, nie powstaje i nie będzie powstawała ani w telewizorach, ani na łamach wielkiej prasy; przecież nigdy tędy nie płynął ożywczy prąd artystyczny. Ani intelektualny czy ideowy. Wystarczy najniklejsza znajomość historii kultury, żeby o tym wiedzieć. *Trzy zimy* Czesława Miłosza, tom, którym wszedł na zawsze do polskiej literatury, ukazał się w nakładzie 300 egzemplarzy i był do nabycia tylko w jednej księgarni w Warszawie. Jego autor przez całe swoje długie życie wolał publikować nowe wiersze w pismach literackich niż prasie wielkonakładowej. I on, i Brodski pisali w poszukiwaniu „swojego" czytelnika i tylko dla niego. Uważali, że póki artysta jest atakowany, odrzucany, nierozumiany, przemilczany — tworzy. Oklaskiwany ma się rozumieć bywa, i to jest przyjemne, ale to najczęściej zdarza się przecież w cyrku, w którym chodzi o to, żeby dobrze powtórzyć numer. Miłosz zawsze szukał nowych środków wyrazu, nowych źródeł wyobraźni twórczej. I do końca je znajdował, przedostatnim była teologia, ostatnim — pożegnanie, sztuka odejścia, drugi brzeg. To nie są ulubione tematy prasy wielkonakładowej. No bo proszę Pani, mówimy o literaturze czy o nie-literaturze? Literaturę uprawia się przecież zupełnie inaczej. Trzeba wierzyć w siłę słowa. Nie ma od niego nic trwalszego. Więc musi Pani wyszukiwać ludzi, którzy mają coś do powiedzenia. Talent to rzadka, ale i krucha rzecz. O tym nie wolno zapominać. Tylko wiara w pisarza, wiara w siłę słowa może uratować polską kulturę. Bo widzi Pani, słowo ma wielką trwałość, ale póki się stoi przy Gutenbergu, wydawca musi myśleć o tym, jak dopomóc autorowi i służyć mu, jak najlepiej potrafi, aby ten raczej pisał i drukował, i znajdował ku temu możliwości, niż zamilkł. No bo talent to rzecz bezcenna, prawda, ale bardzo krucha. Mówiłem o tym. Pisarz potrzebuje pomocy, sprzyjających warunków. A nie gwałtu, nacisku, pouczeń czy nożyc redaktora. Znieśliście cenzurę — to bardzo piękne. Ale nie mówcie autorowi, jak ma pisać. Trzeba wiedzieć, kto tu jest ważniejszy, kto reprezentuje te rezerwy twórczej w końcu inteligencji. I to jest szansa polskiej literatury i szansa dla pisma takiego jak „Zeszyty Literackie".

— No bo widzi Pani, innej drogi nie ma — zakończyłby lakonicznie i sucho. — Ale to jest rzecz najbardziej dzisiaj potrzebna.

BARBARA TORUŃCZYK

CLAUDIO MAGRIS

LIST DO REDAKCJI

Droga Barbaro,
dowiedziałem się od Joanny Ugniewskiej, że ukaże się setny numer „naszego" czasopisma. Zamiast słów, jakie wypowiada się zwykle przy takiej okazji, chciałbym po prostu wyrazić swoją wdzięczność za to, że tak wielkodusznie zostałem przyjęty i zaliczony w poczet autorów czasopisma bogatego w treści, różnorodnego, gdzie panuje duch wolności i gdzie zwraca się szczególną uwagę na ciągłe przemiany zachodzące w świecie kultury, a zarazem na jej trwałe tradycje. To nie tylko dzięki przekładom moich książek, lecz także dzięki mojej obecności na łamach „Zeszytów" stałem się pisarzem również trochę polskim, przyjętym z wielkim zainteresowaniem i przyjaźnie w waszym kraju. Dlatego napisałem „nasze czasopismo", ponieważ czuję się między wami jak w domu.

Najserdeczniejsze życzenia dalszego tysiąca numerów — albo raczej, jak powiadają Chińczycy, dalszych dziesięciu tysięcy.

Pozdrawiam

CLAUDIO MAGRIS
tłum. Joanna Ugniewska

ZOBACZONE, PRZECZYTANE

*Zwracamy się do naszych współpracowników i czytelników z prośbą o wskazanie,
co spośród lektur, koncertów, przedstawień teatralnych, operowych, wizyt
w muzeach, wystaw malarskich itp. wywarło najsilniejsze wrażenie w ostatnim
kwartale, i prosimy o króciutkie omówienie — osobistą impresję. Spodziewamy
się, że dzięki Państwu uzyskamy obraz wydarzeń wartych uwagi. Zapraszamy
do udziału, czekamy na wypowiedzi.*

Redakcja „ZL"

EWA BIEŃKOWSKA, Wersal: Piotr Kamiński, *Tysiąc i jedna opera*.
Miłośnicy opery — nabierzcie otuchy! Szykuje się polskie tłumaczenie (poszerzone o dzieła rodzime) francuskiej książki Piotra Kamińskiego
Tysiąc i jedna opera. Wydana w roku 2003, podbiła czytelników i krytyków niezwykłymi zaletami. Sam jej zamysł narzucał autorowi taki ogrom
pracy, że drżę na myśl, ile czasu, wysiłku i wydatków kosztowała go sama dokumentacja. A następnie pisanie!
Wyobraźcie sobie tysiąc (i jedno dzieło) na dwóch tysiącach (wraz
z indeksem) stron papieru biblijnego. Wyobraźcie sobie pracę nad opisa-
niem każdej opery: zwięzła i bogata nota o życiu twórcy, dalej libretto,
okoliczności powstania, obsada premierowa, analiza muzyczna dotycząca
cech zasadniczych i doskonale dostępna dla amatora. Plus informacje
o pierwszych wykonaniach i najlepszych nagraniach. Jak możliwe było
ogarnięcie tego ogromu? Jak możliwe jest, że wynikła z tego książka pa-
sjonująca i urocza, czytająca się jak sensacyjna powieść? Zabarwiona pasją muzyczną autora oraz jego dyskretnym humorem (jak podchwycenie
słów generała de Gaulle'a, gdy pisze o operze, popularnej w Europie od
Atlantyku po Ural). Jak możliwe jest zjawisko psychiczne, które nazwa-
łabym namiętną bezstronnością, sympatią do wszystkiego, co ludzie two-
rzyli i wystawiali na operowych scenach? Oczywiście, sympatią różnie
dozowaną! Piotr Kamiński wie, że istnieje — w każdej dziedzinie — hierarchia dzieł, ale to nie przeszkadza mu lubić operetki i muzyczne farsy.

Przypominają mi się słowa Stefana Kisielewskiego: lubię wszelki zorganizowany hałas. Nie zadałam jeszcze tego pytania autorowi książki, ale z góry ciekawa jestem odpowiedzi. Ile wyczytałam! Jeden przykład: wielka para artystów, Ryszard Strauss i Hugo von Hofmannsthal, której zawdzięczamy wspaniałe opery przełomu XIX i XX wieku. Uzyskujemy nowe informacje: jak doszło do ich spotkania, jakie góry i doły przechodziła ich współpraca (Piotr Kamiński potrafił nawet zacytować zwięźle ważne listy, które wymieniali), kiedy i dlaczego się poróżnili, jaka pustka otworzyła się przed kompozytorem wraz z przedwczesną śmiercią poety. Inny przykład: moja ulubiona *Tosca* Pucciniego. Dowiaduję się nie tylko o fatalnym przyjęciu krytyki (do dziś aktualnym) i o „głosowaniu nogami" publiczności. W analizie dzieła czytam również o wadach i niespójnościach tej opery (no, no, nigdy nie jest za późno kształcić swoje ucho...). Co Kamińskiemu nie przeszkadza, jak sądzę, kochać *Toscę*, zwłaszcza gdy śpiewa Maria Callas... I takie pożywne przyjemności czekają czytelnika przez tysiąc i jeden opisów i dwa tysiące stron.

Czekamy na wersję polską. Oby była jak najszybciej!

TOMASZ CYZ, Poznań: Requiem dla arii. Maria Callas (2 XII 1923–16 IX 1977), Luciano Pavarotti (12 X 1935–7 IX 2007).

On. Wyglądał jak niedźwiedź. Duży, ciepły, uśmiechnięty niedźwiedź. Wielka twarz, lekko zamglone oczy (jakby zawsze były nie tylko tu, ale także Tam), mocno rozwarte i napięte usta.

Śpiewał jak król — albo książę. Mocno, bez strachu o swoje życie, z wyższością (Patrzcie! *Guardate, guardate!*) — ale bez pogardy (że inni tak nie potrafią). Śpiewał też jak skowronek. Lekko, perliście, nieskazitelnie czysto, jakby zawsze w locie, choć jego ciało wywoływało wrażenie, że może stać tylko na ziemi. Król *bel canto*. Książę pięknego śpiewu.

Pierwszą rolą był Rodolfo z *La Bohème* Pucciniego (Teatro Reggio Emilia). Był 1961 rok, Pavarotti miał 26 lat. Czy mógł przypuszczać, że to będzie jedna z najważniejszych ról w jego życiu (inscenizacja Franca Zeffirellego, nagranie pod Soltim — zawsze z Mirellą Freni, z którą zresztą wspólnie się wychowywał!). Były też inne role z oper Verdiego, Donizzetiego, Belliniego, Straussa czy Pucciniego — Książę w *Rigoletcie* (film Jean-Pierre Ponnelle'a!), Otello (choćby nagranie pod Soltim), Radames (*Aida*), Tonio (*Córka pułku*), Nemorino (*Napój miłosny*), Wilhelm Tell, Cavaradossi w *Tosce* (choćby z ostatniego spektaklu w swoim życiu, 13 marca 2004 w Metropolitan Opera)...

Zawsze na największych scenach świata (wiedeńska Staatsoper i Covent Garden od 1963 roku, La Scala — 1965, MET — 1968). Zawsze ze wspaniałymi partnerami (Freni, Joan Sutherland, Renata Scotto, Herbert von Karajan, Sir Georg Solti, Riccardo Muti, Claudio Abbado, Ponnelle, Zeffirelli, Luca

Ronconi). Także wtedy, gdy postanowił wyjść z operą na stadiony i do parków (z Placido Domingiem i José Carrerasem jako słynni — najsłynniejsi! — Trzej Tenorzy, z Bono i U2, Eltonem Johnem, Jamesem Brownem, Rickym Martinem, Erikiem Claptonem, Celine Dion, Sheryl Crow...). Miał nie tylko ogromny głos, ale też wielkie serce. (Równie wielki musiał być rak, który od zeszłego roku atakował jego trzustkę, a później całe ciało). Namiętne serce. Cztery lata temu w teatrze w Modenie odbył się ślub Pavarottiego z młodszą o 35 lat Nicolettą Mantovani, byłą sekretarką; ich córka Alice ma dziś 4 i pół roku (z pierwszą żoną Aduą miał trzy córki — Lorenzę, Cristinę i Giulianę)... Dziś prasa rozpisuje się o testamencie, podziale majątku, procesach i kłótniach. Tu, na ziemi, wolimy melodramat. Tam, gdziekolwiek ono jest, słychać częściej operę. *Bel canto.*

Ona. Wyglądała jak łania. Smukła, szlachetna, piękna, dumna łania (ale dopiero od 1954 roku, w którym, w bardzo krótkim czasie, zgubiła ok. 30 kg). Miała mocne ciemne rysy (była córką greckich emigrantów, którzy przybyli do Ameryki kilka miesięcy przed jej narodzinami), charakterystyczny nos, wielkie oczy, dumne spojrzenie. Śpiewała jak królowa, ale królowa, która ciągle drży o swoje życie, która jest sama, bezbronna, musi walczyć, musi być silna. Śpiewała też jak słowik. Przecinając ciszę nocy, rozjaśniając jej melancholię swoimi czystymi łzami. Wielbiciele nazwali ją *La Divina.* Boska. Boska królowa.

Jej pierwszym wielkim sukcesem była rola Toski na scenie Opery Ateńskiej. Czy mogła przypuszczać, że właśnie tą rolą — w inscenizacji Zeffirellego z Covent Garden (1964) — i dzięki nagraniu telewizyjnemu będziemy mogli rozkoszować się także i my? Dziś, zawsze? Że to będzie jej ostatnia rola...

Były też inne: Norma — chyba najważniejsza (mawiała, że Bellini napisał *Normę* właśnie dla niej...), Elvira (*Il Puritani* Belliniego), Medea Cherubiniego (wspaniała choćby w nagraniu *live* z Leonardem Bernsteinem z 1953 roku), Lucia z Lammermooru Donizettiego, Gioconda Ponchiellego, Carmen, Violetta-Traviata, Gilda z *Rigoletta*, Aida, Turandot... Byli wspaniali dyrygenci (Tullio Serafin, Victor de Sabata, Bernstein, Karajan), śpiewacy (Giuseppe di Stefano, Marco del Monaco, Tito Gobbi, Nicolai Gedda), reżyserzy (Zeffirelli, Luchino Visconti)...

W 1970 roku zagrała w filmie — tytułową rolę w fascynującej *Medei* Pier Paolo Pasoliniego (wcześniej odrzucała propozycje Josepha Loseya, Zeffirellego i Carla Theodora Dreyera). Obok Normy i Toski to była jej ulubiona postać. Zawsze namiętna, kochająca do końca i bez granic, gorąca, zawsze tragiczna.

Jej pierwszym mężem był Giovanni Battista Meneghini — bogaty włoski przemysłowiec, wielki miłośnik opery (ślub odbył się w 1949 roku). Osiem lat później Callas poznała miliardera Arystotelesa Onassisa, z którym już wkrótce rozpoczęła burzliwy romans. Skandaliczny. Nieszczęśliwy. Ona dla niego była gotowa zrezygnować ze sceny, on nie przestał romansować, a w 1968 roku ożenił się z Jacqueline Kennedy. Od końca lat 50. (przypadek?) *La Divina* coraz częściej kłóciła się z dyrektorami, dyrygentami i śpiewa(cz)kami. Zrywała kontrakty. Odwoływała spektakle. Raz, mimo choroby gardła, śpiewała Normę w głośnej inscenizacji Zeffirellego w Operze Paryskiej, i w ostatnim przedstawieniu straciła przytomność... Zresztą, po rozstaniu z Onassisem nie była w stanie kontynuować kariery. Zawsze w złej formie — wokalnej i psychicznej. Związek z muzyką kontynuowała głównie przez prowadzone kursy mistrzowskie w nowojorskiej Julliard School.

Ale jeszcze walczyła. O publiczność, o miłość, o siebie. Lekiem miał być związek ze starym przyjacielem, śpiewakiem Giuseppe de Stefano. Między 1973 a 1974 rokiem dali wspólnie cykl recitali — ostatni 11 listopada w Sapporo. Ale to nie było miłe dla ucha, jak pamiętam z dokumentu o Callas, który kiedyś oglądałem. Nic dziwnego, że jej depresja się pogłębiała. Że serce tego nie wytrzymało...

Przypomniał mi się wiersz *Tren Fortynbrasa*. Callas pewnie go nie znała, ale jest bardzo o niej: „[...] żyłeś ciągłymi skurczami jak we śnie łowiłeś chimery / łapczywie gryzłeś powietrze i natychmiast wymiotowałeś / nie umiałeś żadnej ludzkiej rzeczy nawet oddychać nie umiałeś [...]". Chyba że na scenie. Ale tam jest inne powietrze. Tam jest inaczej. Artysta jest zawsze bytem pomiędzy — między tu i Tam, między pierwszą i Drugą Przestrzenią, i kiedy chodzi po ziemi, i tak spaceruje po niebie-piekle.

On i Ona nigdy nie zaśpiewali razem. Nigdy? Aniołowie mają zawsze piękniej.

NATALIA GORBANIEWSKA, Paryż: Prawda w oczy kole (Katyń, reż. Andrzej Wajda)*.

> *Kto opowie, kto uwierzy*
> *W góry trupów skoro świt...*
> Wielimir Chlebnikow, 1921

Czym te „góry trupów" różnią się od tamtych, które zakopano w pobliżu każdego sowieckiego więzienia obwodowego? Tym tylko, że zostały odkryte i zademonstrowane światu w roku 1943, następnie zaś na kilkadziesiąt lat stały się przedmiotem nie tyle głuchego milczenia, ile głuchego kłamstwa. Film ten jest przede wszystkim o kłamstwie. Lecz także o pamięci.

Żony, matka, siostra — czekają (lecz się nie doczekają) na swoich żywych, pamiętają o swoich umarłych. W tych kilku kobietach skupiła się jak gdyby cała polska pamięć o zbrodni. Oczami jednej z nich, żony rozstrzelanego w Katyniu generała, dwa razy oglądamy „góry trupów". Naj-

* „Nowaja Polsza" 2007 nr 10 — wersja oryginalna, rosyjska.

pierw widzimy niemiecką kronikę filmową, którą pokazują jej Niemcy, chcąc, żeby kobieta przemówiła przez radio — przemówić się nie zgadza. Później na placu w wyzwolonym Krakowie ogląda w tłumie sowiecką kronikę, która ma zmusić Polaków, by uwierzyli, że była to zbrodnia hitlerowców — uwierzyć się nie zgadza. Dopiero w finale Wajda filmowymi środkami pokazuje nam rozstrzelanie i katyńskie doły. I w tym właśnie momencie, jak ani razu w trakcie filmu, przychodzą na myśl nasi [rosyjscy] pomordowani — zamęczeni podczas śledztwa, zmarli w łagrach z głodu i chorób, zagazowani jak tambowscy powstańcy chłopscy (i o tym zdążył napisać Chlebnikow), a wreszcie ci rozstrzelani. Pogrzebani wszędzie, między innymi w tymże lesie katyńskim, jeszcze przed Polakami. Nie zapominamy, że masowe egzekucje nie zaczęły się i nie skończyły w roku 1937, wtedy tylko osiągnęły apogeum.

W zeszłym roku po raz pierwszy byłam w Miednoje, gdzie na wspólnym cmentarzu spoczywa ponad sześć tysięcy Polaków z łagru w Ostaszkowie, rozstrzelanych w lochach obwodowego więzienia w Kalininie wiosną 1940 roku, i około pięciu tysięcy obywateli sowieckich (niekoniecznie rosyjskiej narodowości — jest tam na przykład wielu Karelów: w guberni twerskiej od dawien dawna istniały karelskie wsie), rozstrzelanych tamże w latach 1937–38. Młoda pracownica muzeum opowiadała nam, jak rozstrzeliwano obywateli sowieckich, w szczególności wspomniała, że strzelano (w tył głowy — wszyscy dziś o tym wiedzą) z niemieckich pistoletów, walterów. — Z walterów? W trzydziestym siódmym? — zdziwiłam się, pamiętając, że kule z walterów w czaszkach pomordowanych w Katyniu po dziś dzień służą niektórym za dowód na to, iż przypisywanie katyńskiej zbrodni NKWD to „goebbelsowska propaganda". — Tak — odparła dziewczyna — rozstrzeliwano do dwustu osób w ciągu nocy, sowiecka broń tego nie wytrzymywała.

Broń nie wytrzymywała. Jak my, żywi, mamy to wytrzymać? Jak mieli to wytrzymać już nawet nie polscy oficerowie nad krawędzią katyńskich dołów, w lochach Kalinina czy Charkowa — ale ci, którzy na nich czekali, wierni im i ich pamięci?

Nie każdy wytrzymywał.

Dwie siostry porucznika Pilota, Agnieszka (Magdalena Cielecka), która wróciła do Krakowa po wzięciu udziału w Powstaniu Warszawskim, i Irena (Agnieszka Glińska), dyrektor szkoły w „nowej Polsce". Antygona i Ismena. Antygona nie może pochować Orestesa, ale postanawia wystawić mu nagrobek (bez grobu) z napisem: „zginął w Katyniu w 1940 roku". Jej siostra chce ocalić w dzisiejszym życiu, co się da, pewna, że „nigdy nie będzie wolnej Polski". Polscy ubecy aresztują Agnieszkę od razu na cmentarzu. Nagrobek zostaje rozbity — pęknięcie nie pozwala odczytać ani miejsca śmierci, ani daty. To właśnie daty najbardziej się bały i najbardziej nienawidziły komunistyczne władze tamtej, niewolnej Polski. Zgodziłyby się od biedy na jeden czy drugi pomniczek „ofiar hitle-rowskiego okupanta" z datą „1941" — taki pomniczek stał długo w katyń-skim lesie. Kiedy na polskich cmentarzach pojawiały się pomniki (kamienie lub krzyże) z właściwą datą (jeden nawet wzniesiono jawnie — w okresie legalnej „Solidarności"), pod osłoną nocy rozbijano je lub wy-wożono.

Żona profesora (Maja Komorowska) odbiera z niemieckiego kacetu urnę z prochami męża. (Cóż za humaniści w porównaniu z naszymi! Ale przypominają się słowa sowieckiego więźnia: „Dostaliśmy się w łapy hu-manistów". Jeden „humanizm" wart drugiego). Lecz syn Andrzej żyje — ma nadzieję kobieta: nie może przecież stracić ich obu. Nie ma go na liście ogłoszonej przez Niemców. Wraca jednak — ze Wschodu, wraz z marionetkową polską armią — jego przyjaciel Jerzy, który b y ł na li-ście: oddał Andrzejowi sweter zrobiony na drutach przez matkę i z jego nazwiskiem — w taki sposób nazwisko trafiło na listę. Jak się okazuje, można stracić i ojca, i syna. Jednego wzięło gestapo, drugiego rozstrzela-ło NKWD.

Straszny, oczywisty, lecz wielu jeszcze i dziś peszący paralelizm dwóch reżimów totalitarnych pojawia się w filmie od pierwszej sceny — na moście. 17 września 1939. Tłum uciekinierów posuwa się na wschód. I nagle obłąkańczy krzyk: „Wracajcie!" — z tamtej strony również zaczy-nają nadpływać uciekinierzy szukający ocalenia przed wschodnim sprzy-mierzeńcem III Rzeczy. Niemieccy oficerowie przyjaźnie rozmawiają z *komandirami* Armii Czerwonej, pilnują załadunku jeńców, którzy mają być wywiezieni na Wschód. Również propaganda — komunistyczna i na-rodowosocjalistyczna — jest zresztą bardzo podobna, nawet jeżeli w przypadku Katynia „goebbelsowska propaganda" w swoich celach wy-korzystała niepodważalną tragiczną prawdę.

Z Andrzejem Wajdą i z przyjaciółmi z „Memoriału" długo rozmawia-łam o tym, jak *Katyń* zostanie przyjęty w Rosji. Nie ma dwóch zdań, wszyscy pragniemy, żeby film wszedł na rosyjskie ekrany. Ale na przy-kład Arsienij Roginski uważa, że wiele fragmentów będzie niezrozumia-łych dla rosyjskiej widowni: choćby owa urna z prochami; owa przyjacielska rozmowa niemieckich i sowieckich oficerów (czyżby nikt w Rosji nie widział fotografii wspólnej niemiecko-sowieckiej defilady po dokonaniu ostatecznego pogromu Polski przez obu sprzymierzeńców? To mocniejsze niż prywatna rozmowa); czemu wreszcie nikt się nie cieszy, kiedy Jerzy wraca żywy, choć w mundurze armii komunistycznej, i cze-mu nikt mu nie ufa? Opowiedziałam o tej rozmowie Adamowi Pomor-skiemu, sprzeciwił się — „Rosjanie lubią wiedzieć, do wszystkiego dojdą". Faktycznie, w epoce wciąż jeszcze czynnego Gutenberga i niezna-jącego bezczynności pogutenbergowskiego internetu nietrudno dojść prawdy — trzeba tylko chcieć.

Pozwolę sobie zakończyć wierszem, który napisałam po powrocie z Warszawy do Paryża:

Andrzejowi Wajdzie

Młyny Boże mielą powoli,
lecz, Bogu dzięki,
zmielą to wszystko. I los pozwoli
ze zmielonej męki

zaczynić, ugnieść nam ciasto pamięci,
by wzeszła dawna
nad widnokręgiem, spod ziemi, pomiędzy
żywymi — prawda.

tłum. Adam Pomorski

JAROSŁAW MIKOŁAJEWSKI, Rzym: Włosi czytają Julię Hartwig.
Julia Hartwig czytała we Włoszech swoje wiersze w przeszłości, kilka utworów ukazało się w czasopismach i antologii wydanej przez Instytut Polski w Rzymie, ale włoskie odkrycie jej poezji jest niedawne. Najpierw, wiosną 2006, wydawnictwo Donzelli zachwyciło się próbami przekładów Silvana De Fantiego i postanowiło wydać dwujęzyczny wybór jej wierszy. Kiedy książka się ukazała, w maju tego roku (*Sotto quest'isola — Pod tą wyspą*), zachwycili się inni.

Jako pierwszy Francesco Groggia, który w tygodniku „Alias" — dodatku kulturalnym dziennika „Il Manifesto" — pisał: „Julia Hartwig, podobnie jak Apollinaire, stapia ćwiczenie pamięci ze snem w wizyjne poszukiwanie harmonii nie tylko muzycznej, lecz również intelektualnej". „Hartwig — komentował dalej rzymski polonista i krytyk — powierza się językowej prostocie i ściszonej, naturalnej tonacji [...]. Prostota jej wierszy kryje rygorystyczną dyscyplinę i intensywną pracę nad rytmem frazy". Groggia, który jest również cenionym krytykiem jazzowym, zwracał też uwagę na rolę muzyki, która, jak twierdzi, „ma wpływ na całą koncepcję poezji Julii Hartwig".

W Instytucie Polskim tom prezentowali tłumacz oraz rzymska poetka Annalisa Comes, która napisała również posłowie do zbioru. „Realne — mówiła i pisała Comes — miesza się tu z nierzeczywistym, rzeczywistość czuwania ze snem, opowieścią oniryczną, tajemną i fantastyczną, lecz równocześnie konkretną, jak w narracjach próz poetyckich". Comes zwracała też uwagę na pamięć i na czas, w którym pamięć najdotkliwiej kształtuje rzeczywistość — na starość, obecną w wierszach Hartwig. Co do języka, według Comes „płynie on szeroko, jego rytm jest oceaniczny, zaskakujący, choć poetka nie zakłada sideł, unika sztuczek czy trików. Ma tradycyjny bieg języka starej Europy, a równocześnie delikatną powagę swingu, właściwą Nowemu Światu".

Rozgłosu nadał we Włoszech Julii Hartwig artykuł, który na pół gazetowej strony napisał jeden z najsłynniejszych krytyków, kontrowersyjny, ceniony za niezależność Alfonso Berardinelli. Jego tekst ukazał się w „Il Folio" tego samego dnia (18 września), kiedy polska poetka ponownie czytała swoje wiersze w Rzymie, tym razem w Teatrze Colosseo, w ramach festiwalu Roma Poesia. „Wszechświat Hartwig — pisał Berardinelli — jest ruchomy i polimorficzny, nasycony obecnościami, zdziwieniem, zapowiedziami i rozstaniami. W każdym wierszu czuć zderzenie umysłu z rozumem, emocjonalny cios, równoczesność inteligencji i niemożności rozumienia, radości możliwej dlatego, że jest chwilowa [...]. Jak odważna i szczodra przyjaciółka, która żyje bez lęku, Julia Hartwig prowadzi nas czule po najdalszych zakątkach świata i po najbliższych podziemiach powszedniego życia. Jej świat jest zminiaturyzowanym lub rozszczepionym światem szekspirowskim, którego każdy przypadek zamknięty jest, jak by powiedział William Blake, *«in a grain of Sand»* lub *«in a wild flower»"*.

Jako spotkanie z wielką poetką zapowiadała udział Julii Hartwig w Roma Poesia dziennikarka Milena Gammaitoni. „Jej słowo — zapewniała — wchodzi w dialog ze wszystkimi gałęziami sztuki, zwłaszcza z muzyką i malarstwem. W jej poezji znajdujemy ból i ironię, rozpacz przeciwstawioną ekstatycznej radości".

Podczas wrześniowego pobytu poetki w Rzymie wywiady z Julią Hartwig przeprowadzili dziennikarze gazety „Quotidiano della Sera" i dwóch kanałów włoskiej telewizji publicznej Rai Sat 24 oraz Rai Educational. Obszerny wybór *Błysków*, który po włosku będzie zatytułowany *Lampi* lub *Sprazzi*, zapowiada na przyszły rok wydawnictwo Scheiwiller. Kiedy ukazuje się ten numer „ZL", Julia Hartwig czyta swoje wiersze na Uniwersytecie w Udine, gdzie jej tłumacz Silvano De Fanti jest szefem polonistyki.

RADOSŁAW ROMANIUK, Warszawa: *Opus magnum* Iwaszkiewicza (Jarosław Iwaszkiewicz: *Dzienniki*. Red. A. Gronczewski. Tom I: *Dzienniki 1911–1955*. Oprac. A. i R. Papiescy. Wstęp A. Gronczewski. Warszawa, Czytelnik, 2007, s. 576 + fot.).

Ukazał się pierwszy tom *Dzienników* Jarosława Iwaszkiewicza, obejmujący zapiski z lat 1911–55. Istnienie intymnego diariusza pisarza wzbudzało emocje jeszcze za jego życia. Autor umiejętnie dawkował napięcie, mówiąc publicznie o prowadzonym dzienniku, wspominając o nim na marginesie swych esejów, w końcu publikując skromne fragmenty zapisków czy — na dowód istnienia tekstu — pozwalając na reprodukowanie w poświęconej mu książce fotokopii stron diariusza. Z publikacją całości nie spieszył się, nie określił także jej daty w sporządzonym testamencie, pozostawiając ją rozwadze spadkobierców. Gdy twórczość Iwaszkiewicza znajdowała się w „literackim czyśćcu", zeszyty *Dzienników* spoczywały w archiwum Muzeum im. Anny i Jarosława Iwaszkiewiczów w Stawisku, dostęp do nich był zaś ściśle limitowany, nie bez tego oczywiście, aby co jakiś czas na literackich salonach nie pojawiały się plotki o sensacyjnej zawartości tego materiału. Od 2002 roku rozpoczęto publikację obszernych fragmentów w poświęconych pisarzowi lutowych numerach „Twórczości", duży fragment ukazał się również w Iwaszkiewiczowskim numerze kwartalnika „Przegląd Filozoficzno-Literacki", w końcu niewielki wybór publikowany na łamach „Gazety Wyborczej" zaostrzył apetyty szerszej publiczności. Ogłoszona dziś jedna trzecia zapisków wynagradza więc lata oczekiwania. Amatorzy pikantnych szczegółów z życia literackiego Parnasu znajdą to i owo, choć tekst ich jednocześnie rozczaruje, bo plotek tu mało, a te, które można znaleźć, są raczej powyżej średniej. Czytelnicy poszukujący wiedzy o epoce znajdą wiele, jednak i w tej sferze diariusz Iwaszkiewicza okazuje się tekstem „o czymś innym". Największe wrażenie *Dzienniki* będą w stanie wywołać na tym, kto przeczyta je jako tworzoną na przestrzeni sześćdziesięciu dziewięciu lat powieść o artyście, rozbitą na mnóstwo zapiskowych miniatur narrację autobiograficzną, ostatnie wielkie dzieło Iwaszkiewicza, które pisało życie. Powieść niejednorodną, gdyż jej autor zmieniał się (pozostając zarazem sobą), przerywał zapiski na wiele lat, po czym wracał do nich, by nie rozstawać się z kolejnymi zeszytami diariusza. Przyrównywano dzieło Iwaszkiewicza do monumentalnego drzewa, złożonego z gałęzi-gatunków literackich. Dziennik pozwalał artyście w jeszcze jeden sposób „być sobą". W chwilach zwątpień dostarczał lustra, które mówiło o rzeczywistej urodzie rzeczy przez niego napisanych, o jego wymiarze jako pisarza i człowieka. W momentach tryumfów artystycznych i publicznych przejrzenie się w dzienniku przypominało o znikomości hierarchii i sławy tego świata w zestawieniu z egzystencjalnymi pytaniami. W chwilach samotności diariusz bywał słuchaczem, którego potrzebował w pisarzu człowiek. W taki sposób powstało dzieło.

DEKRET

w dniu 23 października 2007 w Warszawie
[Polska, Europa, Ziemia, Droga Mleczna, Kosmos]
redakcja tajnego organu Królestwa znanego pt. „ZESZYTY LITERACKIE"
w osobach:
Stanisław Barańczak, Ewa Bieńkowska, Wojciech Karpiński,
Petr Král, Ewa Kuryluk, Roberto Salvadori, Barbara Toruńczyk,
Tomas Venclova, Adam Zagajewski, Marek Zagańczyk
przyznała panującemu nam, umiłowanemu

JKM LESZKOWI KOŁAKOWSKIEMU

tytuły

NASZEJ NAJWIĘKSZEJ MIŁOŚCI

oraz

DOBREGO KRÓLA

Wycofuje się z użytku
dotychczasowy zwrot w wołaczu: Wasza Miłości
zastępując go obowiązkowym i pełnym zwrotem:
Nasza Największa Miłości Dobry Królu

Małżonce ww. przysługuje tytuł Jej Królewskiej Absolutnej Wysokości
wraz z należnym przywilejem czynienia czarów

z upoważnienia ww. podpisuje pełnomocnik Układu Głównego,
klucznica skarbu młodsza księgowa

Barbara Toruńczyk

Dobra to rzecz

Profesor Leszek Kołakowski nie jest kapłanem,
ani błaznem, nie jest Tygrysem ani Pascalem,
nie jest Broniewskim, nie jest Tomaszem Mannem,
nie jest zgiełkiem, błyskawicą i ciszą,
nie jest katem ani ofiarą, nie jest też Myszą,
nie jest Chińczykiem czy Meduzą, nie jest Bogiem,
nie jest Litwą ani Koroną, nie jest papierem,
atramentem, nie jest ludu wrogiem,
nie jest Inkwizycją, nie jest Anabaptystą,
nie jest pragnieniem ani suszą,
czy jest filozofem?, artystą? — czy kiedyś się dowiem?,
nie jest Kołem Wiedeńskim ani Warszawskim Kwadratem,
nie jest papieżem, ani jastrzębiem, gołębiem czy drobiem,
nie jest bosmanem, nie jest ani szachem ani matem,
a skoro tak, to z długiej listy negacji wyciągnijmy żelazne wnioski:
dobra to rzecz, że istnieje Leszek Kołakowski.
Co było do udowodnienia i niczego nie zmienia.

Adam Zagajewski

EWA KURYLUK

„DZIŚ WŁAŚNIE DZWONIŁ DO MNIE STALIN"*

dla Mamy

Czuje się pani odpowiedzialna za PRL? — Na targach książki w Pałacu Kultury zaczepił mnie nieznajomy po czterdziestce. — Jakby nie było
— dodał, nim zdołałam cokolwiek wybąkać — córka zamaskowanej sowieckiej wtyczki... — Pan... — wymamrotałam — naz... nazzz... na...? —
zakałapućkałam się. — Nie — machnął ręką — na liście Wilszajna Kuryluka *niet*. Jest, *da, da* — dla efektu zrobił pauzę — u Wata. — Wata? —
Mój wiek pani czytała? Nie? To polecam.

Mój wiek czytałam w kilka lat po śmierci Aleksandra Wata i mojego
ojca. Zmarli w tym samym 1967 roku, jeden w Paryżu, drugi w Budapesz-
cie. Poznali się na początku sowieckiej okupacji Lwowa, we wrześniu
1939 roku w zespole „Czerwonego Sztandaru". Opowiadając Miłoszowi
o tym okresie, Wat wspomina o Karolu Kuryluku (1910–1967): wydawcy i redaktorze naczelnym lwowskich „Sygnałów", które mój przyszły ojciec założył, mając niespełna dwadzieścia trzy lata. W dzieciństwie, zain-
trygowana białymi plamami (po cięciach cenzury), lubiłam przeglądać
oprawione roczniki pisma. W jakich warunkach ojciec je wydawał, dowie-
działam się po jego zgonie ze wspomnień współpracowników i znajomych.

Jan Brzoza, który zetknął się z ojcem w 1933, gdy sam stawiał pierwsze kroki w literaturze, pisze o nim: „Nękali go karami administracyjny-
mi, konfiskatami, przetrzymywaniem decyzji o wyjściu w druku pisma.
Żył w niedostatku, o czym mało kto wie, gdyż ukrywał się z tym przed
ludźmi. W ostatnich latach przed wojną pozostał w redakcji dosłownie
sam, pracując jako redaktor, korektor, a nawet ekspedient. W roku 1939

---

* Szkic ogłaszamy w 40. rocznicę śmierci Karola Kuryluka.

odwiedziłem go w redakcji. Nie pamiętam nazwy ulicy, przy której się znajdowała. Mały pokoik na piętrku willi, a w nim on, tkwiący między paczkami pisma przygotowanymi do ekspedycji. Wydał mi się podobny do bohatera na polu bitwy, w której wszyscy wyginęli. Sam jeden, w wyszarzałym ubranku, mizerny, lecz uśmiechnięty wyzywająco przeciw światu tak mu nieprzychylnemu".

Podobnie zapamiętała ojca Anna Kowalska, koleżanka z „Sygnałów". Gdy zachorowała na raka, często ją odwiedzałam, to i owo zanotowałam: „Dla Karolka, mówiła mi dziś Anna, najważniejsza była niezależność «Sygnałów». W rezultacie harował jak wół, oszczędzał na każdym groszu. Uodpornił się na rewizje, konfiskaty, zawieszanie pisma. Chciano go wcielić do wojska, był zamach (cudem uniknął rozpłatania czaszki łomem). Ale nie narzekał, wzruszał ramionami albo wybuchał śmiechem. Miał za sobą dobrą szkołę życia. Muszę zapytać Anny, co chciała przez to powiedzieć".

Nie zdążyłam. Umarła dwa dni po mojej ostatniej wizycie i do dziś pozostała niepewność, czy Kowalskiej, dobrze sytuowanej żonie profesora Uniwersytetu Lwowskiego, chodziło o to, że ojciec pochodził z biedoty, zarabiał korepetycjami, wiecznie niedojadał? A może raczej o to, że najstarszy syn wielodzietnego murarza półanalfabety był nie tylko opiekunem młodszego rodzeństwa, lecz i świadkiem śmierci kilkorga dzieci? I tak stał się dzielnym milczkiem ze smutnymi oczami i „wilczym uśmiechem"?

W liście do przyjaciela Tadzika Hollendera z letnich wakacji, spędzanych w 1933 roku w rodzinnym Zbarażu, zastanawiają mnie te oto słowa ojca: „Z uwag Twoich o humorze nie mogę — niestety — skorzystać. Że jestem człowiekiem zbyt na serio i mam za małe poczucie humoru i komizmu — to całe moje życie jest winne temu i złożyło się na to wiele przyczyn. Będę ironiczny, złośliwy i sarkastyczny — wesoły i beztroski nie będę prawdopodobnie już nigdy. Zbyt młody jeszcze jestem, aby te sprawy, winy i przyczyny, wydobywać na wierzch — i nie będę o nich mówił. Patos mój, jeżeli kiedykolwiek się zdarzy, ukrywa w sobie, w najgłębszej istocie zły uśmiech tzw. losu, któremu ja podstawiłem nogę (on mi częściej)".

Po powrocie z Pałacu Kultury zdjęłam z regału *Mój wiek*. Pierwsze wydanie ktoś od nas pożyczył i nie oddał. Czytelnikowskie wznowienie z 1998 roku kupiła mama. Ciekawe, czy Wata ponownie przeczytała? Na stronie 310 tomu. I była zakładka i rzucał się w oczy zamazany na żółto *passus*: „Bardzo mądrze zachował się Kuryluk [mówi Wat do Miłosza, który poznał ojca w powojennym okresie „Odrodzenia"]. Właściwie to nie jest inteligentny człowiek, ale bardzo mądry życiowo, ma ten wspaniały dar, że nie umie mówić, a tylko bardzo ładnie się uśmiecha, serdecznie i ładnie, i to jest kariera, to jest najwyższy szczyt. Nic nie mówić i ładnie się uśmiechać. I zawsze uchodzi wśród komunistów za tego bardzo porządnego człowieka, niezwykle porządnego, czystą duszę. On był w «Czerwonym Sztandarze», ale nic nie mówił. Nie pamiętam, żeby się kiedy odezwał, tylko się uśmiechał. Uśmiechał się nie jak Mona Lisa, bo jednak z jakąś dobrocią, z jakąś serdecznością. Mona Lisa jest zimna, ale zagadkowość Mony Lisy była w tym uśmiechu. Tak że mogłeś myśleć, że się za tym uśmiechem ukrywa wszystko, co chciałeś. Kuryluk opiekował się i przyjaźnił z Haliną Górską. To był wielka przyjaźń, siedział zawsze u Górskiej. We Lwowie zachowywał się bardzo przyzwoicie". Nie tego szukałam. Wolno kartkowałam pierwszy tom. Na stronie 296. znów przywołał wzrok żółty kolor: „Halina Górska — to była sentymentalna socjalistka, niesłychanie czysty człowiek, czysta dusza, okropnie elegijna, wszystko ją bolało, wszelka niesprawiedliwość, jaka się działa na świecie. Przed wojną wychowała Kuryluka. Ona właściwie założyła «Sygnały», które były pismem kierowanym przez partię, ale kierowanym w sposób bardzo zamaskowany, tak że nawet Górska o tym nie wiedziała. Dawała lokal na zebrania". Na marginesie, koślawym pismem swoich ostatnich miesięcy, mama nabazgrała: „Nieprawda!". Pod spodem: „Karol nie był w partii, partia nim nie kierowała". Na dole strony: „Do sprostowania".

Mamie, która Watów znała z Nieborowa, nie mieściło się w głowie, że Aleksander — o dziesięć lat starszy od ojca warszawski futurysta, który nie czytywał „Sygnałów", a we lwowskich stosunkach orientował się słabo — mógł powtórzyć Czesławowi „paskudne, stare plotki", dawno wyśmiane w satyrycznym wierszu Hollendera. Trzeba to koniecznie sprostować — powtarzała — a Czesławowi powiedzieć przy okazji, że na „Sygnały" łożyła Stasia, nie Stalin.

Okazja trafiła mi się jakieś dwadzieścia lat temu na *party*, wydanym w Evanston przez Northwestern University Press. Siedząc na kanapie koło Miłosza, zająknęłam się o zmartwieniu mamy i swoim. — Nie zawracajcie sobie głowy — zamachał rękami — Wat coś palnął i tyle. Gdyby Kuryluk dał sobą manipulować przed wojną, dałby i po wojnie. A on z hukiem odszedł z „Odrodzenia" [na początku stycznia 1948], bo miał dosyć partyjnej presji. — Miłosz nie pamiętał *Wiersza z dna upadku* Hollendera [współzałożyciela „Sygnałów" zamordowanego w Warszawie w 1943 roku], który ukazał się w numerze z 1 lipca 1936 i zaczynał tak:

Dziś właśnie dzwonił do mnie Stalin,
(Ten człowiek wielbi mnie tajemnie,
wciąż mnie hołubi, ciągle chwali,
nie może obejść się beze mnie).

— Hallo, powiadam, towarzyszu,
Wy wciąż Dnieprostroi, pietiletka,
a tu „Sygnały" ledwie dyszą,
znów by się zdała jaka setka...

— Jak to, znów setka? złotych? wyszlę!
— Ależ mylicie się do gruntu,

zamiast złotemi, wolę ściśle
setkę angielskich, dobrych funtów.

— Zmiłujcie się, toż wczoraj dałem,
a przecież papier znów potaniał!
— To, mówię zimno, my „Sygnały"
wstrzymamy aż do otrzymania.

Słyszę, jak w Moskwie ciężko dysze,
(czułem też jak w kieszeni grzebał).
Ja czekam zimny, on już ciszej:
— No cóż, powiada, jak potrzeba...

— To już, powiada, się wystaram,
znów sprzedam carskie trzy brylanty,
lecz za to wydrukujcie zaraz
pięć artykułów. Wszystkie anty...

...antyniemiecki, antywłoski,
antyrodzinny (wolna miłość),
antyrządowy, antyboski
anty... — Dość, mówię, pięć już było!

On znów poufnie: — A tej setki
to pewnie, mówiąc między nami
trzeba, co? znowu na — kobietki
i na omlety z brylantami.

Wiadomo, co groziło za takie żarty w sowieckiej Rosji. Ale w dopiero co przyłączonym Lwowie za „omlety z brylantami" straciła tylko pracę para przyjaciół. W rezultacie w „Czerwonym Sztandarze" znacznie krócej od Wata zabawił Kuryluk: „Zarzucono mu — napisał po śmierci ojca Tadeusz Banaś — że zamieścił w «Sygnałach» wiersz Hollendera: *Dziś rano dzwonił do mnie Stalin*". W ślad za ojcem wyrzucono Banasia, który również współpracował z „Sygnałami".

Innym kolegą ojca był Andrzej Kruczkowski: zmarły w roku 2006 ojciec dwóch dziennikarek, Anny Bikont i Marii Kruczkowskiej. W cytowanym już liście wakacyjnym z sierpnia 1933 ojciec pisze do Hollendera: „Kochany chłopcze, nie eksponuj się zbytnio nerwowo i uczuciowo — trzymaj się własnej zasady i niczym się nie przejmuj. Kruczkowskiemu odpowiedziałeś za ostro i za porywczo. Uniosłeś się, a mogłeś się uspokoić i dać mu wyrozumiałą i przyjacielską odpowiedź. Ten człowiek może się przejąć i przyjdą mu do głowy złe myśli".

Trzymać się własnej zasady, zachować zimną krew, nie prowokować złych myśli u innych i samemu ich unikać — ta dewiza ojca zdecydowała o nastroju w redakcji. Jak się uformowała, opisał Andrzej Kruczkowski: „Powstanie zespołu «Sygnałów» było naturalnym produktem atmosfery, jaka panowała w latach trzydziestych na lwowskim uniwersytecie. Życie studenckie, całkowicie opanowane przez młodzież prawicową, wyrzucało poza nawias nie solidaryzujące się z jego nurtem jednostki. Wśród tych jednostek, nie pogodzonych z atmosferą pałkarską endeckich przywódców, a obcych duchowo — mimo żywej wśród niektórych sympatii do Piłsudskiego — sanacyjnym urzędówkom młodzieżowym, nie było indywidualności dość silnej i dostatecznie intelektualnie uzbrojonej, która by zwycięsko przeprowadziła kampanię przeciw zalewowi czarnoseciństwa. W tej sytuacji ludzie odnajdywali się po omacku, garnęli instynktownie do siebie, wzmacniając więzy wspólnymi zainteresowaniami społecznymi lub literackimi". I dalej: „Nie było pieniędzy, nie było organizacji — tym wszystkim, co zadecydowało o przyszłości pisma, był nieefektowny i mrukliwy, słaby dyskutant i żaden mówca, młody polonista — Karol Kuryluk. Nie był on wtedy marksistą — jak nie był nim zresztą nikt z dziesięciu członków zespołu. Jeśli Kuryluk przebrnął szczęśliwie przez tysiące trudności, jeśli utrzymał pismo przez lat sześć, aż do samej wojny, przypisać to należy jego charakterowi, osobistej ofiarności i wytrwałości w pracy. [...] «Sygnały» nie miałyby szans utrzymania się i rozwoju, gdyby ktoś jeden nie zechciał wziąć na siebie całej odpowiedzialności, całej pracy i całej troski o fundusze. Finanse na druk i papier, bo jak się rzekło, o honorariach nikt nie myślał. I nikt z członków zespołu, w większości studentów, nie rozporządzał dochodami, które by przekraczały 100 złotych miesięcznie"[1].

I stąd bezczelna prośba Hollendera o „setkę angielskich funtów"? Którą „Sygnały" dostały jednak nie od Stalina, lecz od Stasi? O Stanisławie Blumenfeld słyszałam od Anny Kowalskiej, która jej listy z więzienia opublikowała w „Odrze", że Stasia była „dobrym duszkiem" redakcji. Marian Promiński, który też do niej należał, pisze ironicznie: „popularna z cukierni Zalewskiego intelektualistka, sympatyczna zresztą Stasia Blumenfeld". Tadeusz Banaś podaje, że „Stanisława Blumenfeldowa, niezapomniana Stasia", zginęła w czasie okupacji „śmiercią męczeńską". Bo była Żydówką? Tak sądziłam. Lecz niedawno zaprzeczyła temu znajoma rodziców Lusia Stauber. Jej zdaniem było to małżeństwo mieszane: Żydem i znanym lwowskim przemysłowcem był Blumenfeld, mąż Stasi.

Trzeba zapytać o Stasię — przypominałam sobie regularnie w ostatnich czasach — Andrzeja Kruczkowskiego. Niestety, wizyta u jedynego żyjącego „sygnalisty" wciąż się przesuwała: czuł się marnie i nie przyjmował gości. W końcu poprosiłam Anię, by zapytała ojca o Stasię i finansowanie „Sygnałów". Blumenfeldowie — wyjaśnił — nie łożyli na pismo, ale namawiali znajomych fabrykantów na płatne i całkowicie nieopłacalne reklamy w „Sygnałach". Czytelnicy Bertranda Russella i Bruno Schulza, Henri Barbusse'a i Stanisława Piętaka, Mikołaja Tereszczenki i Majka Johansena (poetów ukraińskich w przekładzie Hollendera), Erwina Axera (debiutanta gimnazjalisty), Emila Zegadłowicza i Debory Vogel, Karla Ossietzkiego

---

[1] Wspomnienia Jana Brzozy i Andrzeja Kruczkowskiego, napisane po śmierci Karola Kuryluka na prośbę jego żony, ukazały się w *Książce dla Karola* (Warszawa, Czytelnik, 1983).

i Juliana Tuwima, Marii Dąbrowskiej i Paula Valéry, Uptona Sinclaira i Haliny Górskiej, Malraux i Stanisławy Blumenfeldowej (o polskim antysemityzmie) nie reflektowali raczej na proszki do prania i pasty do podłogi ani na stale w „Sygnałach" ogłaszane wody kolońskie, pudry, pomadki i olejek Negrita. Niewątpliwie znaleźli się amatorzy czekolady Branka Lux, ale czy ktokolwiek dokonał zakupu „najwyższej jakości emulsji benzynowej wg patentu prof. dra Pilata — do wyrobu mydła benzynowego"?

„Bo diabeł mojej choroby to jest diabeł komunizmu" (I, s. 57) — skarży się Miłoszowi Wat. Wiem coś o jego chorobie: cierpiał na piekielne bóle głowy. A ja, będąc chorym na serce dzieckiem, zbierałam w Nieborowie żywicę z jabłoni, którą przykładał sobie do skroni. I wolałabym z tym obrazkiem pozostać, niż z *Moim wiekiem* polemizować. Ale to, co na przykładzie mojego ojca Wat zasugerował, jest dziś wodą na młyn ekstremalnej prawicy, dla której cała lewica to „wtyczka". Jak bronić pomówionych? Opowiadając ich historie. Nie ma odpowiedzialności zbiorowej.

EWA KURYLUK

MARIA PRUSSAK

PROFESOR ZOFIA STEFANOWSKA (1926–2007)

Była córką pułkownika Antoniego Stefanowskiego zamordowanego w Katyniu. Podczas oblężenia Warszawy we wrześniu 1939 roku straciła starszą siostrę. Druga siostra zginęła w Powstaniu Warszawskim, w którym Zofia Stefanowska walczyła w batalionie „Zośka". Po wojnie została sama z matką i babcią. Podjęła studia na Wydziale Filologii Polskiej Uniwersytetu Warszawskiego. Była uczennicą, później asystentką przedwcześnie zmarłego profesora Wacława Borowego. Bardzo dbała o to, by dorobek profesora nie został zapomniany, przygotowywała do wydania najważniejsze jego dzieła, wydobywała z notatek i rękopisów teksty niepublikowane. Podczas studiów wyszła za mąż za Stefana Treugutta. Do emerytury pracowała w Instytucie Badań Literackich Polskiej Akademii Nauk, współpracowała też z uczelniami — Uniwersytetem Warszawskim, Akademią Podlaską, w ostatnich latach prowadziła wykłady na Uniwersytecie Kardynała Stefana Wyszyńskiego, brała udział we wszystkich kolokwiach dotyczących romantyzmu, organizowanych przez tę uczelnię. Zajmowała się przede wszystkim twórczością Adama Mickiewicza i Cypriana Norwida. Jej studia o Mickiewiczu stanowiły przełom w rozumieniu twórczości poety. Mickiewiczowi i Norwidowi poświęciła swój wielki talent edytorski — przewodniczyła komitetowi redakcyjnemu rocznicowego wydania *Dzieł* Mickiewicza, opublikowała nowe, odkrywcze opracowanie tekstu *Dziadów*. Jako redaktor „Pamiętnika Literackiego" recenzowała wiele rozpraw naukowych, ofiarnie redagowała teksty młodszych kolegów, poprawiając błędy, ucząc pięknego pisania, a przede wszystkim precyzyjnego czytania tekstów literackich i odpowiedzialnego myślenia. Zawsze można było liczyć na jej przenikliwe uwagi i inspirującą rozmowę.

MARIA PRUSSAK

Olśnienia (II)

I. Ciągle nie mogę się skupić. Film[1] trwa już ponad dwie godziny. Bohater, grecki reżyser filmowy A (fascynujący Harvey Keitel) — przemierzył już Grecję, Albanię, Rumunię i dotarł do wyniszczonej wojną byłej Jugosławii. Wszystko w poszukiwaniu zaginionych i niewywołanych trzech rolek braci Manaki — pierwszych filmowców na Bałkanach. Wszystko na próżno. I nagle uderzenie. Całościowe połknięcie. Sarajewo. Ruiny budynków, strzępy architektury i piękna, sterczące kikuty miasta. Zniszczenie i porażająca pustka. Wyludnienie i bezkres. Gdzieniegdzie tylko przebiegający przez ulicę ludzie. W ucieczce, w poszukiwaniu bezpieczeństwa, w strachu.

A trafia do starego pracownika muzeum filmowego Iwo Leviego (grający pierwotnie tę postać Gian Maria Volonté zmarł podczas kręcenia zdjęć i został zastąpiony przez legendarnego Erlanda Josephsona). To tam, w podziemnym magazynie-archiwum kryją się zaginione rolki, ale Levi potrzebuje jeszcze czasu, żeby uzyskać płyn niezbędny do wywołania rolek. Cel jest więc bardzo blisko. Podróż za chwilę może się zakończy. Za chwilę?

A spotyka też córkę kuratora, którą gra Maia Morgenstern. Ta sama aktorka wciela się we wszystkie kobiece postaci, które A — Odyseusz — spotyka na swojej drodze. Z którymi się kocha, które pozostawia i od których odchodzi-ucieka (w spisie osób nazwana jest „żoną Odyseusza"). Na które patrzy.

W jednej chwili piwnicę zalewa gęsta, mleczna mgła. Stary z radością ogłasza, że teraz można wyjść na ulicę. Mgła jest znakiem bezpieczeństwa. „W tym mieście — mówi Levi — mgła jest najlepszym przyjacielem człowieka... Mgliste dni są tutaj dniami świątecznymi. Świętujmy!".

Na placu orkiestra młodzieżowa, Serbowie, Chorwaci, Muzułmanie... „Wychodzą, kiedy następuje zawieszenie broni". Chodzą z miejsca na miejsce (zrośnięta z nasyconymi obrazami Angelopoulosa muzyka Eleni Karaindrou). W tych dźwiękach są zwątpienie i rozpacz, współczucie i nadzieja, rozdzierająca nostalgia za czymś, co bezpowrotnie odchodzi. Obok słychać słowa — w ruinach budynku trwa teatralny spektakl: Szekspirowska Julia mówi najczulsze miłosne słowa do swojego Romea. Czy sztuka może ocalić? Dać wytchnienie? Zapomnienie?

Słychać jeszcze inną muzykę, czuć radość i oddech. Gdzieś w parku przy rzece trwa zabawa. Taniec. A podchodzi do córki kuratora. Stoją roześmiani. Tańczą. Nagle dyskotekowy rytm przechodzi w napięte akordy Eleni Karaindrou. A i kobieta rozmawiają ze sobą jak Penelopa i Odyseusz. „Zostań trochę dłużej... Tylko kilka minut. / Słyszę już pociąg. Muszę się spieszyć. / Powiedz, że ci na mnie zależy... że wrócisz. Będę czekać". Niemożliwość współżycia tych dwoje ludzi jest porażająca. Przemierzają zaminowaną przestrzeń mitu. Widz patrzy na to z litością i trwogą. I znów dyskoteka, rozmowa wraca do punktu wyjścia. To jedna z piękniejszych sekwencji kinowych, jakie widziałem.

Nagle... Mleczna biel zalewa ekran. Słychać strzały. Jeden, drugi, kolejne. Głuche, miażdżące. Nie widać — kto, dlaczego, po

---

[1] *Spojrzenie Odyseusza*. Reż. Theo Angelopoulos, scen. Theo Angelopoulos, Tonino Guerra. Zdjęcia: Giorgos Arvanitis, muzyka: Eleni Karaindrou. Grecja 1995. Projekcja w kinie Muza podczas Nostalgia Festiwal w Poznaniu (15–19 X 2007).

co. Nic. Tylko bezlitosne odgłosy śmierci. Nic? Po chwili, kiedy oko kamery przyzwyczaja się do gęstej mgły, wyłaniają się zarysy ludzkich sylwetek. A stoi. Żywy. Na ziemi leżą martwe ciała Leviego, jego córki... W tle inni. Bezgraniczne cierpienie bohaterów Theo Angelopoulosa nie chce mieć końca. Jest wieczne, wiecznie powraca. Film kończy monolog A. Monolog Odyseusza. „A gdy powrócę, będę w przebraniu włóczęgi. Pod innym imieniem. Nieoczekiwanie. A kiedy spojrzysz na mnie i powątpiewając, rzekniesz: «Nie jesteś nim», pokażę ci znaki. A ty mi uwierzysz. [...] A gdy wejdziemy drżący do naszej dawnej komnaty, pomiędzy jednym uściskiem a drugim, pomiędzy wołaniem kochanków, będę snuł ci opowieść o podróży. Całą noc. I wszystkie noce, które nadejdą. Pomiędzy jednym uściskiem a drugim. Pomiędzy wołaniem kochanków. O całej ludzkiej przygodzie. Historii, która nie ma końca" (tłum. Katarzyna Wiszniewska).

II. Fortepian jak zegar wybija głuchy rytm, a głos jak wiatr przecina powietrze, by uciec ciemności. Dalej: muzyka jak dryfująca fala, kołysząca mistycznie do snu, do trwania („twa dusza chłonie wieczystą jaźń", tłum. Arnold Spaet). Jeszcze: zamglone pasaże fortepianu, z których wyłania się melodia szczęścia (*O Glück!... O Glück!... O Glück!*). Nie, to jeszcze nie Szymanowski. To pieśń *Stimme im Dunkeln* Zygmunta Noskowskiego, a po niej *Am Ufer* i *Befreit* Richarda Straussa — wszystkie do słów Richarda Dehmela (1863–1920).

„Dehmel był zawsze blisko muzyki" — pisze w świetnym wprowadzeniu do koncertu[1] Piotr Deptuch, wskazując, że na przełomie XIX i XX wieku powstało ponad 600 (!) kompozycji do wierszy Dehmelea. „Prawie zawsze dostrajając się do Pana tonów — pisał Arnold Schönberg — znajdowałem dopiero ton nowy, który miał się stać moim własnym, ton, który o człowieku mówi to, co istnieje jeszcze ponad nim"; Schönberg, autor dwóch wykonanych na tym koncercie pieśni z cyklu *Vier Lieder* op. 2 z 1899 roku

(*Erwartung* i bluźnierczo pięknej w słowie, a cudownie pełnej w harmonii *Schenkt mir deinen goldenen Kamm*).

W programie znalazły się także pieśni Antona Weberna, Grzegorza Fitelberga, Henryka Melcera-Szczawińskiego. Oraz Szymanowskiego: *Stimme im Dunkeln* (z op. 13, 1905–07) oraz cztery pieśni z *Zwölf Lieder* op. 17 (1907). Deptuch cytuje słynnego muzykologa tamtych czasów, Hugo Leichtentritta: „nazwać te bezmiernie zawiłe, całkiem niewokalne utwory «pieśniami» to brzmi jak ironia. Nie ma tu nic z tego, co składa się na pojęcie pieśni. Ani śladu pieśniowej melodii, pieśniowej konstrukcji". Dziś chyba nikt o tych pieśniach Szymanowskiego nic takiego by nie napisał, nie powiedział.

Ten wieczór nie byłby tak przejmujący bez wspaniałego głosu Urszuli Kryger i wrażliwego akompaniamentu Katarzyny Jankowskiej. Bez zmysłowych recytacji poezji Dehmela (i Stefana Georgeo) w wykonaniu Mariusza Benoit. I bez frapująco dobranego programu, w którym niektóre z wierszy przechodziły jakby „z ust do ust" (*Stimme im Dunkeln* — Noskowski, Fitelberg, Szymanowski, Melcer; *Am Ufer* — Strauss, Fitelberg, Webern; *Aufblick* — Webern, Szymanowski; *Geheimnis* — Szymanowski, Fitelberg).

I koncert finałowy — „W kręgu Dionizosa". Najpierw *Pentezilea* (1908) Szymanowskiego do słów Stanisława Wyspiańskiego. Czarowna, uwodząca (barwami, falującym morzem harmonii), słoneczna (końcowe C-dur na słowach „Dobranoc, dobranoc, dobranoc" zdaje się wyprzedzać finałowe obrazy *III Symfonii* czy *Króla Rogera*) — w zmysłowym wykonaniu Izabeli Kłosińskiej i Polskiej Orkiestry Radiowej pod batutą jej dyrektora Łukasza Borowicza.

Później dwie suity z zapoznanego baletu *Bacchus et Ariane* z 1930 roku Alberta Roussela (wielbiciela twórczości Szymanowskiego). Ta muzyka nie bawi się w subtelności, alegorie, tylko wprost — ale bardzo ekspresyjnie — opowiada o gorącym uczuciu, które rozpaliła w Bachusie-Dionizosie Ariadna. Na szczęście, partytura rozpaliła też muzyków.

---

[1] X Festiwal Muzyczny Polskiego Radia „Szymanowskiego światy dalekie i bliskie", 1–7 X 2007, Studio Koncertowe im. W. Lutosławskiego w Warszawie.

Jeszcze *Demeter* Szymanowskiego do słów Zofii Szymanowskiej, siostry kompozytora — pierwsza część pisanego w 1917 roku „dyptyku zbolałych matek" (drugą jest nieukończona kantata *Agawe*). Idziemy wraz z „pokorną bólowi" boginią-matką (świetna Jadwiga Rappé); towarzyszymy jej łzom, wszechogarniającej boleści (impresyjne barwy orkiestry, rozciągnięte między porażającymi uderzeniami *tutti* a ulotnymi frazami — skrzypce! — pojedynczych instrumentów). Wreszcie: dwie wersje (!) kantaty *Agawe* — pozostawionej przez Szymanowskiego jedynie w szkicach, a istniejącej dziś w dwóch niezależnych rekonstrukcjach — Anglika Malcolma J. Hilla i Piotra Mossa. Obie niezwykłe, co potwierdza tylko bogactwo muzyki Szymanowskiego — jej dzikość, mroczność, cielesność, orgiastyczność, rytualność. Hill próbuje ją okiełznać, nieco schłodzić, odbarwić, co daje ciekawe zderzenie, bo temperatura barw u Szymanowskiego od początku jest bliska wrzeniu. Moss nie boi się egzaltacji, dionizyjskiego nadmiaru, erupcji kolorów i rytmów. Daje się porwać dionizyjskiemu wirowi — porwać Szymanowskiemu — a jego wersja finału kantaty („Tyś krwawy!... i ta krwawa żerdź... ten tyrs!... tyś syn mój!... śmierć mi... śmierć!") jest szczególnie bliska szaleństwu i ciszy nocy *Króla Rogera*. Zostaje na długo w pamięci.

Podobnie jak kreacja Izabeli Kłosińskiej, której sopran wydaje się przynależeć do muzyki Szymanowskiego (Roksana z warszawskiej inscenizacji Trelińskiego!). A jednocześnie, wcielając się w obu wersjach w oszalałą Agaue, Kłosińska śpiewa te partie niezależnie, w każdej odnajdując coś dla siebie. Żeby ocalić siebie.

I jeszcze jeden punkt programu. *Lamento di Tristano* Zygmunta Mycielskiego — poświęcony pamięci Karola Szymanowskiego, pisany w roku jego śmierci i przekomponowany dziesięć lat później. Ciemny marsz--taniec instrumentów zanurzony w Wagnerowskich źródłach (harmonia, melodia), sięgający swoją „mową muzyki" do dźwięków i brzmień tego, który odszedł. Tristanem jest tu Mycielski opłakujący śmierć przyjaciela. Tristanem jest tu Szymanowski — „wiecznie zakochany", szczęśliwy i nieszczęśliwy.

W szkicu *Szymanowski — romantyk?* z 1947 roku Mycielski pisał tak: „Dziwny ten człowiek łączył w sobie mnóstwo sprzeczności, harmonizując je w łagodny, wyrozumiały i pełen wdzięku sposób". I taki jest też jego *lament* — chwilami wewnętrznie sprzeczny, fragmentaryczny, ale pełny tak niekłamanego wdzięku, że chce się do tej muzyki wracać nie tylko od święta.

Chciałbym też zwrócić uwagę na zamieszczony w książce programowej esej Bartłomieja Dąbrowskiego *Maskarada Dionizosa* — fragment przygotowywanej książki o Szymanowskim, która już dziś zapowiada się fascynująco. Oraz dołączoną do programu płytę z archiwalnymi nagraniami (Szymanowski pianista wykonujący swoje mazurki i *IV Symfonię koncertującą*; dwie wypowiedzi dla Radia Czeskiego z 1935 roku — roku śmierci...). Muzyka Szymanowskiego żyje. Szymanowski żyje. Blisko...

To tylko wycinek przeżyć, które przyniósł X Festiwal Muzyczny Polskiego Radia „Szymanowskiego światy dalekie i bliskie" — tak wielogłosowo zakomponowany przez Marcina Gmysa. Festiwal, w którym dzięki bezpośredniej jego obecności na antenie Programu II Polskiego Radia można było uczestniczyć, nie wychodząc z domu. Nie bez powodu „Dwójka" nazywana jest największą filharmonią świata...

PS. Kończy się Rok Szymanowskiego. Oczywiście, ta muzyka była obecna w programach koncertowych polskich filharmonii, na konferencjach i w dyskusjach (wymienić trzeba na pewno inscenizację *Króla Rogera* w reż. Trelińskiego w Operze Wrocławskiej — wydaną przez Polskie Wydawnictwo Audiowizualne na płycie DVD; całoroczną obecność Szymanowskiego na antenie PR II; interaktywny serwis Telewizji Polskiej www.szymanowski.itvp.pl; dodatek o Szymanowskim w „Tygodniku Powszechnym"). Ale co z tego pozostanie? Wydaje się, że nie potrafimy — jak choćby Austriacy (Mozart 2006!) — cieszyć się z tego, co nasze. Wstydzimy się Szymanowskiego? Boimy się, że trudny? Niedostępny? Niemoralny? Festiwal radiowy pokazał, jaka to piękna i ważna muzyka. Jak nam daleka i jak bliska.

Tomasz Cyz

189

Nowy sezon[*]

Warszawskie galerie na początku sezonu jesienno-zimowego pełne są kontrastów: obok najnowszej sztuki polskiej i obcej pokazywanej w Zachęcie klasycy polskiej sztuki drugiej połowy XX wieku w Zamku Ujazdowskim i Galerii aTAK oraz rocznica stulecia śmierci Stanisława Wyspiańskiego w Muzeum Literatury. Zorganizowana tam wystawa to jedna z kilku urządzonych w Roku Wyspiańskiego (wcześniejsze: *Zielnik Stanisława Wyspiańskiego*, Kamienica Szołayskich w Krakowie — nowa siedziba muzeum artysty; *Jak meteor... Stanisław Wyspiański 1869–1907*, Muzeum Narodowe w Warszawie; zapowiadane: *Stanisława Wyspiańskiego Teatr Ogromny* i *Pogrzeb Stanisława Wyspiańskiego... „Sami złożycie stos..."*, obie w Krakowie). Wystawa *Młoda Polska. Słowa. Obrazy. Przestrzenie* w Muzeum Literatury zgodnie z nazwą miejsca ma charakter literacki, spotęgowany przez liczne cytaty będące wprowadzeniem i komentarzem do poszczególnych części. Są tu zatem Bretania, Paryż i Włochy oraz Tatry, Wawel i Bronowice, polski zaścianek i pracownia artysty, a także tematy abstrakcyjne, ulubione przez modernistów: noc i zmierzch. Na wystawie, jak głosi podtytuł: *W hołdzie Stanisławowi Wyspiańskiemu*, nie ma ani jednej pracy tego artysty, a dominującym malarzem jest Wojciech Weiss. Pokazano w sumie ponad dwieście pięćdziesiąt eksponatów, obok obrazów, rysunków i rycin artystów współczesnych Wyspiańskiemu — drzeworyty japońskie i stare fotografie. Niewielkie, położone na wielu poziomach wnętrza Muzeum Literatury (trudne do aranżacji) sprzyjały z jednej strony literackiej koncepcji wystawy, z drugiej jednak okazały się zbyt ciasne dla tak obszernego doboru dzieł — nie wszystkie obrazy są dobrze widoczne i należycie oświetlone. Nie wszystkie też części wystawy są równie przekonujące, jak te o zaścianku czy zmierzchu. Dotyczy to zwłaszcza sal przeznaczonych na prace powstałe w Bretanii, pod Wawelem i w Tatrach. Zaskakuje też przesadnie folklorystyczna aranżacja sali *Pisane z Bronowic*, gdzie niczym pod powałą chłopskiej chaty wiszą święte obrazy, a wrażenie potęgują stylizowane na chłopskie polichromowane meble projektu Jana Frycza. W poszczególnych salkach nie brak dzieł zachwycających i zaskakujących zarazem, jak *Krajobraz z chimerami* Jacka Malczewskiego, *Fortepian* Krzyżanowskiego, *Nad Wilejką* Ferdynanda Ruszczyca, *Cynie* Józefa Mehoffera, *Wnętrze katedry w Sienie* Feliksa Jabłczyńskiego.

Pozostając przy artystach polskich, wypada wspomnieć o wystawie Artura Nachta Samborskiego. Członek komitetu paryskiego, bywa zwykle uważany za przedstawiciela koloryzmu, mimo że zachowywał wobec niego dystans, co tłumaczono doświadczeniami artysty z niemieckim modernizmem poznanym w młodości w Berlinie. Twórczość Nachta Samborskiego wyróżniają wśród kapistów także skłonność do abstrakcji i odmienna faktura obrazów. Prace pozostałe w pracowni artysty po jego śmierci w 1974 roku rodzina złożyła w depozycie, początkowo w Muzeum Narodowym w Warszawie (część pokazano w 1978 roku), a w 1993 roku w Muzeum Narodowym w Poznaniu. Te właśnie prace zostały pokazane na wystawie monograficznej w Zachęcie w roku 1999 i obecnej, w warszawskiej Galerii aTAK. Wybrano blisko siedemdziesiąt akwarel, gwaszów, rysunków i obrazów olejnych, pokazujących drogę Nachta Samborskiego ku abstrakcji. Widać to szczególnie na niewystawianych zwykle rysunkach i pastelach, zaskakujących nie tylko formą, ale i kolorystyką wynikającą z wybranej przez artystę techniki.

Jest to czwarty pokaz w otwartej w marcu 2007 Galerii aTAK kierowanej przez Fundację Polskiej Sztuki Nowoczesnej.

---

[*] „Młoda Polska. Słowa. Obrazy. Przestrzenie. W hołdzie Stanisławowi Wyspiańskiemu", Warszawa, Muzeum Literatury im. A. Mickiewicza, 9 X–31 XII 2007; „Artur Nacht Samborski. Dotyk abstrakcji", Warszawa, Galeria aTAK, 11 X–7 XII 2007; „Jan Tarasin. Obrazy najnowsze", Warszawa, Centrum Sztuki Współczesnej Zamek Ujazdowski, 12 X–19 XI 2007; „Spojrzenia 2007 — Nagroda Fundacji Deutsche Bank", Warszawa, Zachęta Narodowa Galeria Sztuki, 15 IX–11 XI 2007; „Warianty. Pracownia Kowalskiego 2006/2007", Warszawa, Zachęta Narodowa Galeria Sztuki, 29 IX–11 XI 2007; „Viva Mexico!", Warszawa, Zachęta Narodowa Galeria Sztuki, 18 IX–18 XI 2007; „Abc Meksyku. Portrety miasta", Warszawa, Galeria Kordegarda, 11 IX–11 XI 2007.

Dotychczasowe wystawy i zapowiedzi pozwalają sądzić, że na mapie artystycznej stolicy pojawiło się nowe, ważne miejsce przy Krakowskim Przedmieściu, umiejętnie łączące interesujący program z działalnością komercyjną.

Mówiąc o klasykach polskiej sztuki XX wieku, nie sposób pominąć wystawy Jana Tarasina, na której pokazano prace najnowsze. Artysta pozostaje w nich wierny stworzonemu przez siebie językowi. Zgeometryzowany znak łączy z plamą barwną.

Retrospektywa zorganizowana w 1995 roku w Zachęcie ukazała, jak artysta przez ponad dwadzieścia lat prób i poszukiwań kształtował swój sposób wypowiedzi, przeprowadzając eksperymenty podobne do tych, jakie prowadzili jego koledzy z grupy krakowskiej. Zbiegło się to w czasie z przenosinami Tarasina z Krakowa do Warszawy i — jak przyznaje sam artysta — pomógł mu także prowadzony od 1974 do 1982 roku notatnik-szkicownik. „Gromadziłem w nim poza wszelką konwencją i rygorami formalnymi rysunki, zdjęcia, fotomontaże, których celem jedynym było tropienie fascynującego mechanizmu, za pomocą którego natura projektuje i komplikuje swoje twory, powiela je, koncentruje i rozprasza, kreuje i niszczy".

Sztuka najnowsza dominuje w Zachęcie. Po raz kolejny wystawiono prace biorące udział w konkursie, którego mecenasem jest Deutsche Bank. Tegorocznym zwycięzcą okazał się Janek Simon. Wśród przedstawionych dzieł zwraca uwagę całkowity niemal brak tradycyjnego malarstwa, przy jednoczesnej przewadze instalacji, sztuki wideo i prac powstałych z ich połączenia. Podobnie na wystawie studentów pracowni Grzegorza Kowalskiego, co oczywiste, skoro ich zadaniem były wariacje na temat dwóch wcześniejszych, również wystawionych w Zachęcie, przestrzennych prac ich mistrza. Nasuwa się pytanie, czy młodzi autorzy staną się równie sławni, jak poprzednicy: Paweł Althamer, Katarzyna Kozyra i Artur Żmijewski.

Nowe media artystyczne i zaangażowanie społeczne cechują obszerną wystawę współczesnej sztuki meksykańskiej, jakiej dawno nie było w Warszawie. Niektórzy pamiętają z pewnością zorganizowaną latem 1961 roku wielką ekspozycję w Muzeum Narodowym *Sztuka meksykańska. Od czasów prekolumbijskich do naszych dni,* poprzedzoną pokazem współczesnego malarstwa i grafiki meksykańskiej ze zbiorów własnych. Wystawa w Zachęcie nie ma wiele wspólnego z wcześniejszymi prezentacjami; tym razem artyści średniego i najmłodszego pokolenia za pomocą fotografii, wideo, performance'u, instalacji rzeźbiarskiej, rysunku i malarstwa ukazują współczesny Meksyk, jego życie i problemy. W niektórych pracach widać odwołania do tradycji, do sztuki ludowej, malarstwa ściennego, inne odnoszą się do aktualnych problemów społecznych, pokazując kontrasty pogranicza Meksyku i Stanów Zjednoczonych. W sumie ponad trzydziestu twórców czynnych w samym Meksyku i najbliższych miastach amerykańskich, jak San Diego czy Los Angeles. Dopełnieniem wystawy w Zachęcie jest obraz współczesnego Mexico City uchwycony przez ponad 150 fotografików; ich zdjęcia, niczym tapeta, bez jakichkolwiek przerw i podziałów, pokrywają ściany Galerii Kordegarda, mając w zamierzeniu organizatorów dać dynamiczny obraz jednej z największych metropolii świata.

Justyna Guze

Bilbao*

Jedno z najbardziej niezwykłych muzeów Europy, Muzeum Guggenheima w Bilbao obchodziło jesienią jubileusz dziesięciolecia. Otworzyło podwoje dla publiczności 19 października 1997 roku i w krótkim czasie stało się atrakcyjnym miejscem prezentacji sztuki współczesnej. W ciągu dziesięciu lat GU, jak je krótko nazywają Baskowie, odwiedziło dziesięć milionów osób, z czego więcej niż połowę stanowili cudzoziemcy. Działalność placówki w widoczny sposób wpłynęła na życie największego miasta hiszpańskiego Kraju Basków.

---

* „Anselm Kiefer", Bilbao, Muzeum Guggenheima, 28 III–3 IX 2007; „Art in the USA: 300 Years of Innovation", tamże, 11 X 2007–27 IV 2008.

Bilbao, zdewastowane przez wielki przemysł, brudne i zaniedbane, wyraźnie rozkwitło. Przeżywa renesans kulturalny i przyciąga tysiące turystów. Ożywiła się gospodarka, spadło bezrobocie. A wszystko za sprawą efektownego muzeum, które stało się dla Bilbao tym, czym dla Sydney gmach Opery, a dla Paryża wieża Eiffla. Wyraźnie rozpoznawalną ikoną miasta.

Tym, co najbardziej przyciąga tłumy, jest niewątpliwie gmach muzeum zaprojektowany przez kalifornijskiego architekta Franka O. Ghery'ego. Srebrzysty kolos, odbijający się w lustrze wody, sam w sobie jest dziełem sztuki, niezwykłą awangardową rzeźbą. Budowla ze szkła, wapienia i tytanowych płytek jednym przypomina statek płynący rzeką Nervión, innym wieloryba, a jeszcze innym metaliczny kwiat rozkwitający w sercu miasta. Tak czy inaczej, nikt nie przechodzi obojętnie obok dzieła Ghery'ego. Philip Johnson, nestor amerykańskich architektów, orzekł, że to „najwspanialsza budowla naszych czasów".

GU i należący do niego most La Salve zajmują ponad cztery hektary w samym centrum Bilbao, na zakręcie rzeki Nervión, w dawnej dzielnicy portowej. Powierzchnia muzeum jest ogromna: wynosi dwadzieścia cztery tysiące metrów kwadratowych. Na trzech piętrach rozłożyło się dwadzieścia galerii o łącznej powierzchni wystawienniczej jedenastu tysięcy metrów kwadratowych.

Wybudowanie tego niezwykłego gmachu trwało cztery lata i kosztowało dziesięć milionów dolarów. Wyłożyli je rząd autonomii baskijskiej i prywatni sponsorzy. Fundacja Solomona R. Guggenheima nie partycypowała w kosztach budowy. Jej wkładem są dzieła sztuki. Fundacja ma swoje własne muzea w Nowym Jorku, Wenecji i Las Vegas, pod jej nadzorem merytorycznym pozostają natomiast placówki w Berlinie i Bilbao. Dysponuje bogatymi zbiorami prac tak uznanych artystów, jak: Cézanne, Chagall, Kandinsky, Picasso, Klee, Mondrian, Léger, Miró, Pollock i dziesiątki innych, głównie powojennych. Dzieła z tej ogromnej kolekcji sukcesywnie pokazywane są w filiach fundacji.

W ciągu dziesięciu lat w Bilbao zaprezentowano ponad dziewięćdziesiąt wystaw, z czego połowa bazowała na zbiorach Fundacji Guggenheima. Były wśród nich wielkie retrospektywy, m.in. Warhola, Beuysa, Rauschenberga. Supernowoczesne wnętrza nie zamknęły się jednak na sztukę dawną. Gościły wystawy, które bez trudu byłyby zaakceptowane w tak zacnych miejscach, jak Luwr, National Gallery czy Prado: „Rubens i jego epoka. Skarby Ermitażu", „Chiny. 5000 lat", „Imperium Azteków", „Rosja!". Każdą z nich obejrzało ponad pół miliona zwiedzających. Rekord popularności pobiła jednak wyreżyserowana przez Franka Ghery'ego wystawa „The Art of the Motorcycle", przedstawiająca historię pojazdów motocyklowych, począwszy od roku 1868, kiedy to Pierre i Ernest Michaux jako pierwsi przymocowali silnik parowy do roweru, aż po czasy najnowsze. Efektowne jednoślady wszystkich możliwych marek obejrzało ponad 870 tysięcy widzów. Inną, również nietypową i nieco ekstrawagancką ekspozycję, „Giorgio Armani", z czterystoma kreacjami głośnego projektanta mody odwiedziło prawie 530 tysięcy osób. Zaaranżował ją sławny człowiek teatru Robert Wilson.

Na jubileuszowy rok 2007 muzeum przygotowało aż dziewięć wystaw. Poświęcone były m.in. minimalizmowi i sztuce konceptualnej lat sześćdziesiątych i siedemdziesiątych; Pablowi Palazuelo, jednemu z czołowych współczesnych twórców hiszpańskich (ur. 1915, zmarł 3 października 2007, już po zamknięciu wystawy); miedziorytom i drzeworytom Albrechta Dürera z kolekcji frankfurckiego Städel Museum, a także nowej sztuce baskijskiej.

Do najatrakcyjniejszych należał pokaz stu prac Anselma Kiefera. Mijający rok okazał się wyjątkowo owocny dla mieszkającego we Francji niemieckiego artysty — latem gościł również w paryskim Grand Palais (o wystawie „Monumenta 2007. Anselm Kiefer «Sternfall»" pisał w 99. numerze „Zeszytów Literackich" Bohdan Paczowski). W Bilbao kurator ekspozycji, Germano Celant pokazał obszerną antologię dzieł Kiefera z ostatnich dziesięciu lat. Artysta znany z krytycznego spojrzenia na niemiecką historię, teutońskie legendy i rozmaite „mitologie", z nazistowskimi na czele, podejmuje dyskusję z mentalnością narodową, analizuje też powiązania sztuki z przekazem politycznym.

Kiefer uprawia ekspresyjny styl figuratywny. Maluje grubymi warstwami farby, ich nadmiar wypala lub odrąbuje. Stosuje technikę kolażu, chętnie posługuje się fotografią, którą zresztą często zamalowuje. Tworzy także rzeźby.

Elementami jego prac stają się gałęzie drzew, beton, śrut, słoneczniki, popiół, wiązki słomy, szmaty i ubrania, łóżka z ołowiu, a nawet fragmenty torped, statków i łodzi podwodnych. Tych ostatnich użył w cyklu prac *Für Khlebnikov*, poświęconych rosyjskiemu futuryście Wielimirowi Chlebnikowowi, wizjonerowi zafascynowanemu eksperymentami lingwistycznymi, mową ludów prymitywnych i wróżbitów, pogańską Rusią, a także numerologią.

Płócienne sukienki, koszule i dziecięce kaftaniki stały się częścią składową obrazu *Hierarchia aniołów*, natomiast bezgłowe manekiny w białych krynolinach tworzą cykl rzeźb *Kobiety antyku*.

Na swoich surowych płótnach, utrzymanych w tonacji brązu i czerni, Kiefer umieszcza często cytaty z dzieł literackich i filozoficznych. Wystawa w Bilbao wyraźnie uzmysławia, że inspiracją bywali dla niego nie tylko Heidegger i Nietzsche, ale także Wagner ze swoją *Walkirią* i *Pierścieniem Nibelunga*. Z pisarzy — wspomniany już Chlebnikow, Jean Genet, Ingeborg Bachmann, a nade wszystko tak ceniony przez malarza Paul Celan, poeta cudem ocalały z holokaustu. Atrium Muzeum Guggenheima bez trudu pomieściło monumentalny, piętnastometrowej wysokości obraz Kiefera *Die Niemandsrose*, hołd złożony Celanowi i zatytułowany tak jak zbiór jego wierszy z 1963 roku.

Aż do wiosny przyszłego roku potrwa inna wielka wystawa — „Art in the USA: 300 Years of Innovation", refleksja o trzystu latach historii, kultury i sztuki Stanów Zjednoczonych, wspólne przedsięwzięcie Fundacji Guggenheima i Terra Foundation for American Art. Wcześniej była prezentowana w Pekinie, Szanghaju i Moskwie.

Pokazano na niej dwieście dzieł artystów amerykańskich tworzących od XVIII stulecia, aż po czasy najnowsze. Prace, ułożone w porządku chronologicznym, pochodzą z wielu kolekcji europejskich i amerykańskich. Podzielono je na sześć części historycznych: „Kolonizacja i bunt" (1700–1830), „Ekspansja i podział" (1830–80), „Kosmopolityzm i nacjonalizm" (1880–1915), „Nowoczesność i regionalizm" (1915–45), „Prosperity i rozczarowanie" (1945–80), „Wielokulturowość i globalizacja" (1980–do dziś). Historia Ameryki, jej mity, marzenia, udręki, wielkość i słabość przewijają się na dwóch setkach obrazów jak w kalejdoskopie. Realistyczne portrety George'a Washingtona, indiańskich wodzów, generałów walczących z Anglikami, członków Kongresu, pełnych powagi ojców rodzin, a także romantyczne pejzaże Dzikiego Zachodu i sceny rodzajowe z indykami na Święto Dziękczynienia przypominają o kolonialnych początkach Ameryki i purytańskich korzeniach Nowej Anglii. Ku czemu Ameryka zmierza dziś, nieco trudniej odczytać z dzieł przedstawicieli awangardy, ekspresjonizmu abstrakcyjnego czy pop-artu.

Na dwóch piętrach Muzeum Guggenheima zawisły obrazy aż stu dwudziestu amerykańskich artystów. Obok nieco zapomnianych znaleźli się znani i głośni: John Singleton Copley, Winslow Homer, John Singer Sargent, James McNeil Whistler, Mary Cassatt, Georgia O'Keeffe, Edward Hopper, Jackson Pollock, Willem de Kooning, Mark Rothko, Robert Rauschenberg, Andy Warhol, Roy Lichtenstein, Chuck Close, Jean-Michel Basquiat oraz Jeff Koons.

Prace tego ostatniego zajmują szczególne miejsce w pejzażu Bilbao. Przed głównym wejściem do muzeum siedzi od kilku lat „Puppy", kilkumetrowej wysokości pies z kwiatów, nieco kiczowaty ulubieniec turystów i mieszkańców miasta. Dzieło Koonsa właśnie. O tym, jak wielką popularnością cieszy się ta ogrodnicza konstrukcja z ziemi do kwiatów, rurek nawadniających i żywych roślin, można się przekonać, zaglądając do muzealnego sklepu z suwenirami. Większość pamiątkowych gadżetów zdobi nie *Wąż* czy *Materia czasu* Richarda Serry'ego, instalacje, przed którymi chyli czoło krytyka światowa, ale właśnie podobizna Puppy'ego.

Nie tylko Koons uświetnia teren wokół muzeum. Od strony rzeki stoi na chudych metalowych kończynach gigantyczna pajęczyca, złowieszcza czarna wdowa — *Maman*, rzeźba mieszkającej w Stanach Zjednoczonych francuskiej artystki Louis Bourgeois.

Japonka Fujiko Nakaya eksperymentuje z parą wodną. Co godzina gmach Gherry'ego i rzekę spowija tuman sztucznej mgły. Instalacja *Fog Scupture # 08025*, szczególnie w pochmurny dzień, tworzy iście londyński nastrój. Nocą natomiast w pięciu miejscach nad wodą buchają fontanny ognia, wysokie słupy żywych płomieni. W ten sposób wcielono w życie projekt przedwcześnie zmarłego Yvesa Kleina, francuskiego artysty intermedialnego.

Ostatnio przestrzeń wokół muzeum wzbogaciła się o dwa nowe obiekty. Pierwszym z nich jest instalacja Francuza Daniela Burena *L'Arc Rouge*, potężny czerwony łuk wmontowany w most La Salve. Drugim — kolejne dzieło Koonsa z cyklu *Celebration*, inspirowanego przez powiększone do nadnaturalnych rozmiarów zabawki dziecięce. Był już *Rabbit*, monstrualne balony, *Balloon Dog* i *Balloon Flower* — tym ostatnim berlińczycy udekorowali chodnik przy Potsdammer Platz. Muzeum w Bilbao zakupiło kolorowe *Tulipany* z polichromowanej stali. Wielki jubileuszowy bukiet. Każdy lśniący jak bombka kwiat ma co najmniej trzy metry długości.

Elżbieta Sawicka

Paryskie wystawy — zima 2007/2008

Wielka retrospektywa Gustawa Courbeta (1818–1877)[1] w Grand Palais ukazuje dzieła realistyczne, choć nie pozbawione akcentów romantycznych, silnie oddziałujące na impresjonistów. Wystawę wzbogaca prezentacja zdjęć z epoki i niewielka ekspozycja prac szwajcarskiego fotografa Balthasara Burcharda.

Urodzony w Ornans, w rodzinie ziemiańskiej, Jean Désiré Gustave Courbet jako dwudziestolatek przybywa do Paryża. Pierwsze portrety i pejzaże nie odnoszą sukcesu. Podczas Wiosny Ludów Courbet poznaje paryską bohemę w ferworze rewolucji. W tej burzliwej epoce powstają wspaniałe autoportrety malarza i wizerunki jego rodziny. Artysta znany ze swojej jowialności i gorącego temperamentu przedstawia się na nich jako człowiek melancholijny, a nawet ogarnięty rozpaczą. W liście do swego mecenasa pisze: „Pod uśmiechniętą maską, którą znacie, ukrywam troskę, smutek, gorycz, które czepiają się serca jak wampir". *Człowiek zraniony*, 1844–54, *Zrozpaczony*, 1843–45, *Oszalały ze strachu i rozpaczy*, 1843–45, to dzieła zdumiewające swoją nowoczesnością. Courbet, przystojny młodzieniec z rozwichrzonymi włosami i gorejącym spojrzeniem, kolejno trzyma się za głowę, unosi jakby w locie, leży złożony bólem. Serię zamyka *Atelier malarza* (1855), alegoryczne płótno przedstawiające siedem lat jego artystycznego życia.

Piękne portrety rodzinne, *Juliette Courbet, Trzy siostry Courbeta (opowieści babci Salman)*, 1846–47, czy świetnie podpatrzona *Toaleta zmarłej* świadczą o przywiązaniu do rodziny. Z tej samej serii pochodzi też monumentalny *Pogrzeb w Ornans*, 1850, jego rodzinnym mieście.

Mimo udziału w licznych wystawach Courbet jest stale krytykowany, a sam Napoleon III skreśla jego nazwisko z listy kandydatów do Legii Honorowej. Courbet otrzyma ją dziesięć lat później, ale wtedy to on jej nie przyjmie. Przy okazji Wystawy Światowej w 1867 Courbet buduje własny pawilon, w którym wystawia sto piętnaście obrazów: portretów i pejzaże. Jego sposób przedstawiania krajobrazu i scen myśliwskich będzie później wielokrotnie kopiowany. Ale w odróżnieniu od „jeleni na rykowisku", gigantyczne, prawie sześciometrowe dzieła Courbeta zachwycają wyczuciem kompozycji i umiejętnością wydobycia dramatu osaczonych zwierząt.

Osobnym rozdziałem w twórczości Courbeta są śmiałe akty, w tym najsłynniejszy: *Początek świata*, 1866, realistycznie oddane kobiece łono.

Courbet był świadkiem i uczestnikiem Komuny Paryskiej. Stanął na czele Federacji Artystów. Oskarżony o podżeganie do zburzenia kolumny Vendôme, według komunardów symbolu bonapartyzmu, zostaje osadzony w Conciergerie, a następnie w więzieniu Saint Pelagie. Po pół roku wraca do atelier. Wiele jego obrazów zrabowano lub, na wniosek Ministerstwa Finansów, oddano na licytację. Courbet ucieka do Szwajcarii i tam

---

[1] „Courbet". Paryż, Grand Palais, 13 X 2007–28 I 2008.

nad Jeziorem Lemańskim maluje serię obrazów, znanego z poematu Byrona, zamku w Chillon i melancholijne martwe natury, jak zakrwawiony *Pstrąg*, 1872. Sąd skazuje go na wypłatę odszkodowania w wyskości 323 tysięcy franków. Courbet umiera w przeddzień pierwszej raty, 31 grudnia 1877 roku.

Trzysta lat wcześniej na dworze Habsburgów działał malarz z Mediolanu, Giuseppe Arcimboldo (1526–1593), znany dzisiaj przede wszystkim z malowanych portretów układanych z jarzyn, owoców, kwiatów i korzeni. W Musée du Luxembourg[1] pokazano po raz pierwszy płótna z całego świata, w tym prace dotąd nieznane. Obok portretów, gobelinów i grafik zebrano niezwykłe przedmioty i naczynia z kolekcji Habsburgów. Arcimboldo pozostaje przez dwadzieścia pięć lat na służbie Habsburgów — Ferdynand I, Maksymilian II, a następnie Rudolf II podziwiają jego erudycję, artystyczną wrażliwość i pomysłowość. Obsypują go honorami.

Oprócz tworzenia portretów arcyksiężniczek i wielkich scen rodzinnych Giuseppe Arcimboldo zajmuje się projektami kostiumów i ekstrawaganckich dekoracji do licznych uroczystości, igrzysk, ślubów na dworze Habsburgów, w Wiedniu i w Pradze. Sądząc po zachowanych szkicach, Arcimboldo wyśmienicie bawi się wymyślaniem karety z łabędzi, odświętnych strojów końskich i przebrań dla służby. Ponadto projektuje też gry wodne i ilustruje traktaty naukowe o faunie i florze, zwłaszcza tej z Nowego Świata. Ale niewątpliwie najbardziej oryginalne są jego swoiście uczłowieczone martwe natury, postacie skomponowane z płodów ziemi — *Kucharz dworski*, *Lekarz*, *Prawnik* czy skomponowany z książek *Bibliotekarz*; ukwiecona *Flora*, 1591, i cztery pory roku — *Wiosna*, 1573, z kwiatów; *Lato*, 1563, z kłosów i owoców; *Jesień*, 1573, z liści i winogron; i *Zima*, 1563, z korzeni; a także *Ogień*, 1566, z płomieni; i *Woda*, 1566, z ryb i owoców morza. Na habsburskim dworze o ekscentrycznych i manierystycznych zamiłowaniach jego dzieła są żywo komentowane.

Pod koniec życia Arcimboldo wraca do Mediolanu. Wysyła stamtąd namalowany w botanicznej manierze portret Rudolfa II — cesarza Świętego Cesarstwa Rzymskiego Narodu Niemieckiego, króla Czech i Węgier. Nos z gruszki, brwi ze strączków grochu, uszy z kolb kukurydzy, a szyja z ogórków i cebuli. Cesarz się nie obraża, przeciwnie nadaje mu tytuł książęcy. Arcimboldo, szybko zapomniany po śmierci, zostaje wskrzeszony dopiero w XX wieku, przez surrealistów, którzy okrzykują go malarzem „plastycznych dziwactw" i prekursorem sztuki nowoczesnej.

W dawnej Oranżerii Pałacu Luksemburskiego, od strony ogrodu, otwarto niedawno przestrzeń, gdzie pokazuje się dzieła malarzy i rzeźbiarzy współczesnych. Wystawa „Czarodziejki i małe cuda" Zwi Milshteina[2] składa się z setki płasko malowanych, wielkich obrazów, zapełnionych tajemniczymi postaciami. Pół ludzie, pół zwierzęta, fruwające kobiety i czarownice, gadające psy, elfy i krasnale, ten świat marzeń artysty, który pozostał dzieckiem, jest również światem pamięci Zwi Milshteina.

Urodzony w 1934 roku w rodzinie żydowskiej w Mołdawii, Milstein po długich wędrówkach po Rosji, dociera do Armenii, gdzie studiuje malarstwo w Pałacu Pionierów. Studia plastyczne kontynuuje w Rumunii, na Cyprze i w Izraelu, dokąd dociera w 1947 roku. Od 1957 jest w Paryżu, będąc najmłodszym członkiem powojennej Ecole de Paris. Zwi Milshtein zajmuje się malarstwem, rzeźbą i grafiką artystyczną. Prawie co roku publikuje poetycką książkę, której jest autorem i ilustratorem. Prócz licznych wystaw we Francji, Szwajcarii, Anglii, Niemczech, Szwecji, Włoszech, Izraelu, prace Milshteina pokazywane były też w Rosji, w Rumunii i w Polsce, dotarły nawet do rodzinnego Kiszyniowa. Jego bogaty, wielowarstwowy życiorys, obcowanie z wieloma kulturami znajdują odbicie w nasyconym znaczeniami, figuratywnym malarstwie, na wskroś przesiąkniętym sarkazmem. Obrazy baśniowe czy polityczne Zwi Milshtein pokazuje zawsze z charakterystyczną dla siebie ironią, uzyskując

---

[1] „Arcimboldo". Paryż, Musée du Luxembourg, 15 I 2007–13 I 2008.

[2] „Milshtein. Fées et petites merveilles". Paryż, Orangerie du Jardin du Luxembourg, 7 VIII–30 VIII 2007.

poprzez odwrócenie znaczeń niespodziewane emocje i nowe sensy — księżyc w chagallowskiej bajkowości, z papierosem w ustach, królowa z kieliszkiem wina, głaszcząca kota, nieśmiałe minikarzełki, pijak z butelką schowany w spódnicę pięknej brunetki, aniołki z twarzami starców, atakujące smoka, lubieżna wiedźma w czarnych podwiązkach, dosiadająca czerwonego kota — świat „Czarodziejek i małych cudów" daleko odbiega od dziecinnej baśniowości. Z obrazów Zwi Milhsteina, z bezładnej plamy wyłaniają się opowieści: o zmysłowych kobietach, o głowie rozsadzanej postaciami z przeszłości, o bolesnych doświadczeniach i nocach pijaństwa. Tę skłębioną tajemnicę wzbogacają symbole — sierp i młot, portrety Lenina i Stalina, gwiazda Dawida i inne, ważne w jego dziejowych wędrówkach znaki i dokumenty.

Maria Stauber

Pissarro

W październiku nowojorska jesień bliska jest pełni. Powietrze wciąż ciepłe, nieomal upalne, ale dni są coraz krótsze, a na straganach królują ogromne dynie. O tej porze roku na skraju Central Parku, w Muzeum Żydowskim rozpoczyna się wystawa Camille'a Pissarra[1]. Pissarro lubił jesień: hojną, dojrzałą, czas zbiorów. Jednak zachwycały go także wilgotny listopad, odcienie brązów i szarości, a potem chłodne odblaski i ciężkie kiście śniegu. Wreszcie wybuch wiosny, jaskrawej zieleni. Pissarro podziwiał brunatne, błotniste drogi, zmienność barw, faktury, natężenia światła. Z upodobaniem malował widoki francuskiej wsi: szerokie pola, jasnożółte stogi i obfite fałdy błękitnych spódnic chłopek. W jego obrazach niewiele się dzieje, brak dramatycznych wydarzeń, burzy, złowieszczych chmur. Zwykle świeci słońce: przenikliwie, wczesną wiosną, kiedy każdy liść widać osobno, albo w ostatniej chwili przed zachodem, pozłaca i wydobywa kontury. Pissarro unieruchamiał chwile, zatrzymywał akcję. Dziewczyna w białym czepku

zamyśliła się nad koszem pełnym zielonych główek kapusty, a gospodyni niosąca wiadra przystanęła, aby pogawędzić z sąsiadką. Ale Pissarra fascynowały także otwarte perspektywy, gwiaździste ujścia paryskich ulic. Malował tkankę wielkiego miasta, ruch, który jednak ma swój porządek: tu konny tramwaj, powóz, tam objęta para, kobieta ze sprawunkami. W głębi wszyscy przemieniają się w falujący tłum, kolorowe, ruchliwe plamy.

Pissarro pragnął w swoim malarstwie oddać wygląd świata i za każdym razem na nowo szukał do niego drogi. Zajmowało go to, co widoczne, co na powierzchni. Ale nie był pewny siebie, nie należał do tych, którzy znają cel, prowadzą pędzel odważnie i bezbłędnie. Krytykowano go za tę zmienność, zarzucano naśladownictwo, nieumiejętność stworzenia własnego stylu. A jednak w ciągłych ćwiczeniach i przemianach Pissarro pozostaje szczery i wierny sobie. Nie zna sposobu, próbuje: raz zamaszyste pociągnięcia pędzla, gdzie farba staje się aż gęsta, to znów drobne precyzyjne plamki.

Niewątpliwie uczył się od innych. Widok wspinającej się ścieżki w Pontoise do złudzenia przypomina Cézanne'a; wiele lat artyści pracowali razem, malując ramię w ramię te same krajobrazy. Pissarro próbował także techniki postimpresjonistów, świadczą o tym eksperymentalne, migotliwe pejzaże z Éragny. Nigdy nie przyjął jednak gotowej formuły, nie szukał efektu, skończonego, harmonijnego obrazu. Nierzadko błądził, ale wzruszające są ślady jego wytrwałej pracy.

Wielkim odkryciem nowojorskiej wystawy są grafiki. Pissarro łączył rozmaite techniki: akwaforty, akwatinty, suchej igły. Fascynował go druk. Najbogatszy efekt osiągnął w widoku lasku w Pontoise: fantastycznie splątane gałęzie, przezierające przez nie oddalone miasteczko, a na pierwszym planie puszyste kępy krzewów wycieniowane swobodnie miękkim grafitem. Jeszcze bardziej porusza skromniejszy pejzaż deszczowy — szerokie pole obramione szpalerem drzew, w środku moknie stóg siana, a na miedzy przycupnięte dwie postaci w kapturach. Ale najważniejsze są skośne strugi, „efekt deszczu".

---

[1] „Camille Pissarro. Impressions of City and Country", The Jewish Museum, Nowy Jork, 16 IX 2007–8 II 2008.

Przed opuszczeniem wystawy zawsze wybieram jeden obraz i oglądam dłużej, dokładniej, w nadziei, że zapisze się mocno w pamięci. Tym razem jest to wczesny rysunek na brązowym papierze — dwie postaci: kobieta w białej sukni, z parasolką i prowadzący ją pod ramię mężczyzna. Spacerują w lesie, który wydaje się potężny, ze wspaniałymi, czarnymi koronami drzew i świetlistym kawałkiem nieba. Z tym obrazem wchodzę do jesiennego parku, przyglądam się starym wiązom, patrzę na boisko, dzieci w kolorowych dresach i zastanawiam się, jak pokazałby to Pissarro, bo niewątpliwie chciałby tu malować.

Anna Arno

Fonoteka

Alexander Zemlinsky, *Eine florentinische Tragödie*. Alma Mahler, *Lieder*. Heinz Kruse, Albert Dohmen, Iris Vermillion, Royal Concertgebouw Orchestra, Riccardo Chailly — dyrygent. Decca 1997.

Umieszczenie na jednej płycie jednoaktówki Alexandra Zemlinskiego i pieśni Almy Mahler było pomysłem szczęśliwym. Alma poznała Alexandra w 1900 roku po prawykonaniu jego cyklu pieśni *Frühlingsbegräbnis*. Była wówczas dwudziestojednoletnią panną Schindler, on — początkującym kompozytorem, cenionym przez młodych gniewnych z Arnoldem Schönbergiem na czele. Zemlinsky uczył Almę kompozycji. Regularne spotkania przy fortepianie przerodziły się w krótkotrwały romans, bez widoków na przyszłość ze względu na mizerną pozycję materialną Zemlinskiego i konflikt temperamentów. W dzienniku Schindler zapisała: „Kobieta powinna być stroną dającą [...], pozbawioną prawa do brania czegokolwiek. Marzę, aby [Zemlinsky] wziął mnie w końcu mocno i krzyknął «Almo, moja Almo!», jak to czynił Klimt. Ale nie — on tytułuje mnie zawsze *verehrtes Fräulein* i gwałtownie się wycofuje, jeśli z roztargnienia zawołam go po imieniu". Alma zadawała swoim kochankom ból w sposób wyrafinowany, jakby podświadomie czując, że cierpienie będzie dla nich mocniejszym impulsem twórczym niż chwile spełnienia i szczęścia. Tak było na pewno z Mahlerem, Kokoschką, Gropiusem. Ale być może najciężej doświadczył tego właśnie Zemlinsky, który po długich staraniach zdobył ją, nie mając jednak pojęcia, że musi dzielić się ukochaną z Mahlerem. Wybór, przed którym stanęła Alma, nie był łatwy. Ceniła Zemlinskiego jako kompozytora (o I akcie jego *Triumph der Zeit* — baletu do libretta Hofmannsthala — mawiała, że jest najbliższy jej sercu), podczas gdy do muzyki Mahlera żywiła wiele uprzedzeń, i to praktycznie przez całe swoje długie życie (zmarła w 1964 roku, kiedy pośmiertny kult jej pierwszego męża dopiero kiełkował). Ostatecznie zdecydowały chyba pobudki natury materialnej — zepsuta powodzeniem panna postanowiła uszczęśliwić starszego od niej o dziewiętnaście lat nowo powołanego dyrektora Opery Wiedeńskiej. Swoją decyzją wtrąciła Zemlinskiego w trwającą kilka miesięcy depresję. Świadectwem uczuć odrzuconego kochanka stały się ważne kompozycje z lat 1902–21: najpierw cudowna, przywrócona do repertuaru dopiero w 1984 roku „symfonia śmierci" *Die Seejungfrau* (ogromnych rozmiarów poemat symfoniczny z 1905, inspirowany *Małą syreną* Andersena i *Zatopionym dzwonem* Hauptmanna), a potem dwie opery według Wilde'a — *Tragedia florencka* (1916) i *Karzeł* (1921). W drugim z tych dzieł, według *Urodzin infantki*, Zemlinsky z masochistyczną przyjemnością utożsamiał siebie z postacią nieszczęsnego karła żyjącego w wyobrażonej rzeczywistości i brutalnie sprowadzonego na ziemię przez rozkapryszoną księżniczkę. Zanim Zemlinsky zdecydował się sięgnąć po tekst *Tragedii florenckiej*, w 1909 roku poprosił Franza Schrekera o napisanie libretta, które byłoby „tragedią brzydkiego mężczyzny" (powierzchowność Zemlinskiego była istotnie mało pociągająca, co można dostrzec nawet na jego ekspresjonistycznym wizerunku pędzla Richarda Gerstla). Tekst *Die Gezeichneten* ostatecznie Schreker zachował dla siebie, a Zemlinsky sięgnął po jednoaktówkę Wilde'a.

Tragedia florencka Lorda Paradoksa zachowała się bez pierwszej sceny miłosnej zdrady rozgrywającej się pomiędzy Bianką a księciem Guido. Zemlinsky uzupełnił ten brak orkiestrowym vorspielem, subtelnie dopowiadającym to, do czego zapewne doszło w alkowie niewiernej żony kupca. Cała opera, wiele zawdzięczająca Straussowskiej *Salome*, trzyma słuchacza w napięciu. Gra na śmierć i życie, jaka toczy się między ubogim mężem a bogatym kochankiem jego żony, pod względem sugestywności dramatycznej nie ma w muzyce tego czasu wielu godnych siebie odpowiedników. Chyba najgłębiej jednak zapada w pamięć scena, w której Szymon nakazuje żonie usiąść przy kołowrotku i prząść „mocne płótno, które, natarte wonnymi ziołami, posłuży komuś zmarłemu za całun". Ten ponury fragment jest osobliwym skrzyżowaniem Schubertowskiej *Gretchen am Spinnrade* z idiomem muzyki żydowskiej wypracowanym przez... Mahlera. Czyżby Zemlinsky-Szymon miał żywić wobec swego (nieżyjącego już wówczas) konkurenta zbrodnicze zamiary? Dlaczego jednak w późniejszych, oficjalnych kontaktach odnosił się do Mahlera z życzliwością? Dlaczego — w końcu — w latach dwudziestych skomponował *Symfonię liryczną* do słów Tagore, jedno ze swych największych arcydzieł — wzruszający hołd złożony Mahlerowskiej *Pieśni o ziemi*?

Czternaście zachowanych pieśni Almy Mahler (na płycie Iris Vermillion wspaniale wykonuje sześć z nich w stylowej orkiestracji Colina i Davida Matthews), świadczy wyraźnie o tym, że Mahler, od 1902 despotycznie zakazujący żonie komponowania, popełnił błąd. Słuchając *Licht in der Nacht* do słów Bierbauma, uroczych Dehmelowskich *Die stille Stadt* oraz *Waldseligkeit* (ta ostatnia w niczym nie ustępuje skądinąd znakomitej interpretacji tego wiersza zaproponowanej przez samego Richarda Straussa!) czy *Laue Sommernacht* (ta pieśń na kilka miesięcy przed śmiercią zachwyciła nawet Mahlera, a w 2001 roku stała się motywem przewodnim starannie przez Bruce'a Beresforda wystylizowanej, filmowej biografii Almy — *Bride of The Wind*), możemy żałować, że ponad 80 innych pieśni Almy Mahler, nie bez winy jej męża, bezpowrotnie przepadło...

Gustav Mahler, *X Symfonia*. Bournemouth Symphony Orchestra, Sir Simon Rattle — dyrygent. Pomaton EMI 2003.

Chociaż to Gustav Mahler zwyciężył w rywalizacji z Zemlinskim o kobiece

względy, to pod koniec życia podzielił los swego konkurenta. Sercem Almy Mahler zawładnął Walter Gropius. Przejmującym wyrazem cierpienia upokorzonego muzyka, borykającego się dodatkowo z chorobą serca, stała się niedokończona *X Symfonia*. Jak wyznała w pamiętnikach Alma Mahler, wielkie wrażenie na Gustavie wywarł widok konduktu żałobnego przesuwającego się za oknem jego nowojorskiego mieszkania. Do pokoju docierały tylko głuche pomruki bębna. Mahler pozostawił zaawansowany wyciąg fortepianowy całości (ponad 90 procent tego, co słyszymy na płycie, to oryginalna materia melodyczno-harmoniczna pięcioczęściowego dzieła), a także zinstrumentował część początkową — urzekająco piękne *Adagio* i obszerne fragmenty środkowego intermezza zatytułowanego *Purgatorio*. Dziś *X Symfonia* dostępna jest w kilku wersjach (Joe Wheelera, Clintona Carpentera oraz Hansa Wollschlägera), ale chyba wciąż najpopularniejsza (czy najlepsza, to już kwestia sporna) pozostaje pierwsza z nich, sporządzona w latach sześćdziesiątych przez muzykologa Derrycka Cooke'a z pomocą kompozytora-dyrygenta Bertholda Goldschmidta oraz braci Matthews. Być może in zaszyfrowany na pięciolinach dramat miłosnego trójkąta wprowadza nas już wstępna myśl *Adagia*, nasuwająca skojarzenia z tęskną melodią pasterza, którą Wagner wyczarował aurę *Liebestod* na początku III aktu *Tristana i Izoldy* (także dramatu trojga osób). Najistotniejsze pozostają trzy części ostatnie. Najpierw aforystyczne, centralnie usytuowane *Purgatorio*, potem w pełni rozwinięte drugie *Scherzo*. Nosiło ono zatajony podtytuł *Wraz ze mną tańczy diabeł*. Mahler w zakończeniu tego *danse macabre* zanotował: „Sam wiesz, co to znaczy. Ach! Ach! Ach! Żegnaj moja lutnio!". No i na koniec najbardziej przejmująca ze wszystkich części *X Symfonii* — *Finale*. Prawdziwy finał życia i twórczości, sfer na wieczność ze sobą złączonych. Dziwaczne chorały blachy rodem z żałobnej procesji przetaczającej się przez Straussowską *Śmierć i wyzwolenie*, przedzielane są głuchym, jakby dobiegającym zza okiennej szyby, łoskotem kotła. Sekwencja ta w końcu ustąpi ekstatycznym frazom *Adagia*. Wydane po latach przez Almę faksymile rękopisu nie pozostawia wątpliwości co do ostatecznej wymowy łabędziego śpiewu Mahlera: ostatnie takty — ulatująca ku niebu fraza smyczków sprowadzona potem na ziemię przez ostatni, obumierający odruch ekstatyczny (fragment, w który przypuszczalnie zasłuchany był Britten, gdy — niczym Psychopompos — ostatnim tematem smyczków na „tamtą stronę" przeprowadzał swego Aschenbacha) — opatrzone zostały wyznaniem umierającego męża: „Dla Ciebie żyć, dla Ciebie umierać, Almschi".

Arnold Schönberg, *Die glückliche Hand*, Sigmund Nimsgern — bas, BBC Singers, BBC Symphony Orchestra; *Variations for Orchestra* op. 31, BBC Symphony Orchestra; *Verklärte Nacht*. New York Philharmonic, Pierre Boulez — dyrygent. Sony Classical 1993.

Zasłużony propagator dzieł twórców wiedeńskiej szkoły dodekafonicznej Pierre Boulez zestawił na tej płycie trzy utwory reprezentujące najważniejsze okresy twórczości Schönberga: osadzony jeszcze w estetyce późnego romantyzmu *Sekstet smyczkowy „Rozjaśnioną noc"* (w autorskim opracowaniu na orkiestrę smyczkową), ekspresjonistyczny „dramat z muzyką" *Szczęśliwa ręka*, wreszcie sztandarowe dzieło okresu dwunastotonowego — *Wariacje na orkiestrę*. Poszukiwaczy tropów autobiograficznych w muzyce zainteresują na tej płycie dwie pierwsze kompozycje. Nastrój cudownej, gęstej *Rozjaśnionej nocy*, którą określa secesyjna harmonika spod znaku Wagnerowskiego *Tristana i Izoldy*, można uznać jeszcze za zjawisko przyrodzone samej muzyce: miłosny trójkąt zarysowany w programowym wierszu Dehmela, nie miał związku z życiem kompozytora. Stał się jednak zapowiedzią tragicznych wydarzeń między Schönbergiem, jego żoną Matyldą (siostrą Zemlinskiego), a jej kochankiem — dwudziestopięcioletnim Richardem Gerstlem (Gerstl, jeden z najbardziej obiecujących malarzy ekspresjonistów, dla którego Matylda na kilka miesięcy 1908 roku opuściła męża i dzieci, po jej powrocie do rodziny podpalił swoje *atelier* i popełnił samobójstwo). Ta ponura historia, która sprawiła, że Matylda piętnaście ostatnich lat swego krótkiego życia spędziła w nieuleczalnej depresji, została w muzyce wiedeńczyków przejmująco opowiedziana:

najpierw przez jej brata w *III Kwartecie smyczkowym*, a potem przez Albana Berga w słynnym *Koncercie kameralnym*. Swoje cierpienia przedstawił też Schönberg w ekspresjonistycznej jednoaktówce *Szczęśliwa ręka*, nad którą (mimo że trwa ona tylko dwadzieścia jeden minut) pracował przez kilka lat (bliźniacze, półgodzinne *Oczekiwanie* skomponował w trzy tygodnie). *Die glückliche Hand* do własnego libretta, klasyczne *Ich-Drama* inspirowane dramatem Kokoschki *Morderca, nadzieja kobiet* i przede wszystkim *Do Damaszku* Strindberga (sztuki, z której kompozytor zaczerpnął pomysł na dramatyczny palindrom) mają wyraźne rysy sadomasochistyczne i mizoginiczne zarazem. Jej główny bohater — Mężczyzna — to artysta osiągający sukcesy w życiu zawodowym (ma do sztuki „szczęśliwą rękę") i przeżywający klęski w życiu osobistym. Mężczyzna jest jedyną postacią tej jednoaktówki, którą kompozytor obdarzył głosem (swym basem wyśpiewuje — bądź na „sprechgesangową" modłę skanduje — zaledwie kilka lakonicznych kwestii) i którą scharakteryzował za pośrednictwem solowej frazy wiolonczeli (sam Schönberg był wiolonczelistą) wyłaniającej się na powierzchnię gęstego, rozwibrowanego tła orkiestry. Kobietę, która zdradza protagonistę z demonicznym Panem (to dwie role pantomimiczne), charakteryzują skrzypce solo, tradycyjny atrybut żeński w operach i muzyce programowej. Ale wartość rzadko wystawianej (bo piekielnie trudnej inscenizacyjnie) *Szczęśliwej ręki* polega nie tyle na ukazaniu prywatnego dramatu kompozytora, ile na niezwykłej bliskości atonalnej już muzyki do „języka" barw, na spójności tego systemu, który do złudzenia i nieprzypadkowo przypomina projekt synestezji zgłoszony przez Kandynskiego w traktacie *O duchowości w sztuce*. Centralnie usytuowana scena tego palindromu, zaledwie dwuminutowe „crescendo muzyki i światła", które kosztowało Schönberga kilka lat pracy, to wstrząsający obraz śmiertelnie zranionego mężczyzny, a zarazem najbardziej konsekwentna realizacja idei korespondencji sztuk w całej muzyce początku XX wieku, nie wyłączając *Prometeusza* Skriabina.

Marcin Gmys

NAGRODY LITERACKIE

Literacką Nagrodę Nobla otrzymała DORIS LESSING.

Nagrodę NIKE otrzymał WIESŁAW MYŚLIWSKI za powieść *Traktat o łuskaniu fasoli* (Znak).

Nagrodę Fundacji Kościelskich otrzymał MIKOŁAJ ŁOZIŃSKI za książkę *Reisefieber* (Znak).

Nagrodę Polskiego PEN Clubu im. Ksawerego i Mieczysława Pruszyńskich otrzymał JERZY SZACKI.

Nagrodę PEN Clubu za tłumaczenia literatury polskiej na język francuski otrzymał KRZYSZTOF JEŻEWSKI.

Nagrodę PEN Clubu za tłumaczenia literatury niemieckiej na język polski otrzymała MARIA PRZYBYŁOWSKA.

TADEUSZ RÓŻEWICZ otrzymał specjalną nagrodę agencji prasowej ADN Kronos za wydany we Włoszech wybór wierszy *Il guanto rosso*.

Nagrodę literacką miasta Cassino „Literatura z frontu" otrzymał WOJCIECH JAGIELSKI za książkę *La torri di pietra*.

Nagrodę im. Jana Długosza 2007 dla najlepszej książki humanistycznej otrzymał JERZY STRZELCZYK za *Zapomniane narody Europy* (Ossolineum).

Nagrodę Samorządu Województwa Mazowieckiego im. Cypriana K. Norwida w dziedzinie literatury otrzymał HENRYK BARDIJEWSKI.

Nagrodę im. Jana Karskiego i Poli Nireńskiej dla autorów publikacji poruszających temat wkładu polskich Żydów do kultury polskiej otrzymała JOANNA TOKARSKA-BAKIR.

Nagrodę im. Beaty Pawlak za „tekst na temat innych kultur, religii i cywilizacji" otrzymał MARIUSZ SZCZYGIEŁ za książkę *Gottland* (Czarne).

Nagrodę im. Barbary Łopieńskiej za najlepszy wywiad prasowy otrzymała KATARZYNA BIELAS.

Nagrodę Warszawskiej Premiery Literackiej, sierpień 2007, otrzymała ANNA PIWKOWSKA za książkę *Ślad łyżwy* (Twój Styl).

Nagrodę Kulturalną Śląska otrzymali JAN MIODEK oraz RENATE SCHUMANN.

Nagrodę „Nowa Kultura Nowej Europy" dla twórców z Europy Środkowowschodniej popularyzujących kulturę swojego regionu otrzymał KRZYSZTOF CZYŻEWSKI.

KRONIKA

5 VIII we Francji zmarł Jean-Marie Lustiger (l. 80), kardynał, były arcybiskup Paryża, przyjaciel Polski.□

7 VIII we Francji policja odzyskała trzy prace Pabla Picassa (o wartości ok. 50 mln euro) skradzione w lutym 2007 z paryskiego mieszkania Diany Widmaier, wnuczki artysty.□

7 VIII minęła 15. rocznica śmierci Zbigniewa Raszewskiego, historyka teatru.□

9 VIII w Warszawie w Muzeum Narodowym otwarto wystawę „Jak meteor... Stanisław Wyspiański 1896–1907". Zob. s. 190.□

10 VIII w Warszawie w Sali Marmurowej PKiN otwarto wystawę „Bibuła. Od wolnego słowa do wolności".□

13 VIII w Warszawie w Muzeum Narodowym otwarto wystawę „Feliks Topolski (1907–1989) w 100-lecie urodzin".□

14 VIII minęła 3. rocznica śmierci Czesława Miłosza, z tej okazji w Krasnogrudzie odbyła się uroczystość „Pamiętanie Miłosza" — o poecie mówili Krzysztof Czyżewski, Irena Grudzińska-Gross, Jerzy Illg, Wojciech Kass, Barbara Toruńczyk, Tomas Venclova. Pokazano spektakl *Dolina Issy*.□

W kijowskim wydawnictwie Krytyka ukazały się *Szkice piórkiem* Andrzeja Bobkowskiego w tłumaczeniu Olesa Herasyma.

16 VIII w Vancouver zmarł Bogdan Czaykowski (l. 75 lat), poeta, eseista, tłumacz.□

19 VIII zmarła Mira Michałowska (l. 93), autorka opowiadań satyrycznych, tłumaczka.☐
25 VIII zmarł Conrad Drzewiecki (l. 81), tancerz, choreograf, reżyser.☐
30 VIII prezesem spółki Agora S.A. został Marek Sowa.☐
31 VIII w Oksfordzie zmarł Włodzimierz Brus (l. 86), ekonomista, do marca 1968 prof. Uniwersytetu Warszawskiego, następnie wykładowca w Oksfordzie.☐
Do Muzeum Literatury im. A. Mickiewicza w Warszawie trafiły nieznane rękopisy i listy Juliana Tuwima do Hilarego Stykolta z lat 1941–1945. Przekazał je prof. Piotr Wróbel, historyk uniwersytetu w Toronto, który odnalazł je w kanadyjskim antykwariacie.☐

WRZESIEŃ
2 IX ogłoszono listę tegorocznych finalistów Nagrody Literackiej NIKE: M. Janion, *Niesamowita słowiańszczyzna* (WL), W. Myśliwski, *Traktat o łuskaniu fasoli* (Znak), J. Pilch, *Moje pierwsze samobójstwo* (Świat Książki), T. Różycki, *Kolonie* (Znak), M. Szczygieł, *Gottland* (Czarne), M. Świetlicki, *Muzyka środka* (a5), M. Tulli, *Skaza* (W. A. B.).☐
2–9 IX w Warszawie odbył się Festiwal Kultury Żydowskiej „Warszawa Singera".☐
3 IX Kraków odwiedził Vaclav Havel. Prezentował wspomnienia *Tylko krótko proszę* (Znak). W dyskusji w PWST uczestniczyli też Kazimierz Kutz i Adam Michnik.☐
4 IX w Warszawie w Domu Aukcyjnym Rempex odbył się wernisaż wystawy Grzegorza Morycińskiego „Chwile blasku i cienia".☐
4 IX w Warszawie w kinie Muranów odbył się pokaz dwu odcinków nowego serialu *political fiction Ekipa*, reż. Agnieszka Holland.☐
6 IX zmarł Luciano Pavarotti (l. 72), tenor operowy. Zob. s. 170.☐
7 IX ogłoszono nominacje do Nagrody Literackiej im. Józef Mackiewicza: Włodzimierz Bolecki, *Inna krytyka* (Universitas), Wojciech Chmielewski, *Biały bokser* (Agawa), Andrzej Cisek, *Kłamstwo Bastylii* (Fina), Dariusz Gawin, *Blaski i gorycz*

wolności (Ośrodek Myśli Politycznej), ks. Tadeusz Isakiewicz-Zaleski, *Księża wobec bezpieki na przykładzie archidiecezji krakowskiej* (Znak), Zdzisław Krasnodębski, *Drzemka rozsądnych* (Ośrodek Myśli Politycznej), Paweł Lisicki, *Powrót do obcego świata* (Arcana), Cezary Michalski, *Gorsze światy* (Fabryka słów), Stanisław Srokowski, *Nienawiść* (Prószyński i S-ka), Adam Wielomski, *Hiszpania Franco* (Agencja Reklamowo-Wydawnicza „Arte").☐
11 IX Tomas Venclova skończył 70 lat. „Zeszyty Literackie" przygotowały z tej okazji specjalną stronę internetową. Życzenia dla jubilata wystosowali też Władysław Bartoszewski w imieniu Polskiego PEN Clubu i Adam Michnik w imieniu „Gazety Wyborczej".☐
11 IX w Filharmonii Narodowej w Warszawie wykonano *September Symphony* Wojciecha Kilara dla uczczenia 6. rocznicy zamachu na WTC oraz 75. rocznicy urodzin kompozytora.☐
11 IX redakcja „Zeszytów Literackich" oraz Rada Fundacji Zeszytów Literackich przyznały tytuły Mecenasa Literatury i Sztuk Pięknych Helenie Łuczywo, Wandzie Rapaczynskiej i Adamowi Michnikowi w podziękowaniu za pomoc i wsparcie okazywane „Zeszytom Literackim". Dyplomy zostaną wręczone podczas uroczystości obchodów Jubileuszu 25-lecia „Zeszytów Literackich" 17 XII 2007.☐
13 IX w kinie LAB, Centrum Sztuki Współczesnej, odbyła się prezentacja książki Marka Hendrykowskiego *Andrzej Munk* (Biblioteka „Więzi") z udziałem autora, Katarzyny Jabłońskiej i Andrzeja Wajdy.☐
15 IX w Centrum Łowicka w Warszawie odbyła się dyskusja „Ogarnąć Afganistan" z udziałem W. Jagielskiego, Z. Mikołejko, J. Ochojskiej, J. Żakowskiego.☐
17 IX w Warszawie w Teatrze Wielkim odbyła się uroczysta premiera filmu *Katyń*, reż. Andrzej Wajda.☐
17 IX jubileusz 95. urodzin obchodziła Irena Kwiatkowska.☐
17 IX w Krakowie w Teatrze STU odbyła się premiera *Biesów* F. Dostojewskiego, adaptacja i reż. K. Jasiński.☐
18 IX minister kultury Kazimierz M. Ujazdowski powołał Komitet Organizacyj-

ny Roku Herberta w składzie: Michał Klei-
ber (PAN), Tomasz Makowski (Biblioteka
Narodowa), Magdalena Ślusarska (Instytut
Książki).□

20 IX w Warszawie, na Grochowie w ramach spotkań „Literatura na peryferiach"
w Klubie „Dziwny Świat Edwarda M."
swoje praskie opowieści przedstawił Marek
Nowakowski.□

20 IX minęła setna rocznica urodzin Stefana Kieniewicza, historyka.□

20–22 IX w Muzeum Polskim w Rapperswilu odbyła się sesja poświęcona twórczości Jerzego Stempowskiego i Krystyny
Marek. zob. s. 61 i s. 69. Uczestniczyli m.
in.: J. Bocheński, A. Dobosz, R. Habielski,
B. Kerski, P. Kłoczowski, A. St. Kowalczyk, G. Ritz, N. Taylor-Terlecka, M. Zagańczyk, J. Zieliński.□

21 IX we Wrocławiu jury w składzie: Natalia Gorbaniewska, Stanisław Bereś, Piotr
Kępiński, Julian Kornhauser, Ryszard Kry-
nicki, Tomasz Łubieński, Krzysztof Masłoń,
Andrzej Zawada, ogłosiło nominacje do Literackiej Nagrody Europy Środkowej Angelus: J. Dehnel *Lala* (W. A. B.), O. Irwaneć
Riwne / Rowno (Prószyński i S-ka), I. Kada-
re, *Pałac snów* (Znak), I. Kertész, *Dziennik
galernika* (W. A. B.), M. Kovac, *Krystalicz-
na sieć* (Pogranicze), H. Krall, *Król kier
znów na wylocie* (Świat Książki), Z. Kru-
szyński, *Powrót Aleksandra* (WL), T. Mora,
Każdego dnia (Czarne), W. Myśliwski,
Traktat o łuskaniu fasoli (Znak), W. Piele-
win *Święta księga wilkołaka* (W. A. B.),
J. Pilch, *Moje pierwsze samobójstwo*,
M. Pollack, *Śmierć w bunkrze. Opowieść
o moim ojcu* (Czarne), M. Szczygieł *Gottland* (Czarne), D. Ugresić *Ministerstwo bólu*
(Świat Książki).□

21 IX jubileusz 85. urodzin i 60-lecia
pracy dziennikarskiej obchodził Leopold
Unger.□

22 IX w Szczecinie odbyła się premiera
Wesela S. Wyspiańskiego, reż. A. Augusty-
nowicz.□

23 IX w Paryżu zmarł Marcel Marceau
(l. 84), reformator i animator współczesnej
pantomimy.□

24 IX w Warszawie w Galerii Krytyków
„Pokaz" otwarto wystawę prac Andrzeja
Wróblewskiego „Z cieniami wszedł
w związki rodzinne".□

25 IX w Klubie „Goście Gazety" odbyło
się spotkanie z Władysławem Bartoszew-
skim. Prowadzenie: K. Janowska i P. Mu-
charski.□

25 IX w Warszawie zmarła Jadwiga
Strzelecka (l. 90), pedagog, żona Jana
Strzeleckiego, socjologa.□

27 IX w Pińsku, na domu Ryszarda Kapuścińskiego odsłonięto tablicę pamiątkową.□

28 IX w Galerii Zachęta otwarto wystawę „Warianty. Pracownia Grzegorza Kowalskiego 2006 / 2007". Zob. s. 190.□

29 IX z okazji 50-lecia Teatru Drama-
tycznego w Warszawie zorganizowano Festiwal Krystiana Lupy.□

29 IX w gmachu Senatu RP pod auspi-
cjami marszałka Senatu Bogdana Boruse-
wicza odbyła się uroczystość z okazji 30.
rocznicy wydania pierwszego numeru „Ro-
botnika".□

30 IX w stołecznych Łazienkach jubileusz 30-lecia działalności świętował miesięcznik „Spotkania z Zabytkami".□

Podczas Targów Książki w Taipei pod-
pisano umowę na tłumaczenie wierszy Zbigniewa Herberta na język chiński.□

PAŹDZIERNIK

1 X w Warszawie w Studiu im. W. Lutosławskiego odbyła się inauguracja X Festiwalu Muzycznego Polskiego Radia „Szymanowskiego światy dalekie i bliskie".
Zob. s. 188. Z okazji 125. rocznicy urodzin
i 70. rocznicy śmierci kompozytora NBP
wyemitował monety z wizerunkiem Szymanowskiego o nominałach 10 i 200 zł.□

Tomasz Różycki spotkał się z czytelnikami w Ameryce (Boston University, Nowy Jork — redakcja „Nowego Dziennika",
Galeria Kuriera Plus) w związku z ukazaniem się angielskiego tomu jego wierszy
The Forgotten Keys (Zephyr Press), w tłumaczeniu Miry Rosenthal.□

2 X w Bibliotece Narodowej odbyła się
prezentacja monografii *Antoni Kenar
1906–1959*.□

3 X w Gdańsku Günter Grass świętował
jubileusz 80-lecia. Zorganizowano debatę
z udziałem prezydentów L. Wałęsy i R. von
Weizsäckera „Przyszłość polsko-niemiecka
dla wspólnej Europy"; w Teatrze Wybrzeże
wystawiono adaptację *Blaszanego bęben-
ka*; nakładem wydawnictwa Oskar ukazała

się najnowsza książka Grassa *Przy obieraniu cebuli*.□

4 X w Klubie „Dziwny Świat Edwarda M." w ramach spotkań „Literatura na peryferiach" Marek Zagańczyk mówił o Gombrowiczu i jego związkach z warszawskim Grochowem.□

4 X w Lublinie odbyła się uroczystość nadania Ricie Gombrowicz tytułu Honorowego Obywatela Lublina.□

4 X w Warszawie w Teatrze Narodowym odbyła się prapremiera *Żaru*, według Sándora Máraiego, w adaptacji Christophera Hamptona. Reż. E. Wojtaszek.□

4 X w Krakowie nakładem WL ukazało się ostatnie opowiadanie Gustawa Herlinga-Grudzińskiego *Wiek biblijny i śmierć*.□

5 X w Muzeum Powstania Warszawskiego o Rosji i książce Anny Politkowskiej *Udręczona Rosja. Dziennik buntu* (Noir sur blanc) rozmawiali: B. Berdychowska, W. Romanowski, B. Węglarczyk.□

5 X w Klubie „Goście Gazety" rozmowę z Raminem Dżahanbeglu, irańskim filozofem, prowadził Adam Michnik.□

5 X w Warszawie zmarł Władysław Kopaliński (l. 99), dziennikarz, leksykograf, autor słowników.□

5 X minister kultury Michał K. Ujazdowski odwołał Ferdynanda Ruszczyca z funkcji dyrektora Muzeum Narodowego w Warszawie. Jego obowiązki powierzył Dorocie Foldze-Januszewskiej.□

5 X Marek Edelman otrzymał dyplom doktora *honoris causa* Uniwersytetu Medycznego w Łodzi.□

6 X w Katowicach Teatr Śląski im. S. Wyspiańskiego obchodził setną rocznicę powstania. Wystawiono *Wesele*, reż. Rudolf Zioło.□

7 X w Pollone zmarła Luciana Frassati-Gawrońska (l. 105), poetka, autorka wspomnień, żona Jana Gawrońskiego, polskiego dyplomaty.□

7 X w Warszawie w Muzeum Teatralnym otwarto wystawę „Dramat słowa i gestu. Wojtyła inscenizacje", a w BUW-ie przynano Nagrodę NIKE (po raz pierwszy w tym miejscu).□

8 X Tadeusz Różewicz otrzymał dyplom doktora *honoris causa* wrocławskiej ASP.□

9 X w Muzeum Literatury im. A. Mickiewicza w Warszawie otwarto wystawę „Młoda Polska. Słowa. Obrazy. Przestrzenie. W hołdzie Stanisławowi Wyspiańskiemu", zob. s. 190.□

9 X w redakcji „Rzeczpospolitej" odbyła się debata wydawnictwa słowo / obraz terytoria „Nieoczywisty dar wolności" z udziałem Ryszarda Legutki, Zdzisława Krasnodębskiego, Bronisława Wildsteina i Pawła Lisickiego.□

9–10 X w Krakowie w Uniwersytecie Jagiellońskim odbyła się konferencja „Ryszard Kapuściński (1932–2007). Portret dziennikarza i myśliciela".□

11 X we Wrocławiu w Muzycznym Teatrze Capitol wystawiono *Operetkę* W. Gombrowicza. Reż. M. Zadara.□

11 X w Bibliotece Narodowej odbył się wieczór literacki poświęcony poezji Josifa Brodskiego w związku z ukazaniem się płyty CD *Josif Brodski. Wiersze w przekładzie Stanisława Barańczaka. Czyta Jerzy Radziwiłowicz* (Womar) wyprodukowanej przez Olgę Leviną. W spotkaniu udział wzięli: Olga Levina, Adam Pomorski, Jerzy Radziwiłowicz, Marek Zagańczyk. Prowadzenie: Bożena Markowska.□

14 X w Filharmonii Narodowej w Warszawie wystąpił zespół muzyki dawnej pod dyr. Tona Koopmana; na oboju grał gościnnie Antoine Toruńczyk.□

14 X w Warszawie zmarła Barbara Lasocka, historyk teatru, prof. Akademii Teatralnej w Warszawie.□

15 X w Klubie „Goście Gazety" odbyła się dyskusja „Polacy, Niemcy, wypędzeni" z okazji wydania książki Thomasa Urbana *Utracone ojczyzny* (Czytelnik), z udziałem autora oraz P. Burasa, M. Cichockiego, A. Krzemińskiego.□

15 X zmarł Jerzy Markuszewski (l. 77), reżyser radiowy, współtwórca STS-u, autor telewizyjnych rozmów z Kazimierzem Brandysem i Leszkiem Kołakowskim.□

Nakładem Czytelnika ukazał się pierwszy tom *Dzienników* Jarosława Iwaszkiewicza. Zob. s. 176.□

16 X w księgarni Czytelnika Andrzej Wat i Barbara Toruńczyk prezentowali 99. numer „Zeszytów Literackich" poświęcony Aleksandrowi Watowi.□

16 X w Warszawie w Domu Literatury zorganizowano sesję „Igor Newerly — pisarz wielkiego serca — w 20. rocznicę

śmierci" z udziałem Jarosława Abramowa-
-Newerlego, Andrzeja Mencwela, Andrzeja
Titkowa, Heleny Zaworskiej.□
  16 X w Centrum Kultury Zamek odbyło
się spotkanie z Julią Hartwig.□
  17 X Radio II w nowej audycji „Maga-
zyn kulturalny" gościło Barbarę Toruńczyk.□
  18 X w siedzibie Polskiego PEN Clubu
odbył się wieczór „O wolności myślenia"
z udziałem Krzysztofa Dorosza, Stefana
Mellera, Małgorzaty Szpakowskiej, Andrzeja Zolla.□
  18 X Julia Hartwig spotkała się z czytelnikami w księgarni „Czuły Barbarzyńca"
w Warszawie.□
  19 X w Klubie „Gazety Wyborczej" odbyło się spotkanie z okazji ukazania się 99.
numeru „Zeszytów Literackich" poświęconego Aleksandrowi Watowi. W rozmowie
prowadzonej przez Marka Radziwona
uczestniczyli: Adam Michnik, Barbara Toruńczyk, Andrzej Wat, Jan Zieliński.□
  22 X w Nowym Jorku zmarła Ewa Curie
(l. 103), córka Marii Skłodowskiej-Curie
i jej biograf.□
  23 X na Uniwersytecie Warszawskim
Władysław Bartoszewski wygłosił wykład
„Refleksje świadka stulecia".□
  23 X w Café Kulturalna w Warszawie
odbyło się spotkanie z Olgą Tokarczuk
z okazji ukazania się książki *Bieguni*
(WL).□
  23 X w siedzibie „Gazety Wyborczej"
swoje 80. urodziny obchodził Leszek Kołakowski. 22 X jubileusz uczczono też sesją
w Oksfordzie, a w Radomiu przyznano mu
tytuł doktora *h.c.*□
  23 X w Londynie zmarł Jan Krok-Pasz-
kowski (l. 82), dziennikarz, wieloletni
redaktor Radia Wolna Europa oraz kierow-
nik Sekcji Polskiej Radia BBC.□
  24 X w Muzeum Literatury im. A. Mickiewicza odbyła się promocja książki Andrzeja Biernackiego *Abeandry* (Biblioteka
„Więzi").□
  24 X w Krakowie w Synagodze Wysokiej odbyła się promocja książki Aleksandra B. Skotnickiego *Oskar Schindler
w oczach uratowanych przez siebie kra-
kowskich Żydów*.□

  24 X w Warszawie w Klubie Księgarza
książkę Joanny Clark „*Czemu, Cieniu, od-
jeżdżasz...*" (Norbertinum) przy udziale autorki, prezentowała Renata Gorczyńska.□
  24 X w Warszawie w Muzeum Marii Dąbrowskiej odbył się wieczór „Pierwszy rok
na Polnej". *Dzienniki* Marii Dąbrowskiej,
1917–1918 wraz z tekstem dotąd niepubliko-
wanym, czytała Agnieszka Warchulska.□
  25 X w Domu Literatury odbyło się spotkanie z Adamem Pomorskim, autorem
pierwszego w Polsce pełnego przekładu
poezji T. S. Eliota *W moim początku jest
mój kres* (Świat Książki). W spotkaniu
uczestniczyli: L. Engelking, I. Smolka,
A. Trzeciakowska.□
  25 X jubileusz 88. urodzin obchodziła
prof. Barbara Skarga.□
  25–28 X odbyły się 11. Targi Książek
w Krakowie. Redakcja „Zeszytów Literackich" zorganizowała spotkania z Tomaszem Cyzem (*Arioso*) i Piotrem Mitznerem
(*Gabinet cieni*); prowadził je B. Tosza.□
  26 X w Instytucie Teatralnym im. Z. Raszewskiego odbyła się prezentacja *Antologii dramatu polskiego 1945–2005* (Prószyński i S-ka) z udziałem J. Głowackiego,
J. Kłossowicza, K. Kutza, T. Słobodzianka,
M. Walczaka.□
  29 X w Domu Kultury Śródmieście odbyło się spotkanie z Leszkiem Szarugą,
o którym mówili: Piotr Matywiecki, Andrzej Skrendo, Iwona Smolka.□
  29 X w Berlinie odbyły się uroczystości
XX-lecia Magazynu Polsko-Niemieckiego
„Dialog", redaktor naczelny Basil Kerski.
Gratulacje!□
  29 X w Londynie zmarł Jerzy Pietrkie-
wicz (l. 91), poeta, tłumacz.□
  29 X w Centrum Prasowym „Foksal"
odbył się premierowy pokaz filmu *Barbarzyńcy w Ogrodzie Herberta*.□
  30 X na Uniwersytecie Warszawskim
obchodzono jubileusz 80-lecia urodzin
prof. Leszka Kołakowskiego. Po życze-
niach Barbary Skargi i Andrzeja Wirtha
odczytano dekret „Zeszytów Literackich"
nadający profesorowi tytuły Naszej Największej Miłości oraz Dobrego Króla i to-
warzyszący mu wiersz Adama Zagajewskiego *Dobra to rzecz.* Zob. s. 179.□

LISTY DO REDAKCJI

W moim wspomnieniu o Krystianie Robb-Narbutt [*Stromboli w parkowej dzielnicy utopii*, „ZL" 99] są dwa błędy:
1. Nazwa miejscowości, w której stoi chałupka Krystiany i jej męża Michała, to Skowieszynek (nie Skobieszynek).
2. Nazwisko ojca Krystiany brzmiało Robb, Narbutt to jego pseudonim okupacyjny. Matka Krystiany nazywała się z domu Franciszka Cytryn.

A oto geneza tych błędów:
1. Uległam temu właśnie poplątaniu nazwisk (zmienionych lub nie) i pseudonimów, które opisałam w *Goldim* w rozdziale *Pseudonim Chomik*, oraz pragnieniu, by było, jak nie jest, co po angielsku zwie się *wishful thinking*. W moim wspomnieniu o Krystianie cytuję swoje notatki z czasów studiów, gdy byłam przekonana, że ojciec Krysi nazywał się Narbutt, a jej mama Franka Robb. Tak mówili o nich zawsze moi rodzice, a mnie to zachwycało, bo noszenie podwójnych nazwisk (ojca i matki) wydawało mi się ideałem, szczególnie dla artystek. Fałszywy Skobieszynek urzekł mnie z kolei swoją zbieżnością ze Stromboli: też był słowem na S i z literą B w środku.

Ewa Kuryluk

ODPOWIEDZI REDAKCJI

Z przykrością zawiadamiamy wymienionych poniżej autorów, którzy zechcieli nam powierzyć swoje utwory do druku, że nie jesteśmy w stanie tego uczynić: **Bydgoszcz:** Miłosz W.; **Düsseldorf:** Gabriel K.; **Dzierżoniów:** Adam L.; **Gdynia:** Grzegorz P.; **Gorzów Wlkp.:** Gabriela B.; **Hamburg:** Dariusz D.; **Iława:** Krzysztof K.; **Kętrzyn:** Jerzy L.; **Kraków:** Stanisław P.; **Lublin:** Maksymilian C.; **Maków Podhalański:** Monika O.; **Nowy Jork:** Dariusz P.; **Osięciny:** Andrzej M.; **Poznań:** Łukasz D., Łukasz M.; **Rzeszów:** Andrzej S.; **Siedlce:** Barbara K.; **Stalowa Wola:** Mirosław O.; **Szczecin:** Mirosław G., Małgorzata W.; **Trinec (Czechy):** Kazimierz J.; **Wadowice:** Aleksandra Ż.; **Warszawa:** Agata K., Jadwiga K., Anna P., Marian S.; **Wrocław:** Michał K.; **Zawiercie:** Bogdan D.; **Ząbki:** Paweł W.

APEL ANTYGONY

Wraz z numerem 98 „Zeszytów Literackich" ukazał się APEL ANTYGONY (list otwarty w sprawie dąbrowszczaków, domagający się unieważnienia i zaniechania aktów prawnych i administracyjnych podważających dobre imię republikańskich uczestników wojny domowej w Hiszpanii). Do apelu dołączono listę sygnatariuszy (stan na 1 VI 2007). W „ZL" 99 ogłosiliśmy nazwiska osób, które później nadesłały swoje podpisy. Poniżej zamieszczamy uzupełnienie. Na tym kończymy akcję zbierania podpisów pod APELEM ANTYGONY ws dąbrowszczaków — red. „ZL". Pełna lista sygnatariuszy APELU ANTYGONY na stronie **www.zeszytyliterackie.pl**

Czesław Bober, Nowogrodziec;
Krzysztof Bukowski, Tarczyn;
Radosław Lewandowski, Poznań;
Danuta Nowik, Zielona Góra;
Barbara Opalińska, Zielona Góra;

Elżbieta Raszewska-Piskorz, Zielona Góra;
Michał Wejroch, Warszawa;
Alicja Zieliński, Monachium;
Dobrochna Zieliński, Augsburg;
Zbigniew Zieliński, Monachium.

a5, KRAKÓW

Szymborska (Wisława), *Miłość szczęśliwa i inne wiersze*, s. 84.

BIBLIOTEKA „WIĘZI", WARSZAWA

Bolewski (Jacek SJ), *Mit i prawda kultury*, s. 320.

Krajewski (Stanisław), *Tajemnica Izraela a tajemnica Kościoła*, s. 216.

Słonimski (Antoni), *Romans z X Muzą. Teksty filmowe z lat 1917–1976*. Wybór, wstęp i oprac. M. i M. Hendrykowscy, s. 308.

CZYTELNIK, WARSZAWA

Kapuściński (Ryszard), *Chrystus z karabinem na ramieniu*, s. 164.

Oz (Amos), *Mój Michael*. Tłum. A. Jawor-Polak, s. 306.

Roth (Philip), *Dziedzictwo. Historia prawdziwa*. Tłum. J. Jarniewicz, s. 216.

Urban (Thomas), *Utracone ojczyzny. Wypędzenia Niemców i Polaków w XX wieku*. Tłum. A. Kowaluk, s. 224.

NOIR SUR BLANC, WARSZAWA

Mrożek (Sławomir), *Uwagi osobiste*, s. 152.

Politkowska (Anna), *Udręczona Rosja. Dziennik buntu*. Tłum. A. Michalska, s. 360.

Wilk (Mariusz), *Dziennik północny. Tropami rena*, s. 192.

SIC!, WARSZAWA

Baudrillard (Jean), *Wymiana symboliczna i śmierć*. Tłum. S. Królak, s. 336.

Brighouse (Harry), *Sprawiedliwość*. Tłum. S. Królak, s. 228.

Inglis (Fred), *Kultura*. Tłum. M. Stolarska, s. 228.

Mandalian (Andrzej), *Poemat odjazdu*, s. 54.

Mielichow (Aleksander), *Czerwony Syjon*. Tłum. N. Woroszylska, s. 216.

Pirinçci (Akif), *Salve Roma. Koci kryminał*. Tłum. M. Rutkowska-Grajek, s. 212.

Warkocki (Błażej), *Homo niewiadomo. Polska proza wobec odmienności*, s. 200.

ŚWIAT KSIĄŻKI, WARSZAWA

Chatwin (Bruce), *W Patagonii*. Tłum. R. Ginalski, s. 336.

Eliot (Thomas Stearns), *W moim początku jest mój kres*. Tłum. A. Pomorski, s. 416.

Torańska (Teresa), *Są*, s. 288.

ZNAK, KRAKÓW

Coetzee (J. M.), *Chłopięce lata. Sceny z prowincjonalnego życia (I)*. Tłum. M. Kłobukowski, s. 188.

Coetzee (J. M.), *Młodość. Sceny z prowincjonalnego życia (II)*. Tłum. M. Kłobukowski, s. 196.

WYDAWNICTWA INNE

Gruszka-Zych (Barbara), *Mój poeta. Notatki z osobistych spotkań z Czesławem Miłoszem*. Katowice, Videograf II, s. 144.

Karasek (Krzysztof), *Gry weneckie*. „Biblioteka «Toposu»". Sopot, Tow. Przyjaciół Sopotu, s. 64.

Kozioł (Urszula), *Przelotem*. Kraków, WL, s. 112.

Lisowski (Krzysztof), *Budzik Platona. Rzeczy podróżne*. Kraków–Toronto, Śródmiejski Ośrodek Kultury–Polski Fundusz Wydawniczy w Kanadzie, s. 112.

Odrowąż-Pieniążek (Janusz), *Mit Marii Chapdelaine*. Warszawa, Agawa, s. 130.

Waniek (Henryk), *Sprawa Hermesa*. Kraków, WL, s. 336.

ANNA ACHMATOWA
Ur. 1889, zm. 1966. Jej wiersze i prozę drukowaliśmy w „ZL" 10, 44, 57, 83.

KRZYSZTOF R. APT
Ur. 1949. Od 1974 poza granicami Polski. profesor informatyki na Uniwersytecie Amsterdamskim. Członek Europejskiej Akademii Nauk. Autor ponad stu prac naukowych i czterech książek z dziedziny informatyki.

ANNA ARNO
Ur. 1984. Studentka historii sztuki w New York University. Laureatka Nagrody za Debiut „Zeszytów Literackich". Drukuje pod pseudonimem.

NATALIA DE BARBARO
Ur. 1970. Mieszka w Krakowie. Debiutowała w „ZL" 98.

EWA BIEŃKOWSKA
Ostatnio ogłosiła *Pisarz i los. O twórczości Gustawa Herlinga-Grudzińskiego* (Zeszyty Literackie) i *W ogrodzie pamięci. Książka o Miłoszu* (Sic!). Wykłada w Warszawie, mieszka w Wersalu.

MARIAN BIZAN
Ur. 1927 w Brodnicy. Edytor, autor glos do dzieł Słowackiego i książki *Ziemia Święta. Zapiski z podróży.*

JACEK BOCHEŃSKI
Ur. 1926. Prozaik. Współzałożyciel (1977) i red. naczelny „Zapisu" (1979–81).

JOSIF BRODSKI
Ur. 1940, zm. 1996, laureat literackiej Nagrody Nobla, 1987, członek redakcji „ZL", gdzie ogłosiliśmy jego wiersze i szkice (*Śpiew wahadła*; *Dyptyk petersburski*). Poświęciliśmy mu „ZL" 75 i 92.

MARYNA CWIETAJEWA
Ur. 1892, zm. 1941. Poświęciliśmy jej „ZL" 92.

TOMASZ CYZ
Ur. 1977. Laureat Nagrody „Zeszytów Literackich" im. Józefa Czapskiego za esej. Autor tomu szkiców *Arioso* (Zeszyty Literackie, Nagroda Fundacji Kultury). Członek redakcji „ZL" od niniejszego numeru.

ZBIGNIEW DMITROCA
Ur. 1962. Tłumacz Achmatowej, Chodasiewicza, Cwietajewej, Kuzmina, Mandelsztama.

MARCIN GMYS
Ur. 1970. Adiunkt muzykologii UAM w Poznaniu, mieszka w Warszawie, autor książki o Busonim.

NATALIA GORBANIEWSKA
Ur. 1936. Poetka, tłumaczka Baczyńskiego, Gustawa Herlinga-Grudzińskiego, Hłaski, Miłosza, Norwida. Przewodnicząca jury Nagrody Angelusa.

IRENA GRUDZIŃSKA-GROSS
Ostatnio ogłosiła: *Miłosz i Brodski. Pole magnetyczne* (Znak). Uczy w Boston University.

JUSTYNA GUZE
Historyk sztuki, pracownik Muzeum Narodowego w Warszawie.

JULIA HARTWIG
Ostatnio ogłosiła tom wierszy *Zwierzenia i błyski* (Sic!) i szkiców *Podziękowanie za gościnę* (słowo/obraz terytoria).

ZBIGNIEW HERBERT
Ur. 1924, zm. 1998. Poświęciliśmy mu „ZL" 68, zob. też jego *inedita* w „ZL" 68–87, 90,

93–99 i trylogię o cywilizacji europejskiej: *Labirynt nad morzem, Martwa natura z wędzidłem, Barbarzyńca w ogrodzie*, oraz korespondencję: z Elzenbergiem, Barańczakiem, Miłoszem (Zeszyty Literackie).

JERZY JEDLICKI
Ur. 1930. Profesor historii, pracuje w Polskiej Akademii Nauk. Ogłosił m.in. *Klejnot i bariery społeczne*; *Źle urodzeni, czyli o doświadczeniu historycznym*; *Świat zwyrodniały*; *Jakiej cywilizacji Polacy potrzebują*.

WOJCIECH KARPIŃSKI
Ur. 1943. Autor książek o wielkich twórcach emigracyjnych: *Książki zbójeckie*; *Herb wygnania*; ostatnio wznowił w Polsce *Portret Czapskiego* (Zeszyty Literackie). Opracował tom pism Józefa Czapskiego *L'Art et la vie* (L'Age d'Homme–Editions Unesco).

PIOTR KŁOCZOWSKI
Ur. 1949. Edytor. Redaktor serii „Mnemosyne" (słowo/obraz terytoria). Uczy w Akademii Teatralnej w Warszawie. Dyrektor Instytutu Dokumentacji i Studiów nad Literaturą Polską.

HALINA KRALOWA
Literaturoznawca, tłumaczka Baricco, Gaddy, Moravii, Ripellina, Sveva.

ZOFIA KRÓL
Ur. 1980. Absolwentka polonistyki i filozofii UW. Doktorantka w Szkole Nauk Społecznych PAN. Laureatka Nagrody „Zeszytów Literackich" im. K. A. Jeleńskiego za debiut.

JULIUSZ KURKIEWICZ
Ur. 1979. Absolwent dziennikarstwa i filozofii UJ. Pracuje w Instytucie Języka Polskiego PAN, Kraków; współpracownik „Tygodnika Powszechnego".

EWA KURYLUK
Malarka, fotografka, autorka instalacji. Autorka 18 książek; najnowsza to *Droga do Koryntu od dziś do 1959 roku / On the way to Corinth tracing my art to 1959*. Mieszka w Paryżu.

CLAUDIO MAGRIS
Ur. 1939 w Trieście. Autor książek: *Dunaj, Mikrokosmosy* i powieści *Inne morze, Na oślep* (Czytelnik). Stale w „ZL" od nru 77.

OSIP MANDELSZTAM
Ur. 1891, zm. 1938. Jego wiersze i prozę ogłosiliśmy w „ZL" 83.

JAROSŁAW MIKOŁAJEWSKI
Ur. 1960. Poeta, tłumacz m.in. Dantego, Petrarki, Leopardiego, Pasoliniego. Opracował antologię poezji włoskiej XX wieku. Dyrektor Instytutu Polskiego w Rzymie.

ANNA MIRKES-RADZIWON
Ur. 1967. Filolog rosyjski, doktorantka IFiS PAN.

ZYGMUNT MYCIELSKI
Ur. 1907, zm. 1987. Kompozytor. Autor szkiców o muzyce i *Niby-dziennika* (Iskry), którego publikację kontynuujemy na łamach „ZL".

MACIEJ NIEMIEC
Ur. 1953. Ostatnio ogłosił tom *dance or die* (Biblioteka Telgte). Drukuje w „ZL" (22, 45, 67, 72, 76).

TOMASZ OSOSIŃSKI
Ur. 1975. Adiunkt w Ośrodku Badań nad Tradycją Antyczną UW. Tłumacz Benna, Schlegla i Rilkego.

BORYS PASTERNAK
Ur. 1890, zm. 1960. W „ZL" 14 ogłosiliśmy jego korespondencję z Cwietajewą i Rilkem (reedycja: „ZL" 1–50), a w „ZL" 92 — wiersze.

ADAM POMORSKI
Ur. 1956. Tłumacz *Fausta* i Dostojewskiego. Ostatnio ogłosił przekład wszystkich utworów poetyckich T. S. Eliota *W moim początku jest mój kres* (Świat Książki).

MARIA PRUSSAK
Historyk literatury. Uczy w UKSW, ostatnio ogłosiła *Czy jeszcze słychać głos romantyzmu* (Errata).

MAREK RADZIWON
Ur. 1970. Sekretarz Nagrody Literackiej NIKE. Z-ca red. nacz. miesięcznika „Teatr".

RAINER MARIA RILKE
Ur. 1875, zm. 1926. Jego wiersze drukowaliśmy w „ZL" 37, 83, 92, prozę w „ZL" 14, 1–50, 64.

RADOSŁAW ROMANIUK
ur. 1975. Doktorant w Zakładzie Literatury XX wieku UW. Ogłosił: *Dramat religijny Tołstoja* (Więź), *One* (Twój Styl).

TOMASZ RÓŻYCKI
Ur. 1970. Ostatnio ogłosił tom wierszy *Kolonie* (Znak, nominacja do NIKE 2007) i w USA: *The Forgotten Keys: Selected Poetry* (Zephyr Press).

ROBERTO SALVADORI
Ur. 1943 we Florencji. Ogłosił *Poszukiwanie nowoczesności* (słowo/obraz terytorium). Jego *Włoskie dzieciństwo, Mitologię nowoczesności* i, ostatnio, *Pejzaże miasta* wydały Zeszyty Literackie.

ELŻBIETA SAWICKA
Dziennikarka. Redaktor dodatków „Plus Minus" i „Rzecz o Książkach" w „Rzeczpospolitej" 1990–2007. Ogłosiła *Widok z wieży. Rozmowy z Gustawem Herlingiem-Grudzińskim*. Mieszka w Warszawie.

MARIA STAUBER
Autorka powieści *Z daleka i z bliska*. Mieszka w Paryżu.

LESZEK SZARUGA
Ur. 1946. Pracuje na UW i w redakcji „Nowoj Polszy". Ostatnio ogłosił tom wierszy *Życiowy wybór*. W „ZL" omawia nowości poetyckie.

ADAM SZCZUCIŃSKI
Ur. 1978. Lekarz. Stale w „ZL" od nru 73. Laureat Nagrody za Debiut „Zeszytów Literackich". Mieszka w Poznaniu.

WISŁAWA SZYMBORSKA
Laureatka literackiej Nagrody Nobla, 1996. Jej wiersze drukowaliśmy w „ZL" 86, 97.

BARBARA TORUŃCZYK
Założyciel i redaktor „ZL". Edytor inedytów Herberta, m.in. tomu *Labirynt nad morzem* i jego *Korespondencji* z Elzenbergiem i Miłoszem. Ostatnio ogłosiła *Rozmowy w Maisons-Laffitte, 1981* (Zeszyty Literackie).

JOANNA UGNIEWSKA
Profesor UW. Tłumaczka Magrisa i literatury włoskiej.

TOMAS VENCLOVA
Ur. 1937. Od 1978 w USA, profesor Yale University. Zeszyty Literackie ogłosiły tomy: *Rozmowa w zimie*; *Niezniszczalny rytm. Eseje o literaturze* (z wyd. Pogranicze), *Opisać Wilno*.

ANDRZEJ WAJDA
Ur. 1926. Reżyser filmowy. W „ZL" 45 i 99 ogłosiliśmy jego wspomnienia o Józefie Czapskim.

ALEKSANDER WAT
Ur. 1900, zm. 1967. Poeta i prozaik. Poświęciliśmy mu „ZL" 99.

C. K. WILLIAMS
Ur. 1936. Uczy w Princeton University. Jego wiersze ogłosiliśmy w „ZL" 62, 64, 67, 75, 77, 85.

MAJA WODECKA
Tłumaczka wierszy Zagajewskiego na francuski; E. Hirscha, T. Hoaglanda, C. K. Williamsa na polski.

ADAM ZAGAJEWSKI
Ur. 1945 we Lwowie. W Zeszytach Literackich ukazał się najnowszy tom szkiców *Poeta rozmawia z filozofem* i wznowienie książki *Dwa miasta*. W a5 wznowił tom szkiców *W cudzym pięknie*. Laureat Neustadt Prize. Mieszka w Krakowie, uczy w Chicago.

MAREK ZAGAŃCZYK
Ur. 1967 w Warszawie. Ogłosił: *Krajobrazy i portrety*, *Droga do Sieny* (Zeszyty Literackie).

JAN ZIELIŃSKI
Ur. 1952. Historyk literatury, eseista i tłumacz. Profesor UKSW w Warszawie. Przebywa w Szwajcarii. Przetłumaczył i opracował *Zapiski dla zjawy* Jerzego Stempowskiego.

PREZENTACJE / SÁNDOR MÁRAI: Wspomnienie z Kassy; Siostra; Dziennik 1948; Pożegnanie; Dziennik lektur. Trzy nowele Franza Kafki; Panna Compèze; Brzydkie ciało na plaży; Teatrzyk. **SYLWETKI:** J. M. COETZEE, Sándor Márai; Roberto SALVADORI, Samotność Máraiego; Huba LÖRINCZY, Portret; Juliusz KURKIEWICZ, Zbyt mały niepokój. **OPINIE:** Anna ARNO, Paweł KŁOCZOWSKI, Zofia KRÓL, Marek RADZIWON, Teresa WOROWSKA, Y. Y., Głosy o „Ziemia! Ziemia!..." Sándora Máraiego. **ROZMOWY:** Rozmowa z wydawcą Sándora Máraiego. **WYPISY:** Imre KERTÉSZ, Tomasz MANN, Andrzej STASIUK, Mariusz WILK, Głosy o Sándorze Máraim. **PROZA I POEZJA:** Agnieszka ĆWIELĄG, Tadeusz DĄBROWSKI, Zbigniew DMITROCA, Mirosław DZIEŃ, Edward HIRSCH, Krzysztof LISOWSKI, Anna PIWKOWSKA, Wiersze; Roberto SALVADORI, Topografia; Adam ZAGAJEWSKI, Pod wodą; Krzysztof MICHALSKI, Nadczłowiek. **WARSZTAT TŁUMACZA:** Dżeladeddin RUMI, Z poezji mistycznych — tłum. Jarosław IWASZKIEWICZ. **HERBERT NIEZNANY:** Józef CZAPSKI / Zbigniew HERBERT, Dwa listy. **WSPOMNIENIA:** Andrzej F. KUROŃ, Henryk Kuroń — Julek; Ewa KURYLUK, Szczęściarze XX wieku. **O KSIĄŻKACH:** Zofia KRÓL, Stronnictwo drzew i wielorybów. **NOTATKI:** Jubileusz Stanisława BARAŃCZAKA; Michał Paweł MARKOWSKI, Laudacja; Natalia BARD, Relacja z harvardzkich uroczystości; Anna ARNO, Nowy Jork 2006 — wystawy; Wojciech KASS, Pisarze Mazur.

PREZENTACJE / JEHUDA AMICHAJ: Wiersze — tłum. Irit AMIEL; Jak umierał ojciec; Pięć fragmentów. **SYLWETKI:** Leon WIESELTIER, Stare-nowe słowa Jehudy Amichaja; Anthony HECHT, Skazany na rzeczywistość; Ted HUGHES, Jehuda Amichaj; Robert ALTER, Amichaj nieprzekładalny; Chaim GURI, Pożegnanie Jehudy Amichaja; Anna ARNO, Otwarte zamknięte otwarte. **HERBERT NIEZNANY:** Zbigniew HERBERT, Do Yehudy Amichaja; Jehuda AMICHAJ / Zbigniew HERBERT, Zapis przyjaźni. **NAGRODY „ZESZYTÓW LITERACKICH":** Adam ZAGAJEWSKI, Michał BRISTIGER, Małgorzata ŁUKASIEWICZ, Piotr KŁOCZOWSKI, Laudacje. **PROZA I POEZJA:** D. H. LAWRENCE, Ewa E. NOWAKOWSKA, Tomasz RÓŻYCKI, Tomas VENCLOVA, Adam ZAGAJEWSKI, Wiersze; Piotr GUZY, Odwiedziny u duchów; Irit AMIEL, Opowiadania; Algirdas Julius GREIMAS, „Niedorzeczne słowo" Venclovy; Elżbieta SAWICKA, Od świętych węży do Sajudisu. **EUROPA ŚRODKA:** Abp Józef ŻYCIŃSKI, Zbudujemy nową Ruandę? **SPOJRZENIA:** Krzysztof MICHALSKI, Wola mocy. **WSPOMNIENIA:** Julia HARTWIG, Wisława SZYMBORSKA, Pożegnanie Ryszarda Kapuścińskiego; Anders BODEGÅRD, Lęk wysokości; Marta HERLING, Kapuściński i Herling-Grudziński; Marek EDELMAN, Antek i Celina; Jadwiga WEŁYKANOWICZ, Lwowski rodowód. **PORTRETY MIAST:** Roberto SALVADORI, Boston dzisiaj. **O KSIĄŻKACH:** Julia HARTWIG, O „Wierszach zebranych" St. Barańczaka; Ewa BIEŃKOWSKA, Korespondencja Hesse / Mann. **NOTATKI:** RED. „ZL", Herbert w Ameryce; Janusz MAJCHEREK, Mrożek krzepi; Tomasz CYZ, „Oresteja" wg Klaty; Rafał WĘGRZYNIAK, Między Gwatemalą i Londynem; Anna SOBIESKA, Apokryf o Jurodiwym i Samozwańcu; Magdalena LUBELSKA, Nowe rozkosze Jerzego Pilcha; Grzegorz JÓZEFCZUK, Festiwal Schulza w Drohobyczu.

W każdym numerze: **ŚWIADECTWA:** Jerzy STEMPOWSKI, Listy do Marii Dąbrowskiej. **WIDZIANE Z TRIESTU:** Claudio MAGRIS. **WSPOMINKI:** Jacek WOŹNIAKOWSKI. **ALBUM BRODNICKIE:** Marian BIZAN. **ZAPISKI NA MARGINESACH:** Adam SZCZUCIŃSKI. **WARIACJE NA TEMAT:** Tomasz CYZ. **O KSIĄŻKACH:** Zofia KRÓL, Juliusz KURKIEWICZ, Leszek SZARUGA, Marek ZAGAŃCZYK. **O PŁYTACH:** Marcin GMYS. **NOTATKI:** Justyna GUZE, Maria STAUBER, Przegląd wystaw. **ZOBACZONE, PRZECZYTANE. NAGRODY LITERACKIE. KRONIKA. NOWE PUBLIKACJE. ODPOWIEDZI REDAKCJI. NOTY O AUTORACH.**

Zygmunt MYCIELSKI, Niby-dziennik, 1981. **PROZA I POE-ZJA:** Natalia DE BARBARO, Julia HARTWIG, Krzysztof KUCZKOWSKI, Philip LEVINE, Wiersze; Sándor MÁRAI, Spacerkiem w prawo; Katarzyna KUCZYŃSKA-KOSCHANY, Trzy historie. **HERBERT NIEZNANY:** Zbigniew HERBERT, Pomnik. **SPOJRZENIA:** Adam ZAGAJEWSKI, Fragmenty nieistniejącego dziennika; Bohdan PACZOWSKI, Portrety Czapskiego. **SYLWETKI:** Piotr MITZNER, Mistrz Mauersberger; Krzysztof POMIAN, O Stefanie Jarocińskim; Tomasz ŁUBIEŃSKI, Bogusławski — artysta wolny?; Ewa BIEŃKOWSKA, Florentyńczyk. **EUROPA ŚRODKA:** Claudio MAGRIS, Granice dialogu. **POR-TRETY MIEJSC — KRETA:** Jean GENET, List do Samuela; Aleksandra OLĘDZKA-FRYBESOWA, Twarze Krety; Marek ZAGAŃCZYK, Widokówka z Krety. **PORTRETY MIAST:** Roberto SALVADORI, Boston. Architektura i architekci XIX wieku. **GABINET LUSTER:** Rafał WĘGRZYNIAK, Le Louët albo Vilbert. **NAGRODY „ZESZYTÓW LITERACKICH":** Janusz DRZEWUCKI, O Teresie Worowskiej. **O KSIĄŻKACH:** Ryszard MATUSZEWSKI, Poetycka autobiografia; Thomas FRICK, Veraikon: Ewa Kuryluk. **OPINIE:** Ewa BIEŃKOWSKA, Andrzej FRANASZEK, Renata GORCZYŃSKA, Julia HARTWIG, Zofia KRÓL, Elżbieta SA-WICKA, Głosy o książce Ireny Grudzińskiej-Gross „Miłosz i Brodski. Pole magnetyczne". **WSPOMNIENIA:** Jacek BOCHEŃSKI, Pożegnanie Marii Brandysowej; Kazimierz BRAN-DYS, Kartki o M. Wypisy: Zofia WINAWER, Nelka Norton; Nelly NORTON, „Chopin" odjechał. **NOTATKI:** Tomasz CYZ, „Król Roger" wg Trelińskiego; Elżbieta SAWICKA, Madryt. Tintoretto; Mikołaj TYRCHAN, Przegląd publikacji o Redaktorze, „Kulturze" oraz Instytucie Literackim. **APEL ANTYGONY.**

Aleksander WAT, Wiersze widzące; Coś niecoś o „Piecyku". Brulion; Poeta świata nowoczesnego. **PROZA I POEZJA:** Adam Tadeusz BĄKOWSKI, Joachim du BELLAY, Julia HARTWIG, Krystiana ROBB-NARBUTT, Mark STRAND, Janusz SZUBER, C. K. WILLIAMS, Adam ZAGAJEWSKI, Wiersze; Marek ZAGAŃCZYK, Widokówka z Torri. **WYPISY:** Stanisław BA-RAŃCZAK, Józef CZAPSKI, Konstanty A. JELEŃSKI, Wojciech KARPIŃSKI, Leszek KOŁAKOWSKI, Jan Józef LIPSKI, Czesław MIŁOSZ, Stanisław Ignacy WITKIEWICZ, Głosy o Aleksandrze Wacie. **PREZENTACJE:** Aleksander WAT, St. I. Witkiewicz; Piotr PIETRYCH, Nota wydawcy; Aleksander WAT, Tuwim. **SYLWETKI:** Czesław MIŁOSZ / Ola WATOWA, Listy o Wacie; Konstanty A. JELEŃSKI, Aleksander Wat; Tomas VENCLOVA, Wat i Brodski; Piotr MITZNER, Wat i Craig; Ola WATOWA, Gordon Craig (obrazki wspomnień); Aleksander WAT, Wypisy o Craigu; Aleksander WAT, Poezja; Luigi MARI-NELLI, Mój Wat; Adam DZIADEK, Czytając poetę nadmiaru; Aleksander Wat, Kalendarium; Wat w „ZL". **HERBERT NIEZNANY:** Zbigniew HERBERT, Zdobycie Bastylii. **ŚWIADECTWA:** Andrzej WAJDA, Żółta chmura Józefa Czapskiego; Zygmunt MYCIELSKI, List do Józefa Czapskiego; Marek EDELMAN, Kamień węgielny Muzeum Historii Żydów; Jan LEBENSTEIN, List do Aleksandra Wata. **PREZENTACJE:** Tomasz RÓ-ŻYCKI, Śmierć autora. **ALEKSANDER WAT POLECA:** Jan ZIELIŃSKI, Cusack, Hamann, Patmore. **GABINET LUSTER:** Monika MILEWSKA, Na tropach religii napoleońskiej (I). **SPOJRZENIA:** Paweł KŁOCZOWSKI, Bitwa książek. **PORTRETY MIAST:** Roberto SALVADORI, Boston. Architektura i architekci XX w. **OPINIE:** Małgorzata DZIEWULSKA, Dobrochna RATAJCZAKOWA, O książce Tomasza Cyza „Arioso". **O KSIĄŻKACH:** Ewa BIEŃKOWSKA, O „Płomieniu wieczności". **WSPOMNIENIA:** Ewa KURYLUK, Krystiana Robb-Narbutt. **NOTATKI:** Wojciech TOMASIK, Pisomowa, czyli Walka na słowa; Adam DZIADEK, Aleksander Wat jako prekursor analizy języka totalitarnego; Rafał HABIELSKI, O powstawaniu „Mojego wieku"; Rafał WĘGRZYNIAK, Faktomontaż Wata i Schillera; Tomasz CYZ, Olśnienia (I); Bohdan PACZOWSKI, Kiefer; Elżbieta SAWICKA, Prado. Patenier; Natalia BARD, Edward Hopper; Mieczysław GRUDZIŃSKI, Księgarstwo i zysk.

Spis publikacji „ZL" 1–100 zamieszczamy w internecie: **www.zeszytyliterackie.pl**

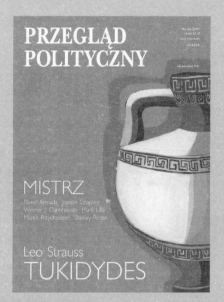

SZTUKA DAWNA I WSPÓŁCZESNA
AUKCJE, CENY I TENDENCJE
SZTUKA UŻYTKOWA
KOLEKCJE I KOLEKCJONERZY

SZTUKA POLSKA I ANTYKI

UKAZUJE SIĘ OD 1989 ROKU.

www.artbiznes.pl

www.artbiznes.pl

ul. Krakowskie Przedmieście 13
00-071 Warszawa
tel./fax (22) 828 14 70

216

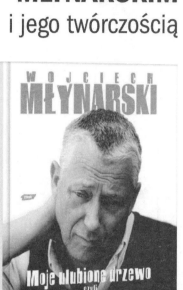

Biblioteka „Zeszytów Literackich"

Witold Lutosławski
Postscriptum
1999. Cena 29 zł

Tomas Venclova
Niezniszczalny rytm.
Eseje o literaturze
2002. Cena 30 zł

Jerzy Stempowski, *Listy*
2000. Cena 32 zł

Ewa Bieńkowska
Pisarz i los
2002. Cena 25 zł

Zbigniew Herbert
Labirynt nad morzem
2000. Cena 32 zł

„Zeszyty Literackie"
nr 44, 45: *Józef Czapski*
2003. Cena 40 zł

Tomas Venclova
Rozmowa w zimie
2001. Cena 28 zł

Konstanty A. Jeleński
Listy z Korsyki
2003. Cena 23 zł

Roberto Salvadori
Włoskie dzieciństwo
2001. Cena 32 zł

Josif Brodski
Dyptyk petersburski
2003. Cena 20 zł

Jan Kott
Powiastki dla wnuczek
2002. Cena 29 zł

Zbigniew Herbert
Martwa natura
z wędzidłem
2003. Cena 28 zł

Zbigniew Herbert
Henryk Elzenberg,
Korespondencja
2002. Cena 30 zł

Adam Michnik
Wyznania nawróconego
dysydenta
2003. Cena 32 zł

Adam Zagajewski, *Płótno*
2002. Cena 17 zł

Roberto Salvadori
Mitologia nowoczesności
2004. Cena 27 zł

Adam Zagajewski
Solidarność i samotność
2002. Cena 25 zł

Lenta Główczewska
Nowy Jork.
Kartki z metropolii
2004. Cena 25 zł

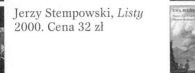

Joanna Guze
Albert Camus: Los i lekcja
2004. Cena 20 zł

Zbigniew Herbert/
Czesław Miłosz
Korespondencja
2006. Cena 30 zł

Zbigniew Herbert
Barbarzyńca w ogrodzie
2004. Cena 32 zł

Tomas Venclova
Opisać Wilno
2006. Cena 29 zł

Martin Buber
Opowieści chasydów
2005. Cena 32 zł

Barbara Toruńczyk
*Rozmowy
w Maisons-Laffitte, 1981*
2006. Cena 23 zł

Marek Zagańczyk
Droga do Sieny
2005. Cena 20 zł

Wojciech Karpiński
Portret Czapskiego
2007. Cena 25 zł

*Jan Nowak-Jeziorański.
Głos wolnej Europy*
2005. Cena 15 zł

Adam Zagajewski
Dwa miasta
2007. Cena 25 zł

Zbigniew Herbert
Stanisław Barańczak
Korespondencja (1972–1996)
2005. Cena 20 zł

Tomasz Cyz
Arioso
2007. Cena 25 zł

Adam Michnik
Wściekłość i wstyd
2005. Cena 38 zł

Adam Zagajewski
Poeta rozmawia z filozofem
2007. Cena 25 zł

Czesław Miłosz
*Jasności promieniste
i inne wiersze*
2005. Cena 15 zł

Piotr Mitzner
Gabinet cieni
2007. Cena 25 zł

Kurt Lewin *Przeżyłem.
Saga świętego Jura spisana
w roku 1946*
2006. Cena 32 zł

Adam Michnik
*W poszukiwaniu
utraconego sensu*
2007. Cena 38 zł

Roberto Salvadori
Pejzaże miasta
2006. Cena 25 zł

Czesław Miłosz
Historie ludzkie
2007. Cena 23 zł

Zamówienie książek z Biblioteki „ZL"

Tytuł	Liczba egz.	Cena
Adam Zagajewski: *Solidarność i samotność, Płótno, Dwa miasta* oraz *Poeta rozmawia z filozofem* (4 książki za 69 zł — **zniżka 25 %**)		
Korespondencja Zbigniewa Herberta z S. Barańczakiem, H. Elzenbergiem i C. Miłoszem (3 książki za 60 zł — **zniżka 25 %**)		
Trylogia Zbigniewa Herberta (3 książki za 70 zł — **zniżka 24 %**)		
	Razem	

Książki i numery „Zeszytów Literackich" wysyłamy za zaliczeniem pocztowym. **Doliczamy koszty wysyłki.**

Proszę wysłać do:

. . . .
imię i nazwisko

. . . .
ulica, numer domu

. . . .
miasto

. . . .
kod pocztowy

. . . .
e-mail, jeżeli chcą Państwo otrzymywać informacje o „Zeszytach Literackich"

Proszę o wystawienie faktury VAT ☐ . . . .
numer NIP

Wyrażam zgodę na umieszczenie moich danych osobowych w zbiorze danych osobowych prowadzonym przez Fundację Zeszytów Literackich z siedzibą w Warszawie i ich wykorzystywanie w celach marketingowych z zachowaniem prawa do wglądu do moich danych i ich poprawiania.

Data . . . . Podpis . . . .

Wypełniony kupon prosimy odesłać pod adresem:
„Zeszyty Literackie" ul. Foksal 16, p. 422, 00-372 Warszawa
lub faxem (+48) 022.826.38.22

Warunki prenumeraty „Zeszytów Literackich"

Numer specjalny „ZL" / poza serią „ZL" 2007 nr 5
Czesław Miłosz *Historie ludzkie*
dla prenumeratorów GRATIS

Prenumerata 2008 (od „ZL" 101, 4 zeszyty) . . . . 32 zł

Dla studentów polonistyki, uczniów, nauczycieli języka
polskiego (wymagane poświadczenie) oraz bibliotek
szkół podstawowych i średnich (od „ZL" 101)
cena zniżona . . . . 28 zł

Biblioteki i instytucje . . . . 36 zł

Na blankiecie w rubryce „tytułem" proszę wpisać informację od
którego numeru „ZL" zaczyna się prenumerata

Aby otrzymać fakturę VAT prosimy podać nr NIP

Dodatkowych informacji udzielają:
„Zeszyty Literackie", 00-372 Warszawa, ul. Foksal 16 pok. 422
tel./fax (+ 48) 022.826.38.22
www.zeszytyliterackie.pl, e-mail: biuro@zeszytyliterackie.pl

Numery specjalne „Zeszytów Literackich"

„ZL" 68 (Zbigniew Herbert) / 15 zł
„ZL" 75 (Czesław Miłosz) + dodatek / 15 zł
„ZL" 80 + CD (*Głos poety*) / 10 zł
„ZL" 2005 nr 5 / poza serią (Czesław Miłosz,
    Jasności promieniste i inne wiersze) / 10 zł
„ZL" 99 (*Aleksander Wat*) / 15 zł

wzór kuponu

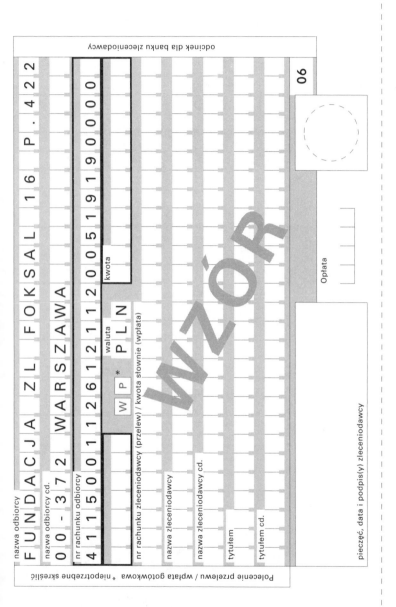

Wzór kuponu na prenumeratę do pobrania i opłacenia na poczcie lub w banku

odcinek dla banku zleceniodawcy

nazwa odbiorcy
F U N D A C J A   Z L   F O K S A L   1 6   P . 4 2 2

nazwa odbiorcy cd.
0 0 - 3 7 2   W A R S Z A W A

nr rachunku odbiorcy
4 1 1 5 0 0 1 1 2 6 1 2 1 1 2 0 0 5 1 9 1 9 0 0 0 0

W P *   waluta P L N   kwota

nr rachunku zleceniodawcy (przelew) / kwota słownie (wpłata)

nazwa zleceniodawcy

nazwa zleceniodawcy cd.

tytułem

tytułem cd.

Opłata

06

pieczęć, data i podpis(y) zleceniodawcy

Polecenie przelewu / wpłata gotówkowa * niepotrzebne skreślić

WZÓR

Jubileuszowa oferta „Zeszytów Literackich"
Książki i numery archiwalne

NADZWYCZAJNA OFERTA NA XXV-LECIE „ZL" — 50 NUMERÓW
„ZL" 50–100 .... **100 zł**

ZBIGNIEW HERBERT:
„ZL" 68 .... **15 zł**
„ZL" 69–80 (12 zeszytów) .... **36 zł**
„ZL" 81, 82, 84–87, 89, 90 (8 zeszytów) .... **24 zł**
„ZL" 94–96, 98–99 (5 zeszytów) .... **20 zł**
Razem za 26 zeszytów .... **85 zł**

JOSIF BRODSKI:
Śpiew wahadła („ZL" 55), *Dyptyk petersburski*
i „ZL" 54, 57, 83, 92 .... **35 zł**

PŁYTA CD:
Głos poety (czytają swoje wiersze: Barańczak, Brodski, Hartwig, Herbert,
Miłosz, Venclova, Zagajewski + „ZL" 80) .... **10 zł**

JÓZEF CZAPSKI:
Wojciech Karpiński, *Portret Czapskiego*
+ „ZL" 44, 45 — wydanie bibliofilskie .... **40 zł**

KONSTANTY A. JELEŃSKI:
Listy z Korsyki i „ZL" 21, 61, 86 .... **25 zł**

ADAM MICHNIK:
Wyznania nawróconego dysydenta .... **32 zł**
Wściekłość i wstyd .... **38 zł**
W poszukiwaniu utraconego sensu .... **38 zł**
Razem komplet .... **65 zł**

SYLWETKI CZASU:
Barbara Toruńczyk, *Rozmowy w Maisons-Laffitte, 1981*
Jan Nowak-Jeziorański. *Głos wolnej Europy*
„ZL" 88: *Jacek Kuroń*
Razem komplet .... **30 zł**

PODRÓŻE „ZESZYTÓW LITERACKICH":
Królewiec („ZL" 73), *Petersburg* („ZL" 83), *Praga* („ZL" 52),
Wenecja („ZL" 39 i 60), *Triest* („ZL" 90) .... **40 zł**
Boston Roberta Salvadoriego („ZL" 97, 98, 99) .... **20 zł**

Pejzaże miasta, Mitologia nowoczesności R. Salvadoriego,
Droga do Sieny M. Zagańczyka, *Dwa miasta* A. Zagajewskiego
Razem komplet .... **58 zł**

Rocznik „ZL" 2006 wraz z prezentem
C. Miłosz, *Jasności promieniste i inne wiersze* .... **25 zł**

Realizacja na osobne zamówienie złożone w Redakcji lub korespondencyjnie:
00-372 Warszawa, ul. Foksal 16, pok. 422, Tel./fax: (+48) 022.826.38.22
www.zeszytyliterackie.pl
Zamówienia realizujemy za zaliczeniem pocztowym
Koszty doliczanych opłat pocztowych: 10 zł